Athlone French Poets

VICTOR HUGO
Châtiments

Athlone French Poets

General Editor EILEEN LE BRETON

This series is designed to provide students and general readers both with Monographs of important nineteenth- and twentieth-century French poets and Critical Editions of one or more representative works by these poets.

The Monographs aim at presenting the essential biographical facts while placing the poet in his social and intellectual context. They contain a detailed analysis of his poetical works and, where appropriate, a brief account of his other writings. His literary reputation is examined and his contribution to the development of French poetry is assessed, as is also his impact on other literatures. A selection of critical views and a bibliography are appended.

The Critical Editions contain a substantial introduction aimed at presenting each work against its historical background as well as studying its genre, structure, themes, style, etc. and highlighting its relevance for today. The text normally given is the complete text of the original edition. It is followed by full commentaries on the poems and annotation of the text, including variant readings when these are of real significance, and a select bibliography.

E. Le B.

VICTOR HUGO

Châtiments

edited by
P. J. YARROW

UNIVERSITY OF LONDON
THE ATHLONE PRESS
1975

Published by

THE ATHLONE PRESS
UNIVERSITY OF LONDON
at 4 Gower Street, London WCI

Distributed by

Tiptree Book Services Ltd
Tiptree, Essex

U.S.A. and Canada

Humanities Press Inc
New Jersey

© *P. J. Yarrow* 1975

0 485 14707 6 *cloth*
0 485 12707 5 *paperback*

Printed in Great Britain by
The Garden City Press Limited
Letchworth, Hertfordshire
SG6 1JS

CONTENTS

INTRODUCTION   1

Louis Napoleon and the Coup d'État, 1
Victor Hugo and Louis Napoleon, 11
Exile and the Composition of *Châtiments*, 17
Châtiments, 20
The Present Edition, 32

PREFACE   34

Nox   35

LIVRE PREMIER   La Société est sauvée   47
I   'France! à l'heure où tu te prosternes'   47
II   Toulon   48
III   'Approchez-vous; ceci, c'est le tas des dévots.'   51
IV   Aux Morts du 4 décembre   52
V   Cette Nuit-là   53
VI   Le Te Deum du 1ᵉʳ janvier 1852   55
VII   Ad Majorem Dei Gloriam   57
VIII   A un Martyr   59
IX   L'Art et le Peuple   63
X   Chanson   64
XI   'Oh! je sais qu'ils feront des mensonges sans nombre'   65
XII   Carte d'Europe   67
XIII   Chanson   69
XIV   'C'est la nuit; la nuit noire, assoupie et profonde.'   69
XV   Confrontations   70

LIVRE II   L'Ordre est rétabli   71
I   Idylles   71
II   Au Peuple   73
III   Souvenir de la nuit du 4   76
IV   'O soleil, ô face divine'   78
V   'Puisque le juste est dans l'abîme'   78
VI   L'Autre Président   80
VII   A l'Obéissance passive   82

LIVRE III	La Famille est restaurée	92
I	Apothéose	92
II	L'Homme a ri	94
III	Fable ou Histoire	94
IV	'Ainsi les plus abjects, les plus vils, les plus minces'	95
V	Querelles du sérail	98
VI	Orientale	99
VII	Un Bon Bourgeois dans sa maison	100
VIII	Splendeurs	102
IX	Joyeuse Vie	105
X	L'Empereur s'amuse	110
XI	'Sentiers où l'herbe se balance'	112
XII	'O Robert, un conseil. Ayez l'air moins candide.'	113
XIII	'L'histoire a pour égout des temps comme les nôtres'	114
XIV	A propos de la Loi Faider	115
XV	Le Bord de la Mer	115
XVI	Non	118
LIVRE IV	La Religion est glorifiée	120
I	Sacer esto	120
II	Ce que le poëte se disait en 1848	121
III	Les Commissions mixtes	122
IV	A des journalistes de robe courte	123
V	Quelqu'un	127
VI	Écrit le 17 juillet 1851, en descendant de la tribune	128
VII	Un Autre	129
VIII	Déjà nommé	131
IX	'Ceux qui vivent, ce sont ceux qui luttent'	133
X	Aube	134
XI	'Vicomte de Foucault, lorsque vous empoignâtes'	135
XII	A quatre Prisonniers (après leur Condamnation)	136
XIII	On loge à la nuit	137
LIVRE V	L'Autorité est sacrée	140
I	Le Sacre (sur l'air de Malbrouck)	140
II	Chanson	142
III	Le Manteau impérial	143
IV	Tout s'en va	144
V	'O drapeau de Wagram! ô pays de Voltaire!'	146
VI	'On est Tibère, on est Judas, on est Dracon'	147

Contents

VII   Les Grands Corps de l'État   148
VIII   'Le Progrès, calme et fort et toujours innocent'   150
IX   Le Chant de ceux qui s'en vont sur mer   151
X   A un qui veut se détacher   152
XI   Pauline Roland   157
XII   'Le plus haut attentat que puisse faire un homme'   160
XIII   L'Expiation   161

LIVRE VI   La Stabilité est assurée   172
I   Napoléon III   172
II   Les Martyres   173
III   Hymne des Transportés   174
IV   Chanson   176
V   Éblouissements   176
VI   A ceux qui dorment   182
VII   Luna   183
VIII   Aux Femmes   185
IX   Au Peuple   187
X   'Apportez vos chaudrons, sorcières de Schakspeare'   188
XI   Le Parti du Crime   189
XII   'On dit:—soyez prudents.—Puis vient ce dithyrambe'   193
XIII   A Juvénal   194
XIV   Floréal   200
XV   Stella   202
XVI   Applaudissement   204

LIVRE VII   Les Sauveurs se sauveront   207
I   'Sonnez, sonnez toujours, clairons de la pensée.'   207
II   La Reculade   208
III   Le Chasseur Noir   212
IV   L'Égout de Rome   214
V   'C'était en juin, j'étais à Bruxelle'   217
VI   Chanson   218
VII   La Caravane   219
VIII   'Cette nuit, il pleuvait, la marée était haute'   224
IX   'Ce serait une erreur de croire que ces choses'   224
X   'Quand l'eunuque régnait à côté du césar'   227
XI   Paroles d'un conservateur à propos d'un perturbateur   227
XII   Force des Choses   229

XIII Chanson 235
XIV Ultima Verba 238

Lux 241

La Fin 249

ORDER OF COMPOSITION 251

NOTES TO ORDER OF COMPOSITION 253

NOTES 255

SELECT BIBLIOGRAPHY 284

GLOSSARY OF PROPER NAMES 285

INTRODUCTION

LOUIS NAPOLEON AND THE COUP D'ÉTAT

Hugo's *Châtiments* are constructed on a fundamental antithesis, that between Louis Napoleon, the voluptuous, self-seeking perjuror of the Tuileries, the tyrannical oppressor stained with the blood of his innocent victims, on the one hand, and, on the other, the poet, the implacable exile of Jersey, the representative of Republican virtues and moral principles. It is interesting to enquire how much truth there is in this.

Charles Louis Napoleon was the son of Napoleon's brother, Louis, King of Holland, and of Queen Hortense, daughter of Josephine de Beauharnais by her first husband. Born on 20 April 1808, he was brought up, after the downfall of Napoleon, by his mother in Germany and Switzerland, his elder brother going to live with his father in Florence. In 1830, Louis Napoleon entered an artillery and engineering school in Switzerland, and the following year he and his brother served together with the rebels of Romagna against the Papacy. After the death of his elder brother in the course of that campaign, and that of Napoleon's own son, the King of Rome, in 1832, Louis Napoleon regarded himself as the heir of his uncle.

The first public manifestation of this was an attempt in October 1836 to win the garrison of Strasbourg over to his side and seize power. Louis Napoleon was arrested and deported, eventually returning to Switzerland; whence, however, when the French government attempted to intimidate the Swiss into expelling him by concentrating troops at Lyons, he voluntarily withdrew to London. In August 1840, he again tried to overthrow the government of Louis Philippe, this time by winning the support of the garrison of Boulogne. Once again, his attempt was unsuccessful; but on this occasion the government was less lenient. He was tried and condemned to life imprisonment in the fortress of Ham, but contrived to escape six years later.

When Revolution broke out in February 1848, Louis Napoleon travelled to Paris from London, and sent Persigny to the Provisional Government with a letter, in which he announced his arrival 'sans autre ambition que celle de servir mon pays'. He was asked to leave the country, and returned to England. On 4 June, he was elected deputy in four constituencies; but, as the Assembly was not prepared to admit him into France, he resigned his seat. On 17 September, he was again elected, this time in five constituencies; and, on 27 September, he took his seat. He stood as a candidate in the presidential election, and—with the support of *Le Constitutionnel, La Presse,* and Victor Hugo's *Evénement*—was elected President by a vast majority on 10 December.[1]

This result was, no doubt, due to several causes. The Second Republic was the work of the Paris mob rather than an expression of the will of the French nation. Neither the Bourbons nor the House of Orleans having managed to give satisfaction, it was natural that those who disliked the Republic should look to the other extant dynasty, that of Napoleon. The memory of the military glory of the Empire had been kept alive by—amongst other things—some of the poems of Hugo and some of the novels of Balzac. Somewhat surprisingly, Napoleon, by 1848, had come to represent not only military glory, but also Catholicism and liberalism—military dictator as he undoubtedly was, he was also (or could be made out to be) the child of the Revolution, the author of the Concordat, the friend of oppressed nationalities and the creator of new nation-states, and even (by virtue of the Acte Additionnel of 1815) the promulgator of a liberal constitution. Not only was Louis Napoleon the beneficiary of the Napoleonic legend, but his name had constantly been kept before the public— by his two abortive attempts to seize power, by the French government's efforts to drive him out of Switzerland, by his escape from Ham, and by the steady stream of books and pamphlets that flowed from his pen and showed him to be sympathetic to democratic ideals and in favour of social reform: *Rêveries politiques* (1832), *Considérations politiques et militaires sur la Suisse* (1833), *Manuel d'Artillerie* (1836), *Des Idées napoléoniennes* (1839), *Fragments historiques* (1841), *Analyse de la question des sucres* (1842), *Extinction du paupérisme* (1844), *Etudes sur le passé et l'avenir de l'artillerie* (1846), and *Canal of Nicaragua* (1846).

On 20 December 1848, Louis Napoleon took the oath prescribed by article 48 of the new constitution:

En présence de Dieu et devant le Peuple français, représenté par l'Assemblée nationale, je jure de rester fidèle à la République démocratique, une et indivisible, et de remplir tous les devoirs que m'impose la Constitution.

Three years later, to the indignation of Victor Hugo, who, incidentally, had voted against the inclusion of article 48 in the constitution, he broke that oath. Clearly it is wrong to break an oath; and equally clearly Louis Napoleon was motivated by ambition. But, in complex situations, the rights and wrongs of moral questions are not always clearcut; and some things can be said in favour of Louis Napoleon.

The first is, that the constitution of 1848 had grave defects that rendered it well-nigh unworkable. It was based on the separation of powers, and called into being an executive, the President, and a legislature, the National Assembly, both elected by universal suffrage; but did not define the relations between them. The President, who was elected for four years and who was not re-eligible for four years after his term of office (art. 45), had power to appoint and dismiss ministers (art. 64). These ministers could attend the National Assembly (art. 69); but it was nowhere stated that they had to belong to it, and it was not clear what their relations to it were: article 68 merely said that the President and the ministers 'sont responsables, chacun en ce qui le concerne, de tous les actes du gouvernement et de l'administration', without defining 'responsables' or saying to whom they were responsible. The President could not dissolve or prorogue the Assembly, which had not even power to dissolve itself. Provision was made for revision of the constitution, but only in the third year of the life of each Assembly, and then a motion in favour of revision could be carried only if it were supported by three-quarters of the votes cast (art. 111).

It was not long, in fact, before relations between President and Assembly became strained. Odilon Barrot, head of the President's first government, divides the history of Louis Napoleon's presidency into three parts. In the first, President and Assembly harmoniously pursued a policy of reaction against the Republican ideals of the February Revolution. This period came to an end in October 1849, when Louis Napoleon sent a message to the Assembly, proclaiming the need for ministers 'qui soient aussi préoccupés de ma propre responsabilité que de la leur, et de l'action que de la parole', dismissed his first government, and replaced it by one, the members of which were not members of the Assembly.

Un jour vint [writes Odilon Barrot] où M. Thiers s'écria douloureuse-ment: L'empire est fait! C'était le 28 octobre qu'il aurait dû pousser ce cri, c'est-à-dire le jour où un ministère vraiment parlementaire, et en pleine possession de la majorité, avait été remplacé par des ministres, véritables commis subordonnés; c'est bien ce jour-là que la première assise du trône impérial avait été relevée. (*Mémoires*, III, p. 489)

In the second phase, Louis Napoleon, 'affectant de s'effacer"[2] allowed the right-wing majority to incur unpopularity by enacting a number of repressive measures (including the *loi du 31 mai*, 1850, drastically reducing the electorate). Finally, the dismissal of General Changarnier, the commander both of the national guard of the department of Seine and of the first military division, inaugurated a struggle between President and Assembly which lasted until the coup d'état. *The Times*—which condemned the coup d'état—commented in its leader of 3 December 1851:

These apprehensions have been greatly increased by the factious con-duct of the Assembly, by the unprincipled coalitions formed between the PRESIDENT's personal enemies and his Republican opponents, and by the attitude assumed by the Government under the increasing encourage-ment of the populace of Paris.

Then again, the fact that the election of a new Assembly and that of the next President had been fixed for the same time, May 1852, gave rise to widespread fears that the interregnum would provide an opportunity for a socialist revolution—as, indeed, the socialists and the working classes seem somewhat naïvely to have believed. The danger was pointed out in 1851 by Romieu, in a book with the arresting title, *Le Spectre rouge de 1852*. Véron writes in his *Mémoires d'un bourgeois de Paris*:

Les transactions du commerce, les travaux de l'usine et de l'atelier, ces projets d'avenir qui préoccupent sans cesse les familles, tout se suspend, tout s'arrête aux approches de cette crise politique et sociale ... (1856 edition, v, p. 192)

That this is not merely special pleading on the part of a supporter of Louis Napoleon is suggested by the account of a disinterested English observer, Walter Bagehot:

At any rate, in France five weeks ago, the tradespeople talked of May '52, as if it were the end of the world. Civilisation and socialism might probably endure, but buying and selling would surely come to an end; in fact, they anticipated a worse era than February '48, when trade was at a standstill so long that it has hardly yet recovered, and when the government stocks fell 40 per cent. It is hardly to be imagined upon what petty details the dread of political dissolution at a fixed and not distant time will condescend to intrude itself. I was present when a huge *Flamande*, in appearance so intrepid that I respectfully pitied her husband, came to ask the character of a *bonne*. I was amazed to hear her say, 'I hope the girl is strong, for when the revolution comes next May, and I have to turn off my helper, she will have enough to do.' It seemed to me that a political apprehension must be pretty general when it affected that most non-speculative of speculations, the *reckoning* of a housewife. With this feeling, everybody saved their money: who would spend in luxuries that which might so soon be necessary and invaluable! This economy made commerce—especially the peculiarly Parisian trade, which is almost wholly in articles that *can* be spared—worse and worse; the more depressed trade became, the more the traders feared, and the more they feared, the worse all trade inevitably grew.[3]

Whether the threat was real or imaginary, as Bagehot goes on to point out, is immaterial; people were convinced of the danger, and society suffered from the effects of the conviction.

Such fears led to petitions from the conseils généraux of departments all over France to the Assembly in 1851, urging it to revise the constitution and extend the President's term of office to ten years. This proposal commanded the support of a large majority in the Assembly (446 members voted for it and 278 against); but the motion was defeated (20 June) since the number of supporters fell short of the three-quarters of the votes cast required by the constitution (i.e. 543).

This result (and this is the third mitigating circumstance) can only have intensified Louis Napoleon's feeling that he, and not the Assembly or the constitution, represented the wishes of the majority of Frenchmen. On the one hand, Louis Napoleon, elected president by over five million votes, was conscious of his own popularity throughout France, which he carefully cultivated —and of which he was made fully aware—by his tours of the provinces. Wherever he passed, peasants and workmen flocked to see him. *The Times* correspondent wrote from Metz:

I have observed nearly the same thing here as in the other towns through which the President has passed, where it was believed that an un-friendly population existed; that is that he has been received either

coldly or hostilely for the first few hours, or the first day, and after-
wards with a very kindly feeling.[4]

On the other hand, the Assembly with its large right-wing
majority incurred the unpopularity of a number of repressive
and reactionary measures, including the notorious *loi du 31 mai*
(1850), which reduced the electorate from 9,680,000 to 6,800,000.
A left-wing demonstration on 13 June 1849 against Louis
Napoleon's Italian policy having resulted in the exile of four
deputies, by-elections were held the following year to replace
them. For some reason, the election of four left-wing deputies in
their stead in March and April 1850 caused widespread alarm
and despondency—hence the *loi du 31 mai*. Although the bill was
actually introduced by the government, it was on the Assembly
that the opprobrium fell. That, indeed, as Odilon Barrot thinks,
may have been the reason for the government's proposal in the
first place, or perhaps, as F. A. Simpson suggests, Louis Napoleon
hoped that, in return, the Assembly would agree to the revision
of the constitution in his favour.

Other reasons for the unpopularity of the Assembly were not
lacking. The deputies' salary of 25 francs a day was resented;
and Hugo records in his *Histoire d'un crime* that workmen shouted
to deputies trying to organise resistance to the coup d'état, 'A bas
les vingt-cinq francs'. Moreover, the Assembly was an ineffectual
body. There was a large right-wing majority divided against
itself, since the two groups of which it consisted, though agreeing
in disliking the Republic, disagreed about what should replace it,
the Legitimists hoping for the restoration of the Bourbons, the
Orleanists for the return of the House of Orleans. There was a
small group of moderates (such as Tocqueville and Odilon
Barrot), and a substantial minority of *démocrates-socialistes*, often
referred to as the Montagne. To quote Walter Bagehot again,

There was a perpetually shifting element of 200 members, calling itself
the Mountain, which had in its hands the real casting vote between the
President's government and the constitutional opposition.

And the final palliation of the coup d'état is that coups d'état
were in the air. Véron, not without justification, says:

La France, en ces jours de péril, ne demandait qu'un sauveur; et l'on
peut dire que, croyant répondre au vœu du pays, chacun des partis

représentés dans les assemblées délibérantes, à un jour donné, eut ses velléités et fit ses tentatives de coup d'État. (*Mémoires d'un bourgeois de Paris*, v, p. 186)

We learn from Hugo's *Souvenirs personnels* that there were fears of a coup d'état by Cavaignac in November 1848. According to Granier de Cassagnac and Maxime du Camp, Changarnier offered to carry one out on behalf of Louis Napoleon in 1849; and Véron claims that Changarnier, Thiers, and Morny planned one before the elections in May of that year. Tocqueville relates:

Depuis ma sortie du ministère, j'ai appris de source certaine que, vers le mois de juillet 1849, le complot fut fait pour changer de vive force la constitution par l'entreprise combinée du président et de l'Assemblée. Les chefs de la majorité et Louis Napoléon étaient d'accord, et le coup ne manqua que parce que Berryer, soit qu'il craignît de faire un marché de dupe, soit qu'il fût saisi de peur au moment d'agir comme cela lui était assez ordinaire, refusa son concours et celui de son parti. On ne renonça pas à la chose, pourtant, mais on ajourna ...

General Changarnier later turned against the President, and made no secret of his intention of having him arrested;[5] which is why the general was dismissed in January 1851. In November 1851, the *questeurs*, responsible for the security of the Assembly, proposed that the president of the Assembly should be given the power to give orders direct to army officers. It was widely believed that, if this proposal had been passed, it would have been followed immediately by the arrest and impeachment of Louis Napoleon. This was the opinion, not only of supporters of Louis Napoleon, but of Victor Hugo, who voted against the motion, and, according to his daughter, explained:

La Gauche était dans une position extrêmement embarrassante. D'un côté, en acceptant la proposition des Questeurs, elle livrait l'armée à la Droite, qui aurait profité de la chose pour faire un coup d'Etat ... (Adèle Hugo, *Journal*, 19 December 1853)

There is even some evidence that Louis Napoleon's coup d'état forestalled one by the Orleanist party. Palmerston thought so; and Lady Palmerston, on 21 January, wrote:

One of the foreigners who was at Claremont at the time of the *coup d'état*, told me that the Prs. de Joinville said, in her despair and lamentations at the loss of her hopes, 'Et moi qui croyais être à Paris le 20'— but pray don't quote me for anything.[6]

Whatever the rights and wrongs of the case, Louis Napoleon did resolve to seize power; and some acquaintance with the coup d'état is necessary for the understanding of *Châtiments*. It seems first to have been planned at a meeting of Louis Napoleon, Carlier (the prefect of police), Morny, Rouher, and Persigny at Saint-Cloud in August 1851. It was originally to have taken place on 22 September; but it was thought better that it should take place when the Assembly was in session, so that troublesome deputies could easily be arrested beforehand. In order to ensure that the operation should be conducted by determined supporters of Louis Napoleon, General Saint-Arnaud was made Minister of War, Maupas replaced Carlier as prefect of police, the Paris command was given to General Magnan, and Espinasse, Forey, and Canrobert were transferred to it. The coup d'état eventually took place on 2 December, the anniversary of Napoleon's coronation and of the battle of Austerlitz.

On the night of 1 December, four posters were secretly printed at the Imprimerie Nationale. They were: a proclamation dissolving the Assembly, introducing martial law, and restoring universal suffrage; an appeal to the French people; a proclamation to the army; and a proclamation by the prefect of police. These were posted in the early hours of 2 December. At the same time, Maupas's men arrested a large number of prominent deputies and militant republicans—including Changarnier, Cavaignac, and Thiers, but not Victor Hugo—and conducted them to the prison of Mazas; Colonel Espinasse occupied the National Assembly; and Morny took over the Ministry of the Interior. Some of the deputies managed to enter the Assembly by a side-door which had been overlooked, and held a meeting. By article 68 of the 1848 constitution, in the event of the President's interfering with the Assembly, he was guilty of high treason, and the 'pouvoir exécutif passe de plein droit à l'Assemblée nationale'; but the president of the Assembly, Dupin—who, like the *questeurs*, had apartments in the Assembly—made no attempt to take action, and, only with extreme reluctance, was induced to attend the meeting. The members were soon expelled. Deputies of the right-wing majority subsequently assembled at the house of Daru and then in the *mairie* of the tenth arrondissement, before being marched off (to the number of 220 in all) to the barracks of the quai d'Orsay, whence they were transferred to the Mont-

Valérien and other prisons. Left-wing deputies, including Victor Hugo, met first at a house in the rue Blanche, and kept moving from place to place to avoid arrest: between the 2nd and the 5th, Hugo tells us, they met in twenty-seven different houses altogether.

On the following day, 3 December, some barricades went up, at one of which the deputy, Baudin, was killed. On the whole, the people of Paris remained inert—they had little love for the Assembly and its predecessor, the conservative majority of which had suppressed the *ateliers nationaux* (set up in the first flush of the February Revolution with the object of providing work for the unemployed) and the June rising; they were contemptuous of the salaried deputies; and they approved of the restoration of universal suffrage. The Paris correspondent of *The Times* attributed such resistance as there was—and it has been estimated that not more than 1,000 or 1,200 people took part in it—mainly to the efforts of the left-wing deputies:

. . . that agitation was owing to the excitements of the representatives already mentioned, as the masses of the working men had, I am assured, no intention of stirring. (*The Times*, 5 December 1851)

One gets pretty much the same impression from Hugo's *Histoire d'un crime*.

On 4 December, the government suppressed all opposition. The policy adopted was that of Morny, based on the experience of the 1830 and 1848 revolutions. It was to keep Paris clear of troops until comparatively late in the day, and then send troops in to crush resistance. Maupas disapproved; and, as there was less opposition than was expected, he may well have been right in thinking that if the troops had patrolled Paris during the night of 3 December and the morning of 4 December, there would have been no insurrection to crush. In fact, it was not until 2 p.m. that columns of infantry commanded by Generals Carrelet, Renaud, and Levasseur, and a cavalry division under General Korte entered Paris from all sides and suppressed what opposition there was. All went smoothly, except that, along the boulevards Bonne-Nouvelle, Poissonnière, and Montmartre, and the boulevard des Italiens, the brigade of Canrobert, part of that of Cotte, and part of the cavalry commanded by Reibell, fired at random on the bystanders and on the houses on both sides for a quarter of an hour or more. This is the episode celebrated by Hugo in his 'Souvenir de la nuit du 4'. It seems likely that this was not a deliberate massacre, but that the troops panicked because they had been fired on. In a letter published in *The Times* on 13 December, an Englishman, Captain William Jesse, who had witnessed the episode from the window of his lodgings, wrote:

This wanton fusillade must have been the result of a panic, lest the windows should have been lined with concealed enemies, and they wanted to secure their skins by the first fire, or it was a sanguinary impulse . . .

There has been much discussion of this episode, as of the total number of casualties. In 1852, the *Moniteur* gave the number of civilians killed during the coup d'état as 380, a figure which M. Dansette[7] regards as correct.

Popular risings took place in a number of provinces, but order was restored in a week or so. A plebiscite by secret ballot was held on 20 and 21 December, and, by 7,439,216 votes to 640,737, the French nation entrusted the presidency to Louis Napoleon for ten years and gave its approval to his proposed new constitution.[8] The result was announced to the President on the last day of December, and a solemn Te Deum was sung in celebration in Notre-Dame on New Year's Day, 1852. Approval of the coup d'état was widespread. Even Proudhon wrote from prison on 19 December:

Quand je me représente ce qu'eût été la domination de nos meneurs, je n'ai plus la force de condamner, au point de vue élevé de la marche humanitaire, les événements du 2 décembre.[9]

Lord Palmerston had to resign from the British cabinet for his enthusiastic approval, and Walter Bagehot wrote:

The effect was magical, like people who have nearly died because it was prophecied they would die at a specified time, and instantly recovered when they found or thought that the time was gone and past. So France, so timorously anticipating the fated revolution, in a moment revived when she found or fancied that it was come and over. Commerce instantly approved; New Year's Day, when all the boulevards are one continued fair, has not (as I am told) been for some years so gay and splendid; people began to buy, and consequently to sell . . . (p. 33)

On 9 January, a list of those banished from French territory was published; it included the name of Victor Hugo. In February, *commissions mixtes*, each consisting of a general, a *procureur*, and a prefect were set up to deal with those who had resisted the coup d'état. Of 26,642 people arrested, 9,530 were deported to Algeria and 239 to Cayenne in French Guiana; many of these were allowed to return subsequently.[10] Louis Napoleon was proclaimed Emperor as Napoleon III on 2 December 1852.

VICTOR HUGO AND LOUIS NAPOLEON

If Louis Napoleon, though morally wrong to carry out the coup d'état, was not quite the monster of the *Châtiments*, the supporters of Louis Napoleon have claimed that Hugo's hostility to him, far from being disinterested, was due to pique, to disappointment at not being given a ministry.

That Victor Hugo should have cherished political ambitions is not so incredible as it may at first appear nowadays. Poets in that age of Romanticism took themselves seriously as 'unacknowledged legislators of the world' (to borrow a phrase of Shelley's), and some asked for nothing better than to suppress the epithet. Chateaubriand, Hugo's first hero ('Je veux être Chateaubriand ou rien'), had been an ambassador and minister of foreign affairs; and Lamartine was head of the provisional government set up in February 1848, and a candidate for the presidency later that same year. Hugo himself had cultivated the society of Louis Philippe's heir, the duc d'Orléans, and, after the Duke's death in 1842, that of the King himself; and, as a peer, he assiduously attended the Chambre des Pairs from 1846 onwards, and spoke on a number of occasions.

Hugo notes in his diary that, after the 1848 Revolution, Lamartine told him that he hoped to see him minister of education, and invited him to become mayor of the eighth arrondissement. Although Hugo refused the mayoralty, he was elected both to the Constituent Assembly (in June 1848) and to its successor, the Legislative Assembly (in May 1849), attended their sittings regularly, and delivered several speeches. Moreover, he founded a newspaper, *L'Evénement*, the first number of which appeared on 31 July 1848. It is true that Hugo denied that he wished to be a minister—e.g. he wrote in his diary in 1847, 'Je ne veux pas être ministre',[11] and again in December 1848:

Je suis, je veux être et rester l'homme de la vérité, l'homme du peuple, l'homme de ma conscience. Je ne brigue pas le pouvoir, je ne cherche pas les applaudissements. Je n'ai ni l'ambition d'être ministre, ni l'ambition d'être tribun. (*Souvenirs personnels*, p. 142)

But, even if such remarks are to be taken at their face value, they show that the question was in Hugo's mind.

Louis Napoleon certainly thought it worth while calling on Hugo in October 1848, as Hugo records in his *Histoire d'un crime*; and succeeded in enlisting his support. Hugo says in his diary:

J'ai appuyé la candidature de Louis Bonaparte espérant que, dans l'impossibilité d'être grand comme Napoléon, il essaierait peut-être d'être grand comme Washington. (*Souvenirs personnels*, p. 194)

Although this may seem a naïve hope to have of one who had already attempted two coups d'état, the *Evénement* showed itself favourable to Louis Napoleon on 28 October:

... ce nom a le rayonnant mirage de l'Empire. Ce nom, Napoléon, quel que soit l'homme qui le porte, veut dire tant de choses! Il veut dire Marengo, il veut dire Austerlitz, il veut dire: *souvenirs,*—il veut dire aussi *espérances*! ...

Maintenant, si on nous suppose un peu prévenus pour M. Louis Bonaparte, on ne se trompera pas. Nous sommes comme le peuple et comme l'enfant, nous aimons ce qui brille. Nous avons l'enthousiasme précisément parce que nous avons l'impartialité. Nous voyons passer dans la rue un homme qui s'appelle Napoléon, nous ne pouvons nous empêcher de le saluer au passage. Sans nous associer à cette superstitieuse faveur qui accompagne aujourd'hui M. Louis Bonaparte, nous la comprenons. C'est un touchant appel que la France fait à Dieu. Elle a besoin d'un homme qui la sauve, et, ne le trouvant pas autour d'elle dans la sombre tempête des événements, elle s'attache avec un suprême effort, au glorieux rocher de Sainte-Hélène.

Sera-ce un écueil? sera-ce un port?[12]

It is easy enough to account for Hugo's support of Louis Napoleon. Although he was the son of one of Napoleon's generals, it was in the first place his 'mère vendéenne' who influenced his opinions and made him a legitimist and a conservative; and he began his literary career by publishing, with his two brothers, a periodical entitled *Le Conservateur littéraire* (1819–21). Like Marius, the hero of *Les Misérables*, however, he shook off his upbringing, and his imagination was fired by the exploits of the Emperor, a process hastened no doubt after Mme Hugo's death by reconciliation with his father—General and Mme Hugo, long on bad terms, had been formally separated in 1818. Hugo and his wife visited General Hugo in Blois in 1825, and the first literary manifestation of Hugo's new enthusiasm was the *Ode à la Colonne* (1827). From then onwards, Hugo celebrated Napoleon and his campaigns in a number of poems. What he saw in Napoleon is no doubt the same as what Marius saw:

Despote, mais dictateur, despote résultant d'une république et résumant une révolution, Napoléon devint pour lui l'homme-peuple comme Jésus est l'homme-Dieu. (3ᵉ Partie, Livre 3, ch. 6)[13]

But it is not the glamour of Napoleon I alone that explains Hugo's support of his nephew. Hugo was always moved by human suffering and full of sympathy for social outcasts. From *Le Dernier Jour d'un Condamné* (1829) onwards, he never ceased to express his abhorrence of the death penalty; in 1845, he set to work on *Les Misères*, the novel that was later to become *Les Misérables*; and the *Evénement*, although anti-socialist and indifferent to forms of government, reflected his interest in the sufferings of the poor, and insisted on the need for social reform. Hence it was not unnatural that Hugo should give his support to the author of *L'Extinction du paupérisme*. It should be added that Hugo had several times expressed in his diary his contempt for the men whom the February Revolution had brought to the fore:

J'aime mieux 93 que 48. J'aime mieux voir patauger les titans dans le chaos que les jocrisses dans le gâchis. (*Souvenirs personnels*, p. 58)

24 oct. Les hommes qui tiennent le pays depuis Février ont d'abord pris l'anarchie pour la liberté; maintenant ils prennent la liberté pour l'anarchie. (*Souvenirs personnels*, p. 112)

Nov. Il faut à un parti un principe ou un homme. Quand il a l'un et l'autre, ce parti est formidable; quand le principe est vrai, et quand l'homme est juste, le parti est grand.

En ce moment le parti républicain proprement dit est dans une fausse position. Il a peur de son principe et il n'a pas trouvé un homme.

Ou, pour mieux dire, son principe, le suffrage universel, ne veut pas de ses hommes. (*Souvenirs personnels*, p. 119)

Thus it was that Louis Napoleon became President of the French Republic with the help of Victor Hugo; and there is no doubt that it was in a large measure to Victor Hugo that he owed his victory in the presidential election of December 1848. Hugo's

poems for the previous twenty years had contributed greatly to
the formation of the Napoleonic legend and helped to prepare
the way for Napoleon's nephew; it was owing to a speech
delivered by Hugo in the Chambre des Pairs on 14 June 1847,
that the exiled Bonaparte family had been allowed to return to
France; and the *Evénement* had campaigned for Louis Napoleon
during the presidential election itself.

Louis Napoleon was elected President on 10 December 1848.
Hugo was one of the guests at the first dinner he gave at the
Elysée (23 December), and Hugo and his wife attended a ball
there shortly after (17 February). Hugo was offered—but
declined—the posts of ambassador in Naples and in Madrid,[14]
and for most of 1849 he supported the policy of the President in
the Constituent and Legislative Assemblies. The breach, both
with the President and with the right-wing majority, came in
October, over the Italian policy of the government. In February
1849, a Republican government had been set up in Rome, from
which the Pope had fled. Louis Napoleon was in a dilemma. As
the heir of Napoleon (himself the heir of the Revolution), he was
inclined to support the aspirations of oppressed nationalities; on
the other hand, the six million voters who had sent him to the
Elysée numbered many fervent Catholics, like Veuillot and
Montalembert, whom he did not wish to alienate—not to mention
that, if France did not restore the Pope, the Pope would be
restored by the Austrians to the detriment of French influence in
Italy. A French expeditionary force under Oudinot disembarked
at Civitavecchia on 25 April, began to attack the Roman
Republic in June, and entered Rome on 3 July. This was cer-
tainly contrary to the spirit of the constitution of the French
Republic, which declared in its preamble that the Republic

respecte les nationalités étrangères, comme elle entend faire respecter
la sienne; n'entreprend aucune guerre dans les vues de conquête, et
n'emploie jamais ses forces contre la liberté d'aucun peuple.

Louis Napoleon attempted to persuade the restored Pope to
grant Rome democratic institutions. Without the knowledge of his
cabinet, he sent a letter to Edgar Ney, an aide-de-camp of his
who was with Oudinot in Rome, appealing to the Pope to adopt a
liberal policy, intended to be made public, and duly published
in the *Moniteur* on 7 September. This appeal was rejected by

Pius IX in his bull, *Motu proprio*, published in Rome on 19 September; but Louis Napoleon did not withdraw his support. Although Victor Hugo had hitherto supported the Italian policy of the government, it was not without misgivings—as early as 10 June, the *Evénement* had referred to 'notre expédition de Civita Vecchia (bien entendu telle qu'elle avait été projetée, non pas telle qu'elle a été exécutée)'—and the use of French forces by a Republican president, not merely to suppress a popular rising, but to reinstate a reactionary government, was contrary to Hugo's liberal principles. That he should have voted with the Left against the policy of the government on 7 August; that, in a speech in the Assembly on 19 October, he should have denounced it; and that from 27 October onwards the *Evénement* should have turned against Louis Bonaparte, is therefore by no means surprising.

On the other hand, it has been claimed that Hugo was motivated by thwarted ambition, and it is not easy to dismiss the claim as altogether baseless. There are some indications that he would have liked to exercise political power or influence, and to be minister of education. On 1 November 1849, the *Evénement* printed a paragraph from another paper:

On lit dans *la Liberté*:— M. Victor Hugo était, dit-on, désigné pour entrer dans le ministère. Nous présumons trop de la haute intelligence et de la dignité de l'illustre représentant, pour croire qu'il consentirait à compromettre son avenir dans un ministère transitoire sans couleur ni vitalité. Le beau talent de M. Victor Hugo est réservé pour une combinaison forte, qui soit à la hauteur des circonstances. —Nous sommes complètement de l'avis de *la Liberté*.

Falloux stated in the Assembly in July 1851 that Hugo's name had been considered many times in connection with a portfolio;[15] and, even after the breach with Louis Napoleon, it is possible to detect signs in the *Evénement* and in his political life of a desire for reconciliation and a hope for power.[16] Moreover, in October 1849, the tension between Louis Napoleon and his cabinet over his letter to Edgar Ney made a reconstitution of the cabinet probable—and, in fact, Falloux resigned, and a new ministry was announced in the *Moniteur* of 31 October 1849. Accordingly, Hugo's speech of 19 October has been interpreted as an attempt to lay claim to Louis Napoleon's favour by supporting his policy, the liberalism of the unofficial letter to Edgar Ney, against that

of his ministers and the majority. Hugo dined with Louis
Napoleon on 16 October, and the President, according to the
Evénement, expressed his approval of the line Hugo was taking;
and a MS note in the Bibliothèque Nationale even attributes the
delay in the formation of the new ministry to Louis Napoleon's
wish to include Hugo in it:

Le Prince ne tenait qu'à un seul ministre Victor Hugo, c'est le motif de
la durée de la crise ministérielle. A ce nom que prononça le Président M.
de Morny se récria. Le président ayant insisté, on manda les chefs de la
majorité & tous comme M. de Morny se récrièrent. Le Ministère ne
tiendrait pas 24 hr le 1ᵉʳ jour de son apparition devant l'assemblée, il
serait culbuté s'il contenait le poête. (Papiers Germain Bapst, fol. 18)

Be that as it may, the speech scandalised the right-wing majority;
Louis Napoleon did not disavow the Italian policy of his govern-
ment; and Hugo was not included in the new ministry.

   Disappointment may have been aggravated by a feeling that
he had been duped by Louis Napoleon. 'J'ai été la dupe du par-
jure avant d'être la victime du traître', he wrote in his diary.[17]
Louis Napoleon seems to have owed some of his success to his
talent for making people regard him as a mediocrity. His failures
at Strasbourg and Boulogne no doubt helped to mislead the
public into underestimating him as a flighty young man not to be
taken seriously; but also, while having boundless faith in himself
and his mission, he was reserved, secretive, content to let others
talk and remain silent himself, thinking his own thoughts, but
not revealing them until his mind was made up and his plans
were ripe. Falloux says of Thiers:

Chose singulière, ce fut l'apparente inertie du prince, son habituel
mutisme, son incapacité présumée qui le séduisirent; il se crut certain de
passer ses bras dans les manches d'un Bonaparte, de lui prêter des
gestes et de lui souffler un langage. (*Mémoires,* p. 386)

Hugo may well have had similar feelings.

   On the whole, however, if pique and disappointment played a
part in Hugo's evolution, they merely hastened a natural pro-
cess. Even while he belonged to the right-wing majority, he
seems to have been uneasy, writing in his diary, for instance,
'Dans le fond de ma pensée je ne marche pas avec ces hommes-
là'.[18] While convinced that order must be preserved, Hugo—
unlike the majority—cared deeply about oppressed nationalities

and the sufferings of the poor. His first important speech in the Chambre des Pairs was a plea for France to use its influence on behalf of the Poles (19 March 1846). He had begun his novel, *Les Misères*, in 1845; the epigraph of the *Evénement* was, 'Haine vigoureuse de l'anarchie, tendre et profond amour du peuple'; and, even if one of his reasons for supporting Melun's proposals to alleviate poverty on 9 July 1849 had been dislike of 'les chimères du socialisme', he had scandalised the right-wing majority by his insistence that 'on peut détruire la misère'.[19] The evolution in his political ideas from monarchism to republicanism was a natural enough consequence of his interest in social questions.

Throughout 1850 and 1851, Victor Hugo voted with the Left against the President and the majority, opposing the *loi Falloux* (which gave the Church a large measure of influence in education), the bill on deportation for political offences, the laws restricting the freedom of the press and reducing the electorate, the proposed increase in the President's allowance, and the revision of the constitution. On 11 June 1851, Hugo's son, Charles, was condemned to six months' imprisonment and a fine of 500 francs for having protested, in the *Evénement*, against an execution in the department of Nièvre. Three months later, the other members of the team suffered in their turn: Hugo's other son, François-Victor, and Paul Meurice were condemned to nine months' imprisonment on 15 September. The *Evénement* itself was banned on 18 September, reappeared under a new title (*L'Avènement du Peuple*), and was promptly confiscated. Auguste Vacquerie was condemned to six months' imprisonment on 24 September.

Whether or not disappointed ambition underlay Victor Hugo's dislike of Louis Napoleon[20] cannot be determined with certainty; but he would scarcely have been human if, by the end of 1851, he had not felt some personal animosity against the President, who had caused his sons and his friends to be imprisoned, and his newspaper to be banned, and who had driven him into exile.

EXILE AND THE COMPOSITION OF 'CHÂTIMENTS'

At 8 o'clock on the morning of 2 December, Hugo received a visit from another deputy, Versigny, who told him what had happened. He attended a meeting of members of the opposition (moving from place to place in the course of the day to avoid arrest), and was elected a member of the comité de résistance. On 3 December, Hugo and his committee met to organise resistance to the coup d'état, drafting proclamations and decrees which were printed and posted. Hugo was—he tells us—informed that a price of 25,000 francs had been placed upon his head. He visited the barricades, as he did again the following day. He spent the 5th wandering about Paris, and the committee met for the last time on the 6th. Thereafter, he lay in hiding in the house of Juliette Drouet's friend, Mme de Montferrier, the wife of a journalist. A workman, Firmin Lanvin, grateful for help formerly given him by Hugo, provided him with a passport, and Hugo left Paris for Brussels by the night train on 11 December, arriving in Brussels the following day.[21]

There he was joined by Juliette Drouet on 14 December, and by his son, Charles, in February. He set to work immediately on a history of the coup d'état, *Histoire d'un crime*; but, since no publisher could be found bold enough to publish it, he laid it aside in May, and on 14 June began a pamphlet, *Napoléon-le-Petit*, completed on 12 July, and published on 5 August. *Napoléon-le-Petit* and the *Histoire d'un crime* (which appeared in 1877 and 1878) are an indispensable commentary to *Châtiments*, though their account of the coup d'état is neither impartial nor completely accurate. Whether or not a price was set upon his own head,[22] and whether or not the troops were bribed and intoxicated to make them treat the populace with brutality, is open to doubt: the massacre on the boulevard seems to have been the result of panic rather than an atrocity committed in cold blood. Moreover, Hugo's estimate of the casualties is too high; and the nocturnal executions he reports are doubtful.

By the time that *Napoléon-le-Petit* appeared, Victor Hugo, unofficially informed that his presence in Belgium would be unwelcome if he published an attack on the President, had left Brussels (31 July). He and his son, Charles, embarked the following day at Antwerp, and, via London and Southampton, arrived, on 5 August, in Jersey, where they found Mme Hugo, Adèle Hugo, and Auguste Vacquerie waiting for them. Hugo rented a villa near St Helier, 3, Marine Terrace; and the family installed itself there. Shortly after, Juliette Drouet settled in a house near-by.

We first hear of *Châtiments* on 7 September, when Hugo wrote to Hetzel, his publisher:

J'ai pensé,—et autour de moi c'est l'avis unanime, qu'il m'était impossible de publier en ce moment un volume de poésie pure. Cela ferait l'effet d'un désarmement, et je suis plus armé et plus combattant que jamais. *Les Contemplations* en conséquence se composeraient de deux volumes, premier volume: *autrefois*, poésie pure, deuxième volume: *aujourd'hui*, flagellation de tous ces drôles et du drôle en chef. On pourrait vendre les deux volumes séparément ou ensemble au choix de l'acheteur. Qu'en dites-vous?

Châtiments was thus originally to have constituted half *Les Contemplations*; but though *Les Contemplations* eventually appeared divided into two parts, *Autrefois* and *Aujourd'hui*, the poems of *Aujourd'hui* have nothing in common with *Châtiments*.

On 18 November, Hugo again writes to Hetzel:

Je fais en ce moment un volume de vers qui sera le pendant naturel et nécessaire de *Napoléon-le-Petit*. Ce volume sera intitulé: *Les Vengeresses*. Il contiendra de tout, des choses qu'on pourra dire, et des choses qu'on pourra chanter. C'est un nouveau caustique que je crois nécessaire d'appliquer sur Louis Bonaparte. Il est cuit d'un côté, le moment me paraît venu de retourner l'empereur sur le gril.

He adds that the volume will contain about 1,600 lines. On 5 December, he prefers a new title, *Le Chant du Vengeur*. By 21 December, there are to be close on 3,000 lines, and Hugo has returned to his original title.

The title, in fact, seems to have given Hugo a great deal of trouble. On 9 January 1853, he suggests *Châtiments*. On 15 January, according to Adèle Hugo's diary, he has abandoned the titles, *Vengeresses*, *Némésis*, and *Ave César*, and is thinking of *Corde d'Airain*, but prefers *Châtiments*. On 23 January, he tells Hetzel:

D'après l'avis unanime, je m'arrête à ce titre:

CHATIMENTS,[23]

par, etc.

Ce titre est menaçant et simple, c'est-à-dire beau.

Je fais force de voiles pour finir vite. Il faut se presser, car le Bonaparte me fait l'effet de se faisander. Il n'en a pas pour longtemps. L'empire l'a avancé, le mariage Montijo l'achève. Si le pape le sacrait, tout irait bien. Donc il faut nous hâter.

This decision does not appear to have been final, however. On 24 May 1853, Adèle Hugo records that other titles Hugo had considered were *Mané Thécel Pharès*, *Les Indignés*, and *Cris de l'Ombre*; and she adds that on that very day he had suggested *L'Empire au Pilori*. On 15 June, she records him as saying:

J'hésite encore pour mon titre. Je ne prendrai pas *L'Empire au Pilori*, mais *Il faut rendre à César ce qui est à Mandrin*.[24]

According to Adèle Hugo, her father announced on 1 June, 'Aujourd'hui j'ai fini mon livre; il aura trois mille vers, et sera le double de mes autres livres.' In fact, it was not until 9 October that Hugo wrote the last poem, 'La Fin'; and the volume when it appeared in the second half of November contained nearly 7,000 lines.

Because of the likelihood of prosecution under the *loi Faider*, Hugo and his publisher, Hetzel, arranged for the simultaneous appearance of two editions, both printed in Brussels by the printer Samuel, whom Hetzel had set up in business for the purpose. One, for public sale and—if need be—for prosecution, was expurgated, words, lines, and whole passages being replaced by rows of dots; it bore on the title-page the place of publication and the name of the printer: 'Bruxelles, Henri Samuel et Cie, Editeurs, Rue des Secours, 7.' The other, for clandestine distribution, unexpurgated and in a reduced format, merely says, misleadingly, 'Genève et New-York'. Despite the efforts of the French government, it was introduced into France and widely read there. The first French edition appeared on 20 October 1870, after the fall of the Empire.

CHÂTIMENTS

The volume, when it appeared, contained nearly 7,000 lines— half the length of the *Divine Comedy*; and Victor Hugo told his family that his aim in dividing it into seven books sandwiched between 'Nox' and 'Lux' was to make it appear shorter.[25] Lamartine thought it too long:

Je conçois une imprécation de deux cents vers, mais un volume, c'est trop; cela sort de toutes les limites; il se trouve forcé par là de faire violence à la haine, à la fureur; il abuse de la langue, il la torture. Sans doute il y a un immense talent dans ces vers, mais ces imprécations si longues n'iront pas à la postérité.[26]

A false prophecy, clearly; but it raises an interesting question: how is it that a lengthy volume of verse by a long dead poet, attacking a long dead politician, is still in print and read?

We can, of course, respond to any human emotion if it is powerfully enough expressed, not excluding dislike or hatred. Indeed, indignation, vituperation, satire seem to appeal to something fundamental in human nature. One theory of laughter that is at least as old as the seventeenth century claims that it springs from a sense of superiority; and the spectacle of a man telling another what he thinks of him is a regular part of the stock-in-trade of comic writers, seldom fails to delight, and (like comedy itself) brings a sense of release. Probably no one nowadays reads Croker's edition of Boswell or the poems of Robert Montgomery; but did anyone (except, of course, Croker and Montgomery) ever read Macaulay's merciless scrutiny of these publications without enjoyment? The appeal of Hugo's *Châtiments* is clearly, in part at least, of this kind. Moreover we respond to an attack all the more readily if the attacker appears to be weaker than his adversary, a David gallantly marching out against a Goliath, and if we can identify ourselves with him and recognise our own bugbears in his victims. Both these conditions are present in *Châtiments*. Not only is Hugo, the solitary exile on Jersey, unevenly matched against Napoleon III, the Emperor of France, backed by the might of the French state, but he appears as the champion of probity against an unscrupulous usurper. Perhaps, too, politicians who cling to power in defiance of their pledges did not become extinct in 1853; and the reader, as he reads, may be reminded of contemporaries whose complacency he would willingly shake if he had the virtuosity of Victor Hugo.

A good deal of the appeal of Hugo's volume is due to the fact that it is not, as Lamartine says, one long imprecation, but a work of extraordinary diversity. In the first place, there is considerable variety in the subject matter and the themes of the work. The antitheses on which it is based help to provide some of this variety. Napoleon the little is contrasted with Napoleon the Great; the Emperor's court with its splendid entertainments and its lavish expenditure is contrasted with the island of Jersey where Hugo is, with the victims of Napoleon III in their prisons, their transport-ships, their Algerian prisons, and their places of exile, and with the squalid destitution of the industrial working-classes;

the false religion of the Church and those of its supporters who
have rallied round the Emperor—Veuillot, Sibour, and the
Jesuits—is contrasted with the true spirit of Christianity; and the
oppression of the Empire, the reprisals of the European govern-
ments restored after the revolutions of 1848, and the evils of the
past are contrasted with the Republican future stifled by the
coup d'état—*l'avenir est mort poignardé* ('L'Empereur s'amuse').
Hence, besides satire, there is much else, and Hugo is free to
celebrate the exploits of Napoleon and his Grand Army, the
martyrdom of the missionary, Bonnard, or of Christ himself, to
draw on German folklore (in 'Le Chasseur Noir') or to evoke
Joshua at the siege of Jericho, to describe the slums of Lille or the
sea or the advent of spring on Jersey, to give a philosophy of
life ('Ceux qui vivent, ce sont ceux qui luttent'), and to present
us with visions of the future, of a Republican world in which
men will live in liberty, equality, fraternity, and peace, and in
which the airship will have abolished national frontiers.

The title indicates an important theme of *Châtiments*, that of
punishment, linked with the question of the part played by the
poet. Hugo intended his volume to serve a practical purpose: on
6 February 1853, defending the violence of his poems in a letter
to Hetzel, he said:

J'ajoute que ce n'est pas avec de petits coups qu'on agit sur les masses.
J'effaroucherai le bourgeois peut-être, qu'est-ce que cela me fait si je
réveille le peuple? Enfin n'oubliez pas ceci: je veux avoir un jour le
droit d'arrêter les représailles, de me mettre en travers des vengeances,
d'empêcher s'il se peut le sang de couler, et de sauver toutes les têtes,
même celle de Louis Bonaparte. Or ce serait un pauvre titre que des
rimes modérées. Dès à présent, comme homme politique, je veux semer
dans les cœurs, au milieu de mes paroles indignées, l'idée d'un châtiment
autre que le carnage. Ayez mon but présent à l'esprit: *clémence impla-
cable.* . . . Je crois que nous n'avons pas d'autre position à prendre que
celle-là, énergie indomptable dans l'exil, afin d'avoir puissance modé-
ratrice dans le triomphe. Nous serons modérés quand nous serons vain-
queurs. Ce volume d'ailleurs reproduit complètement l'esprit de *Napoléon-
le-Petit* où l'appel aux armes et l'horreur des représailles sanglantes sont
à chaque page.—Figurez-vous que vous allez publier quelque chose
comme *Napoléon-le-Petit* en vers.

If, then, in 'Ce que le poëte se disait en 1848', Hugo rejects
political power, it is not in favour of an ivory tower; he has no

doubt that the poet should be *engagé*: 'Ton rôle est d'avertir et de rester pensif.' His volume is aimed at overthrowing Napoleon III by rousing the people, and at giving its author an influence on events when Napoleon is overthrown; it is an appeal to arms, and the very first poem of the first book is a statement of the power of the poet's word, a recurring theme.

> On verra choir surplis, épaulettes, bréviaires,
>   Et César, sous mes étrivières,
>   Se sauver, troussant son manteau!
>   ('Oh! je sais qu'ils feront des mensonges sans nombre')[27]

To be branded or pilloried by the poet is Louis Napoleon's punishment—so much is inherent in the title: these poems are castigations (see particularly 'L'Homme a ri' and 'Quand l'eunuque régnait à côté du césar'). But they also discuss the general problem of the punishment of the criminal. Capital punishment, envisaged for a moment in 'Le Bord de la Mer', is rejected in 'Non', 'Sacer esto', 'Le Progrès, calme et fort et toujours innocent', and 'Ce serait une erreur de croire que ces choses'. Hugo accepts the convict-prison, but the blood of even so execrated a criminal as Napoleon III must not be spilt: 'La honte, et non la mort' ('Nox').

One of the attractions of the volume is that the denunciation of the mediocrity, the greed, the bloodthirstiness of Louis Napoleon is diversified by invigorating and refreshing contrasts. The heroic greatness of the first Napoleon is one of these. Hugo's admiration for the military exploits of the uncle of his arch-enemy is not altogether consistent with the ideals expressed in his *Châtiments*. On the one hand, Louis Napoleon's victims are few indeed compared with the millions who perished and suffered as the result of the first Napoleon's campaigns. On the other, admiration for military glory is not altogether in keeping with Hugo's visions of international brotherhood and perpetual peace, and it is odd that he should reproach Napoleon III with not rushing into war ('La Reculade'). Hugo was not unaware of this; he wrote to Nefftzer on 26 April 1853:

je suis toujours un bêta de français, et mon vieux chauvinisme me démange sous ma septième peau comme une gale rentrée.

Complete consistency, however, perhaps fortunately, is given to no man, and the poems celebrating Napoleon are among the

finest in the volume. 'L'Expiation' is one of Hugo's best-known
poems; but others, such as 'Toulon' and 'A l'Obéissance passive',
are not unworthy to stand beside it.

Nature has an important part to play in *Châtiments*. The poet—
and the reader—turns away with relief to Jersey from the night-
marish society depicted in 'Eblouissements'; at other times, his
enjoyment of nature is interrupted by the memory of the Emperor
and his associates ('Floréal', 'O soleil, ô face divine', 'Aube'). The
different aspects of nature are there. The sea combines 'grâce
immense' with 'immense horreur'; it carries the victims of the
coup d'état to Cayenne ('Nox') and wrecks vessels in its fury
('Cette nuit, il pleuvait, la marée était haute'). Sometimes nature
brings comfort; sometimes it fails to console, and the red moon
appears to the poet as a 'tête coupée' ('C'était en juin, j'étais à
Bruxelle'); sometimes he is struck by its indifference to suffering
humanity, and compelled to grapple with the problem of evil,
but comes to see inventions and scientific discoveries as nature's
contribution to human progress ('Force des Choses'). Nature, too,
is a source of symbols: the sea resembles the people ('Au Peuple',
vi, 9); and the planet in 'Stella' symbolises poetry and inspira-
tion, and heralds liberty and enlightenment.

Such visions of the future are another important aspect of
Châtiments, which moves freely through space and time, time past,
as well as time present, and time to come. Hugo's optimism, his
faith in a world of liberty, peace, social justice, and scientific and
technological progress, may occasionally strike us as a little naïve,
may occasionally, a century later, bring a wry smile to our lips,
as we reflect that the millennium was less near than Hugo
thought, and that increasing knowledge and power over nature
have not only not brought all the advantages with them that
Hugo foretold, but have proved to have positive disadvantages of
which he knew nothing. But Hugo's visions of the future are a
valuable pendant to his description of the present, and a salutary
reminder that politics are, or ought to be, more than a struggle for
power; they show that Hugo had a sense of proportion and an
eye for the essential.

There is great variety, too, of tones and styles.

Ceci est le caractère même de mon livre, le sarcasme sous toutes ses
formes, depuis le sarcasme le plus amer jusqu'à l'invective. Il faut que

* *

ce livre ait tout, que l'on y voie l'épopée, la lamentation, la satire, et
même le calembour. C'est là le caractère du drame; eh bien, j'introduis
le drame dans mon livre.[28]

To some extent, no doubt, this variety reflects the diversity of
the models that Hugo, consciously and unconsciously, had in his
mind as he composed his work—the Hebrew prophets of the
Old Testament (particularly in 'Lux'), Juvenal, Dante, Agrippa
d'Aubigné, and (in his own day) Byron, Béranger, and the
Némésis (a satirical weekly news-sheet in verse) of Barthélemy and
Méry. Beside the vehement invective of 'Eblouissements' and the
contemptuous indignation of 'Apothéose', there is the epic
grandeur of the retreat from Moscow and the battle of Waterloo
in 'L'Expiation', graphic description whether of the loathsome
cloaca maxima of 'L'Egout de Rome' or of the magnificent desert
scene of 'La Caravane' (a symbolic poem reminiscent of Alfred
de Vigny), the colloquial style of 'Un Bon Bourgeois dans sa
maison' or the 'Paroles d'un conservateur', the simple narrative
style of 'Pauline Roland', or the bare and moving simplicity of
'Chanson' (i, 13) or 'Souvenir de la nuit du 4'. There is comedy,
too, as Hugo points out:

> Non, leur règne, où l'atroce au burlesque se joint,
> Est une mascarade, et, ne l'oublions point,
> Nous en avons pleuré, mais souvent nous en rîmes.
>
> ('Ce serait une erreur de croire que ces choses')

The Empire is depicted as a collection of monstrosities and
grotesque figures in the opening passage of 'Splendeurs', and its
characteristic personalities are detailed one by one in 'Eblouisse-
ments'. 'On loge à la nuit' is an engaging account of a fantastic
orgy, and in 'Eblouissements' men, animals, caricatures, and
pumpkins revolve together in an uncanny round:

> Gambade, ô Dombidau, pour l'onomatopée!
> Polkez, Fould et Maupas, avec votre écriteau,
> Toi, Persil-Guillotine, au profil de couteau!
> Ours que Boustrapa montre et qu'il tient par la sangle,
> Valsez, Billault, Parieu, Drouyn, Lebœuf, Delangle!
> Danse, Dupin! dansez, l'horrible et le bouffon!
> Hyènes, loups, chacals, non prévus par Buffon,
> Leroy, Forey, tueurs au fer rongé de rouilles,
> Dansez! dansez, Berger, d'Hautpoul, Murat, citrouilles!

2—C * *

Perhaps the best comic touch is at the end of 'Apothéose', where the new god who appears amongst the old ones turns out, in a magnificent anticlimax, to be

> Robert Macaire avec ses bottes éculées!

There is diversity, too, in the form of the poems that constitute the volume. They vary greatly in length: some are very short; 'L'Expiation' is nearly, and 'Nox' is over, 400 lines long. In many, the poet speaks directly, narrating or denouncing. 'Fable ou Histoire' is a fable. Some are dialogues (like 'Sentiers où l'herbe se balance') or dramatic scenes (like 'Idylles', 'Le Bord de la Mer', or 'Tout s'en va'). Several are songs—Hugo, emulating Béranger, the popular poet and song-writer of a previous generation, hoped that his songs would be on the lips of the people, and thereby contribute to the overthrow of the Empire. 'Le Chasseur Noir' is a rousing German ballad. Besides alexandrines, Hugo uses lines of every length from two to ten syllables; it is interesting to note that, if the variety of lines recalls the *Orientales* a quarter of a century earlier, alexandrines come to predominate more and more in the course of the composition of *Châtiments*. There are stanzas of four, five, six, seven, eight, nine, ten, eleven, and fifteen lines— twenty-eight different kinds of stanza in all. Passages of alexandrines and passages in stanza form are found together in the same poem.

The style of Hugo in *Châtiments*, extremely simple on occasion, is also one of extraordinary richness and density. In part, this is due to the way he uses nouns, particularly proper nouns. They are used to extend his vocabulary. Thus Mandrin and Cartouche are used as synonyms for bandit or brigand, Soulouque instead of tyrant; though in all cases the word derives a particular shade of meaning from the reader's impression of the original man. This use of proper nouns, besides enriching Hugo's vocabulary, serves other purposes as well. It helps to give a historical dimension to his work—we see Napoleon III and his followers as a recurring historical phenomenon. The line,

> Rufins poussifs, Verrès goutteux, Séjans fourbus,
>   ('Eblouissements')

compares Napoleon's officials with those of different ages of

Roman history, and the suggestion of their physical decrepitude
adds a comic touch. Similarly, the line,

> Les Mingrats bénissant les Héliogabales,
>> ('La Caravane')

makes us feel that, just as Napoleon III has his Mingrat, so
Heliogabalus no doubt had the equivalent. Proper nouns also
give Hugo's style concreteness and concision. A line like

> Le général Soufflard, le juge Barabbas,
>> ('La Caravane')

is at once a concise and a concrete way of saying 'generals who
are no better than murderers, judges who ought to be in the dock
instead of on the bench', and comic, giving us a mental picture
of a brigand dressed up as a general and of a robber dressed up
as a judge. Other similar examples are:

> Ces hommes opposaient le président Bobêche
> Au président Mandrin.
>> ('L'Autre Président')

and

> Pour capitaine ils ont Gamache,
> Ils ont Cocagne pour bivouac.
>> ('A l'Obéissance passive')

The coupling of nouns together—'un vers moxa' ('Force des
Choses'), 'Cartouche Sylla' ('A un Martyr'), 'Tibère-Ezzelin'
('Aux Femmes'), 'Néron Scapin' ('Chanson', VII, 13)—also makes
for concision and concreteness. When Hugo writes 'Tibère
Amphitryon' ('A Juvénal'), he is saying in two words: 'Napoleon
III, an Emperor with the vices of Tiberius, giving lavish banquets
as a bribe to his supporters like the false Amphitryon in Molière's
play.' And when a proper name is coupled with a common noun
—'ce César chauve-souris' ('Aux Femmes'), or 'le hibou Trahison'
('Splendeurs')—, we are reminded of political cartoons in which
abstract qualities or entities are represented as animals with
labels. The following passage is, in fact, a fully developed cartoon
of this kind:

> Le bœuf Peuple rôtit tout entier devant l'âtre;
> La lèchefrite chante en recevant le sang;
> A côté sont assis, souriant et causant,

> Magnan qui l'a tué, Troplong qui le fait cuire.
> On entend cette chair pétiller et bruire,
> Et sur son tablier de cuir, joyeux et las,
> Le boucher Carrelet fourbit son coutelas.
> La marmite Budget pend à la crémaillère.
>
> ('On loge à la nuit')

This is a good example of the way in which Hugo gives concrete and picturesque expression to his dislike of the Empire. He sees it as a series of cartoons or scenes: another such occurs at the end of 'L'Expiation':

> La foule au bruit qu'ils font se culbute pour voir;
> Debout sur le tréteau qu'assiége une cohue
> Qui rit, bâille, applaudit, tempête, siffle, hue,
> Entouré de pasquins agitant leur grelot,
> —Commencer par Homère et finir par Callot!
> Epopée! épopée! oh! quel dernier chapitre!—
> Près de Troplong paillasse et de Baroche pitre,
> Devant cette baraque, abject et vil bazar
> Où Mandrin mal lavé se déguise en César,
> Riant, l'affreux bandit, dans sa moustache épaisse,
> Toi, spectre impérial, tu bats la grosse caisse.

The Empire is symbolised for Hugo by orgies ('On loge à la nuit', for instance), mud, and sewers (there is an orgy in a sewer in 'L'Egout de Rome'), as the poet himself is symbolised by Joshua and the wild huntsman. Louis Napoleon and his entourage are dwarfs, compared with the giants of other times. In 'On loge à la nuit', there he sits, stained with blood and mud, a dwarf surrounded by dwarfs:

> Dépouille ta grandeur, quitte ton auréole;
> Ce qu'on appelle ainsi dans ce nid de félons
> C'est la boue et le sang collés à tes talons,
> C'est la fange rouillant ton éperon sordide;
> Les héros, les penseurs portent, groupe splendide,
> Leur immortalité sur leur radieux front;
> Toi, tu traînes ta gloire à tes pieds. Entre donc,
> Ote ta renommée avec un tire-bottes.
> Vois, les grands hommes nains et les gloires nabotes
> T'entourent en chantant, ô Tom-Pouce Attila!

The personalities of the Empire are depicted as playing parts, performing symbolic duties:

> Troplong leur amène des filles,
> Et Sibour leur verse du vin.
>> ('A l'Obéissance passive')

> Et dans son bénitier Sibour lave leur linge.
>> ('L'Expiation')

In 'Eblouissements', they are prostrate mandarins:

> Gros mandarins chinois adorant le tartare,
> Ils apportent leur cœur, leur vertu, leur catarrhe,
> Et prosternent, cagneux, devant sa majesté
> Leur bassesse avachie en imbécilité.

Elsewhere they are transformed into personifications of qualities:

> L'hypocrisie aux yeux bas et dévots
> A nom Menjaud, et vend Jésus dans sa chapelle;
> On a débaptisé la honte, elle s'appelle
> Sibour; la trahison, Maupas; l'assassinat
> Sous le nom de Magnan est membre du sénat, etc.
>> ('Splendeurs')

> Ce prêtre, c'est la honte à l'état de prodige.
>> ('Eblouissements')

Or they are caricatures, appendages of one enormous physical characteristic:

> Ce ventre a nom d'Hautpoul, ce nez a nom d'Argout . . .
>> ('Eblouissements')

Sometimes they are seen as beasts:

> Les bêtes de la nuit sortent de leurs repaires;
> Sophistes et soudards resserrent leur réseau;
> Les Radetzky flairant le gibet du museau,
> Les Giulay, poil tigré, les Buol, face verte,
> Les Haynau, les Bomba, rôdent, la gueule ouverte,
> Autour du genre humain . . .   ('Splendeurs')

'La Caravane' develops this idea. In 'Force des Choses', Louis Napoleon is *le loup fait empereur*.

A full study of Hugo's style is impossible here, but another feature deserves mention. Much of the emotive power of his verse is due to enumeration: enumeration of nouns, as at the end of 'Eblouissements' or in the fourth section of 'La Caravane', but, even more, enumeration of clauses. The moving poem, 'Puisque

le juste est dans l'abîme', consists of eight clauses beginning with
the word *puisque*, followed by eight main clauses beginning with
the verb *j'aime*. *Puisque* is, with similar effectiveness, repeated
in the final section of 'A l'Obéissance passive' and in the fourth
section of 'Lux'; *parce que* at the beginning of 'A des journalistes
de robe courte'. 'Force des Choses' begins with a sequence of
clauses beginning with *que*. 'Ultima Verba' is elaborately con-
structed on the same principle: a series of clauses beginning with
tant que and *quand* (*même*) is followed by a series of verbs in the
first person future, until a succession of clauses beginning with *si*
reaches the climax:

> Et s'il n'en reste qu'un, je serai celui-là!

The arrangement of *Châtiments* has been dismissed as arbi-
trary. 'Nox' is balanced by 'Lux', and in between are seven books of
poems, the first poem of the first book ('France! a l'heure où tu
te prosternes') balancing the last poem of the last book, 'Ultima
Verba', both evoking the exile on Jersey; but the justification of the
distribution of the other poems amongst the seven books is less
easy to see. Some at least are appropriately placed under the
heading of the book in which they are to be found. The descrip-
tion of family life in the slums of Lille and 'Ainsi les plus abjects'
(on the bastardy of Louis Napoleon) comment ironically on the
theme, *La Famille est restaurée*. Book IV, *La Religion est glorifiée*,
opens with 'Sacer esto' (ending with the words, 'il appartient à
Dieu'), scourges false Christians in 'A des journalistes de robe
courte' and 'Un Autre', and concludes with the word *Dieu*. In
the last three books, *L'Autorité est sacrée*, *La Stabilité est assurée*, and
Les Sauveurs se sauveront, poems on the theme of revolt against
Louis Napoleon and prophecies of the coming overthrow of his
Empire and visions of the brave new world of the future are
particularly frequent.

Although *Les Misérables* was begun, and some of the poems of
Les Contemplations—and even a few of the *Châtiments*—were written,
before the coup d'état, it is scarcely an exaggeration to say that
it was exile that gave Hugo his full stature as a poet. With
Châtiments, his first volume of verse since *Les Rayons et les Ombres*
(1840), and his first published work since *Les Burgraves* (1843), he
became a national figure.

In one sense, as a whole volume of political satire and invective, *Châtiments* stands apart from Hugo's other works; and yet it both continues trends that were evident before, and anticipates what was to come. Long before *Châtiments*, Hugo had written about nature ('Force des Choses' is, in its way, a continuation of 'Tristesse d'Olympio'), and celebrated the exploits of Napoleon I. However remote a Romantic historical novel like *Notre-Dame de Paris* may seem to be from a collection of satirical verse like *Châtiments*, there are scenes in the later volume which recall those of the prose work—'On loge à la nuit', for instance, is reminiscent of the scene in the *cour des miracles*. The grotesque court of Louis Napoleon (in 'Splendeurs', for example) reminds us not only of the *truands* or of the procession of the *pape des fous* in *Notre-Dame de Paris*, but of Hugo's preoccupation with the grotesque from the preface to *Cromwell* onwards. Already in *Les Feuilles d'Automne*, Hugo had given vent to his hatred of oppression and expressed his love of liberty, described the sufferings of the poor, compared the people to the rising tide about to engulf monarchs, and ended with the declaration:

> Je sens que le poète est leur juge! je sens
> Que la muse indignée, avec ses poings puissants,
> Peut, comme au pilori, les lier sur leur trône
> Et leur faire un carcan de leur lâche couronne,
> Et renvoyer ces rois, qu'on aurait pu bénir,
> Marqués au front d'un vers que lira l'avenir!
> Oh! la muse se doit aux peuples sans défense.
> J'oublie alors l'amour, la famille, l'enfance,
> Et les molles chansons, et le loisir serein,
> Et j'ajoute à ma lyre une corde d'airain!

—a curious anticipation of *Châtiments*.

But *Châtiments* also points to the future. Both the messianistic, visionary, and apocalyptic poet of *Les Contemplations*—and, for that matter, of *La Légende des Siecles*—, and the historical, narrative, and epic poet of the *Légende* are present in this collection, which contains 'Force des Choses' and 'Lux', as well as 'L' Expiation' and 'La Caravane'. Moreover, some of the characteristic themes and images of later works occur here—human symbolism, the figures of Prometheus, Socrates, St John on Patmos, Voltaire, and so many more, handing the torch of progress on one to another, as Sejanus or Sylla or Nero or the Borgias stand for

tyranny; the symbolism of light (representing progress, enlighten-
ment, emancipation, God) and darkness (equated with evil), the
preoccupation with bottomless pitchblack pits and underground
sewers. And however strong the forces of evil, Hugo—like
Browning—'never doubted clouds would break'. In *Châtiments*,
we pass from 'Nox' and 'L'Egout de Rome' to 'Stella' and 'Lux';
in *Les Contemplations*, the blackness is never total, and the seer,
pointing to the 'point vague et lointain qui luit', tells us that

> Cette blancheur est plus que toute cette nuit;
>
> ('Spes')

and in the *Légende des Siècles*, after the survey of the tyranny, the
oppression, and the violence of the past, we are vouchsafed a
glimpse of the future.

Châtiments is a turning-point in, and a microcosm of, Hugo's
work.

THE PRESENT EDITION

The present edition reproduces the text of the first edition, with
its inconsistencies of punctuation, and its occasionally idio-
syncratic and inconsistent spelling (*Blûcher* and *Blücher*, *boîteux*
and *boiteux*, *égout* and *égoût*, *entrouvrir* and *entr'ouvrir*, *mitre* and
mître, etc., and double consonants in words like *sanglotte* and
souffletté). On the other hand, for the sake of clarity, the ex-
pression *quoi que* ('whatever'), invariably spelt as one word in the
first edition, is here printed as two; and in one or two cases the
text of the 1870 edition has been preferred where it corrected
defective punctuation or obvious misprints.

Five poems which first appeared in the 1870 edition are, of
course, omitted. They are: 'Au moment de rentrer en France',
'Les Trois Chevaux', 'Patria', 'Il est des jours abjects', and
'Saint-Arnaud'.

I should like to thank the many friends and colleagues who
have helped in various ways, especially Drs E. T. Dubois, D. W.
Maskell, and A. W. Fairbairn.

CHÂTIMENTS,

PAR

VICTOR HUGO.

1853.

GENÈVE ET NEW-YORK.

Il a été publié, à Bruxelles, une édition tronquée de ce livre, précédée des lignes que voici :

« Le faux serment est un crime.

« Le guet-apens est un crime.

« La séquestration arbitraire est un crime.

« La subornation de fonctionnaires publics est un crime.

« La subornation de juges est un crime.

« Le vol est un crime.

« Le meurtre est un crime.

« Ce sera un des plus douloureux étonnements de l'avenir que, dans de nobles pays qui, au milieu de la prostration de l'Europe, avaient maintenu leur Constitution et semblaient être les derniers et sacrés asiles de la probité et de la liberté, ce sera, disons-nous, l'étonnement de l'avenir que, dans ces pays-là, il ait été fait des lois pour protéger ce que toutes les lois humaines, d'accord avec toutes les lois divines, ont dans tous les temps appelé crime.

« L'honnêteté universelle proteste contre ces lois protectrices du mal.

« Pourtant que les patriotes qui défendent la liberté, que les généreux peuples auxquels la force voudrait imposer l'immoralité, ne désespèrent pas; que, d'un autre côté, les coupables, en apparence tout-puissants, ne se hâtent pas trop de triompher en voyant les pages tronquées de ce livre.

« Quoi que fassent ceux qui règnent chez eux par la violence et hors de chez eux par la menace, quoi que fassent ceux qui se croient les maîtres des peuples et qui ne sont que les tyrans des consciences, l'homme qui lutte pour la justice et la vérité, trouvera toujours le moyen d'accomplir son devoir tout entier.

« La toute-puissance du mal n'a jamais abouti qu'à des efforts inutiles. La pensée échappe toujours à qui tente de l'étouffer. Elle se fait insaisissable à la compression; elle se réfugie d'une forme dans l'autre. Le flambeau rayonne; si on l'éteint, si on l'engloutit dans les ténèbres, le flambeau devient une voix, et l'on ne fait pas la nuit sur la parole; si l'on met un bâillon à la bouche qui parle, la parole se change en lumière, et l'on ne bâillonne pas la lumière.

« Rien ne dompte la conscience de l'homme, car la conscience de l'homme, c'est la pensée de Dieu.   « V. H. »

Les quelques lignes qu'on vient de lire, préface d'un livre mutilé, contenaient l'engagement de publier le livre complet. Cet engagement, nous le tenons **aujourd'hui**.   V. H.

Nox

C'est la date choisie au fond de ta pensée,
Prince! il faut en finir,—cette nuit est glacée,
Viens, lève-toi! Flairant dans l'ombre les escrocs,
Le dogue Liberté gronde et montre ses crocs.
Quoique mis par Carlier à la chaîne, il aboie.   5
N'attends pas plus longtemps! c'est l'heure de la proie.
Vois, décembre épaissit son brouillard le plus noir;
Comme un baron voleur qui sort de son manoir,
Surprends, brusque assaillant, l'ennemi que tu cernes,
Debout! les régiments sont là dans les casernes,   10
Sac au dos, abrutis de vin et de fureur,
N'attendant qu'un bandit pour faire un empereur.
Mets ta main sur ta lampe et viens d'un pas oblique,
Prends ton couteau, l'instant est bon: la République,
Confiante, et sans voir tes yeux sombres briller,   15
Dort, avec ton serment, prince, pour oreiller.

Cavaliers, fantassins, sortez! dehors les hordes!
Sus aux représentants! soldats, liez de cordes
Vos généraux jetés dans la cage aux forçats!
Poussez, la crosse aux reins, l'Assemblée à Mazas!   20
Chassez la haute-cour à coups de plat de sabre!
Changez-vous, preux de France, en brigands de Calabre!
Vous, bourgeois, regardez, vil troupeau, vil limon,
Comme un glaive rougi qu'agite un noir démon,
Le coup d'État qui sort flamboyant de la forge!   25
Les tribuns pour le droit luttent: qu'on les égorge.
Routiers, condottieri, vendus, prostitués,
Frappez! tuez Baudin! tuez Dussoubs! tuez!
Que fait hors des maisons ce peuple? Qu'il s'en aille.
Soldats, mitraillez-moi toute cette canaille!   30
Feu! feu! Tu voteras ensuite, ô peuple roi!
Sabrez le droit, sabrez l'honneur, sabrez la loi!
Que sur les boulevards le sang coule en rivières!

Du vin plein les bidons! des morts plein les civières!
Qui veut de l'eau-de-vie? En ce temps pluvieux   35
Il faut boire. Soldats, fusillez-moi ce vieux.
Tuez-moi cet enfant. Qu'est-ce que cette femme?
C'est la mère? tuez. Que tout ce peuple infâme
Tremble, et que les pavés rougissent ses talons!
Ce Paris odieux bouge et résiste. Allons!   40
Qu'il sente le mépris, sombre et plein de vengeance,
Que nous, la force, avons pour lui, l'intelligence!
L'étranger respecta Paris: soyons nouveaux!
Traînons-le dans la boue aux crins de nos chevaux!
Qu'il meure! qu'on le broie et l'écrase et l'efface!   45
Noirs canons, crachez-lui vos boulets à la face!

                              II

C'est fini! Le silence est partout, et l'horreur.
Vivent Poulmann César et Soufflard empereur!
On fait des feux de joie avec les barricades;
La Porte Saint-Denis sous ses hautes arcades   50
Voit les brasiers trembler au vent et rayonner.
C'est fait, reposez-vous; et l'on entend sonner
Dans les fourreaux le sabre et l'argent dans les poches.
De la banque aux bivouacs on vide les sacoches.
Ceux qui tuaient le mieux et qui n'ont pas bronché   55
Auront la croix d'honneur par-dessus le marché.
Les vainqueurs en hurlant dansent sur les décombres.
Des tas de corps saignants gisent dans les coins sombres.
Le soldat, gai, féroce, ivre, complice obscur,
Chancelle, et, de la main dont il s'appuie au mur,   60
Achève d'écraser quelque cervelle humaine.
On boit, on rit, on chante, on ripaille; on amène
Des vaincus qu'on fusille, hommes, femmes, enfants.
Les généraux dorés galopent triomphants,
Regardés par les morts tombés à la renverse.   65
Bravo! César a pris le chemin de traverse!
Courons féliciter l'Élysée à présent.
Du sang dans les maisons, dans les ruisseaux du sang,
Partout! Pour enjamber ces effroyables mares,
Les juges lestement retroussent leurs simarres,   70

Et l'Église joyeuse en emporte un caillot
Tout fumant, pour servir d'écritoire à Veuillot.
Oui, c'est bien vous qu'hier, riant de vos férules,
Un caporal chassa de vos chaises curules,
Magistrats! Maintenant que, reprenant du cœur,   75
Vous êtes bien certains que Mandrin est vainqueur,
Que vous ne serez pas obligés d'être intègres,
Que Mandrin dotera vos dévoûments allègres,
Que c'est lui qui paîra désormais, et très-bien,
Qu'il a pris le budget, que vous ne risquez rien,   80
Qu'il a bien étranglé la loi, qu'elle est bien morte,
Et que vous trouverez ce cadavre à sa porte,
Accourez, acclamez, et chantez Hosanna!
Oubliez le soufflet qu'hier il vous donna,
Et, puisqu'il a tué vieillards, mères et filles,   85
Puisqu'il est dans le meurtre entré jusqu'aux chevilles,
Prosternez-vous devant l'assassin tout-puissant,
Et léchez-lui les pieds pour effacer le sang!

III

Donc cet homme s'est dit:—«Le maître des armées,
      L'empereur surhumain,   90
Devant qui, gorge au vent, pieds nus, les renommées
      Volaient, clairons en main,

«Napoléon, quinze ans régna, dans les tempêtes
      Du Sud à l'Aquilon.
Tous les rois l'adoraient, lui, marchant sur leurs têtes, 95
      Eux, baisant son talon;

«Il prit, embrassant tout dans sa vaste espérance,
      Madrid, Berlin, Moscou;
Je ferai mieux: je vais enfoncer à la France
      Mes ongles dans le cou!   100

«La France libre et fière et chantant la concorde
      Marche à son but sacré:
Moi, je vais lui jeter par derrière une corde
      Et je l'étranglerai.

«Nous nous partagerons, mon oncle et moi, l'histoire;   105
    Le plus intelligent,
C'est moi, certe! il aura la fanfare de gloire,
    J'aurai le sac d'argent.

«Je me sers de son nom, splendide et vain tapage,
    Tombé dans mon berceau.   110
Le nain grimpe au géant. Je lui laisse sa page,
    Mais j'en prends le verso.

«Je me cramponne à lui! C'est moi qui suis le maître.
    J'ai pour sort et pour loi
De surnager sur lui dans l'histoire, ou peut-être   115
    De l'engloutir sous moi.

«Moi, chat-huant, je prends cet aigle dans ma serre.
    Moi si bas, lui si haut,
Je le tiens! Je choisis son grand anniversaire;
    C'est le jour qu'il me faut.   120

«Ce jour-là, je serai comme un homme qui monte
    Le manteau sur ses yeux;
Nul ne se doutera que j'apporte la honte
    A ce jour glorieux;

«J'irai plus aisément saisir mon ennemie   125
    Dans mes poings meurtriers;
La France ce jour-là sera mieux endormie
    Sur son lit de lauriers.»—

Alors il vint, cassé de débauches, l'œil terne,
    Furtif, les traits pâlis,   130
Et ce voleur de nuit alluma sa lanterne
    Au soleil d'Austerlitz!

IV

Victoire! il était temps, prince, que tu parusses!
Les filles d'opéra manquaient de princes russes;
Les révolutions apportent de l'ennui   135

Aux Jeannetons d'hier, Pamélas d'aujourd'hui;
Dans don Juan qui s'effraye un Harpagon éclate:
Un maigre filet d'or sort de sa bourse plate;
L'argent devenait rare aux tripots; les journaux
Faisaient le vide autour des confessionnaux;   140
Le sacré-cœur, mourant de sa mort naturelle,
Maigrissait; les protêts, tourbillonnant en grêle,
Drus et noirs, aveuglaient le portier de Magnan;
On riait aux sermons de l'abbé Ravignan;
Plus de pur-sang piaffant aux portes des donzelles;   145
L'hydre de l'anarchie apparaissait aux belles
Sous la forme effroyable et triste d'un cheval
De fiacre les traînant pour trente sous au bal.
La désolation était sur Babylone.
Mais tu surgis, bras fort; tu te dresses, colonne;   150
Tout renaît, tout revit, tout est sauvé. Pour lors
Les figurantes vont récolter des mylords;
Tous sont contents, soudards, francs viveurs, gent dévote;
Tous chantent, monseigneur l'archevêque, et Javotte.
Allons! congratulons, triomphons, partageons!   155
Les vieux partis, coiffés en ailes de pigeons,
Vont s'inscrire, adorant Mandrin, chez son concierge.
Falstaff allume un punch, Tartufe brûle un cierge.
Vers l'Élysée en joie, où sonne le tambour,
Tous se hâtent; Parieu, Montalembert, Sibour,   160
R....., cette catin, T......., cette servante;
Grecs, juifs, quiconque a mis sa conscience en vente;
Quiconque vole et ment *cum privilegio*;
L'homme du bénitier, l'homme de l'agio;
Quiconque est méprisable et désire être infâme;   165
Quiconque, se jugeant dans le fond de son âme,
Se sent assez forçat pour être sénateur.
Myrmidon de César admire la hauteur.
Lui, fait la roue et trône au centre de la fête.
—Eh bien, messieurs, la chose est-elle un peu bien faite?   170
Qu'en pense Papavoine et qu'en dit Loyola?
Maintenant nous ferons voter ces drôles-là,
Partout en lettres d'or nous écrirons le chiffre.—
Gai! tapez sur la caisse et soufflez dans le fifre;
Braillez vos *Salvum fac*, messeigneurs; en avant   175

Des églises, abri profond du Dieu vivant,
On dressera des mâts avec des oriflammes ;
Victoire ! venez voir les cadavres, mesdames.

V

Où sont-ils ? Sur les quais, dans les cours, sous les ponts ;
Dans l'égout, dont Maupas fait lever les tampons,   180
Dans la fosse commune affreusement accrue,
Sur le trottoir, au coin des portes, dans la rue,
Pêle-mêle entassés, partout ; dans les fourgons
Que vers la nuit tombante escortent les dragons,
Convoi hideux qui vient du Champ-de-Mars, et passe,   185
Et dont Paris tremblant s'entretient à voix basse.
O vieux mont des martyrs, hélas ! garde ton nom !
Les morts sabrés, hachés, broyés par le canon,
Dans ce champ que la tombe emplit de son mystère,
Étaient ensevelis la tête hors de terre.   190
Cet homme les avait lui-même ainsi placés,
Et n'avait pas eu peur de tous ces fronts glacés.
Ils étaient là, sanglants, froids, la bouche entr'ouverte,
La face vers le ciel, blêmes dans l'herbe verte,
Effroyables à voir dans leur tranquillité,   195
Éventrés, balafrés, le visage fouetté
Par la ronce qui tremble au vent du crépuscule,
Tous, l'homme du faubourg qui jamais ne recule,
Le riche à la main blanche et le pauvre au bras fort,
La mère qui semblait montrer son enfant mort,   200
Cheveux blancs, tête blonde, au milieu des squelettes,
La belle jeune fille aux lèvres violettes,
Côte à côte rangés dans l'ombre au pied des ifs,
Livides, stupéfaits, immobiles, pensifs,
Spectres du même crime et des mêmes désastres,   205
De leur œil fixe et vide ils regardaient les astres.
Dès l'aube, on s'en venait chercher dans ce gazon
L'absent qui n'était pas rentré dans la maison ;
Le peuple contemplait ces têtes effarées ;
La nuit, qui de décembre abrège les soirées,   210
Pudique, les couvrait du moins de son linceul.
Le soir, le vieux gardien des tombes, resté seul,

Hâtait le pas parmi les pierres sépulcrales,
Frémissant d'entrevoir toutes ces faces pâles;
Et, tandis qu'on pleurait dans les maisons en deuil, 215
L'âpre bise soufflait sur ces fronts sans cercueil,
L'ombre froide emplissait l'enclos aux murs funèbres.
O morts, que disiez-vous à Dieu dans ces ténèbres?

On eût dit, en voyant ces morts mystérieux
Le cou hors de la terre et le regard aux cieux, 220
Que dans le cimetière où le cyprès frissonne,
Entendant le clairon du jugement qui sonne,
Tous ces assassinés s'éveillaient brusquement,
Qu'ils voyaient, Bonaparte, au seuil du firmament,
Amener devant Dieu ton âme horrible et fausse, 225
Et que, pour témoigner, ils sortaient de leur fosse.

Montmartre! enclos fatal! quand vient le soir obscur
Aujourd'hui le passant évite encor ce mur.

VI

Un mois après, cet homme allait à Notre-Dame.

Il entra le front haut; la myrrhe et le cinname 230
Brûlaient; les tours vibraient sous le bourdon sonnant;
L'archevêque était là, de gloire rayonnant;
Sa chape avait été taillée en un suaire;
Sur une croix dressée au fond du sanctuaire
Jésus avait été cloué pour qu'il restât. 235
Cet infâme apportait à Dieu son attentat.
Comme un loup qui se lèche après qu'il vient de mordre,
Caressant sa moustache, il dit:—J'ai sauvé l'ordre!
Anges, recevez-moi dans votre légion!
J'ai sauvé la famille et la religion! — 240
Et dans son œil féroce où Satan se contemple,
On vit luire une larme . . . —O colonnes du temple!
Abîmes qu'à Patmos vit s'entr'ouvrir saint Jean,
Cieux qui vîtes Néron, soleil qui vis Séjan,
Vents qui jadis meniez Tibère vers Caprée, 245
Et poussiez sur les flots sa galère dorée,

O souffles de l'aurore et du septentrion,
Dites si l'assassin dépasse l'histrion!

VII

Toi qui bats de ton flux fidèle
La roche où j'ai ployé mon aile,   250
Vaincu, mais non pas abattu,
Gouffre où l'air joue, où l'esquif sombre,
Pourquoi me parles-tu dans l'ombre?
O sombre mer, que me veux-tu?

Tu n'y peux rien! Ronge tes digues,   255
Épands l'onde que tu prodigues,
Laisse-moi souffrir et rêver;
Toutes les eaux de ton abîme,
Hélas! passeraient sur ce crime,
O vaste mer, sans le laver!   260

Je comprends, tu veux m'en distraire;
Tu me dis:—Calme-toi, mon frère,
Calme-toi, penseur orageux!—
Mais toi-meme alors, mer profonde,
Calme ton flot puissant qui gronde,   265
Toujours amer, jamais fangeux!

Tu crois en ton pouvoir suprême,
Toi qu'on admire, toi qu'on aime,
Toi qui ressembles au destin,
Toi que les cieux ont azurée,   270
Toi qui, dans ton onde sacrée,
Laves l'étoile du matin!

Tu me dis:—Viens, contemple, oublie!
Tu me montres le mât qui plie,
Les blocs verdis, les caps croulants,   275
L'écume au loin, dans les décombres,
S'abattant sur les rochers sombres
Comme une troupe d'oiseaux blancs;

La pêcheuse aux pieds nus qui chante,
L'eau bleue où fuit la nef penchante,   280
Le marin, rude laboureur,
Les hautes vagues en démence;
Tu me montres ta grâce immense,
Mêlée à ton immense horreur;

Tu me dis:—Donne-moi ton âme;   285
Proscrit, éteins en moi ta flamme;
Marcheur, jette aux flots ton bâton;
Tourne vers moi ta vue ingrate.—
Tu me dis:—J'endormais Socrate!—
Tu me dis:—J'ai calmé Caton!   290

Non! respecte l'âpre pensée,
L'âme du juste courroucée,
L'esprit qui songe aux noirs forfaits!
Parle aux vieux rochers, tes conquêtes,
Et laisse en repos mes tempêtes!   295
D'ailleurs, mer sombre, je te hais!

O mer! n'est-ce pas toi, servante!
Qui traînes sur ton eau mouvante,
Parmi les vents et les écueils,
Vers Cayenne aux fosses profondes,   300
Ces noirs pontons qui sur tes ondes
Passent comme de grands cercueils.

N'est-ce pas toi qui les emportes
Vers le sépulcre ouvrant ses portes,
Tous nos martyrs au front serein,   305
Dans la cale où manque la paille,
Où les canons pleins de mitraille,
Béants, passent leur cou d'airain!

Et s'ils pleurent, si les tortures
Font fléchir ces hautes natures,   310
N'est-ce pas toi, gouffre exécré,
Qui te mêles à leur supplice,
Et qui, de ta rumeur complice,
Couvres leur cri désespéré!

VIII

Voilà ce qu'on a vu! l'histoire le raconte,   315
Et lorsqu'elle a fini pleure, rouge de honte . . .

Quand se réveillera la grande nation,
Quand viendra le moment de l'expiation,
Glaive des jours sanglants, oh! ne sors pas de l'ombre!
Non! non! il n'est pas vrai qu'en plus d'une âme sombre,   320
Pour châtier ce traître et cet homme de nuit,
A cette heure, ô douleur! ta nécessité luit!
Souvenirs où l'esprit grave et pensif s'arrête,
Gendarmes, sabre nu, conduisant la charrette,
Roulements des tambours, peuple criant: frappons!   325
Foule encombrant les toits, les seuils, les quais, les ponts,
Grèves des temps passés, mornes places publiques
Où l'on entrevoyait des triangles obliques,
Oh! ne revenez pas, lugubres visions!
Ciel! nous allions en paix devant nous, nous faisions   330
Chacun notre travail dans le siècle où nous sommes,
Le poëte chantait l'œuvre immense des hommes,
La tribune parlait avec sa grande voix,
On brisait échafauds, trônes, carcans, pavois,
Chaque jour décroissaient la haine et la souffrance,   335
Le genre humain suivait le progrès saint, la France
Marchait devant avec sa flamme sur le front,
Ces hommes sont venus! Lui, ce vivant affront,
Lui, ce bandit qu'on lave avec l'huile du sacre!
Ils sont venus, portant le deuil et le massacre,   340
Le meurtre, les linceuls, le fer, le sang, le feu;
Ils ont semé cela sur l'avenir, grand Dieu!

Et maintenant, pitié, voici que tu tressailles
A ces mots effrayants: vengeance! représailles!

Et moi, proscrit qui saigne aux ronces des chemins,   345
Triste, je rêve et j'ai mon front dans mes deux mains,
Et je sens, par instants, d'une aile hérissée
Dans les jours qui viendront s'enfoncer ma pensée!
Géante aux chastes yeux, à l'ardente action,

Que jamais on ne voie, ô Révolution, 350
Devant ton fier visage où la colère brille,
L'Humanité, tremblante et te criant: ma fille!
Et couvrant de son corps même les scélérats,
Se traîner à tes pieds en se tordant les bras!
Ah! tu respecteras cette douleur amère, 355
Et tu t'arrêteras, vierge, devant la mère!

O travailleur robuste, ouvrier demi-nu,
Moissonneur envoyé par Dieu même, et venu
Pour faucher en un jour dix siècles de misère,
Sans peur, sans pitié, vrai, formidable et sincère, 360
Égal par la stature au colosse romain,
Toi qui vainquis l'Europe et qui pris dans ta main
Les rois, et les brisas les uns contre les autres,
Né pour clore les temps d'où sortirent les nôtres,
Toi qui par la terreur sauvas la liberté, 365
Toi qui portes ce nom sombre: Nécessité,
Dans l'histoire où tu luis comme en une fournaise,
Reste seul à jamais, Titan quatre-vingt-treize!
Rien d'aussi grand que toi ne viendrait après toi.

D'ailleurs, né d'un régime où dominait l'effroi, 370
Ton éducation sur ta tête affranchie
Pesait, et malgré toi, fils de la monarchie,
Nourri d'enseignements et d'exemples mauvais,
Comme elle tu versas le sang; tu ne savais
Que ce qu'elle t'avait appris: le mal, la peine, 375
La loi de mort mêlée avec la loi de haine;
Et jetant bas tyrans, parlements, rois, Capets,
Tu te levais contre eux et comme eux tu frappais.

Nous, grâce à toi, géant qui gagnas notre cause,
Fils de la liberté, nous savons autre chose. 380
Ce que la France veut pour toujours désormais,
C'est l'amour rayonnant sur ses calmes sommets,
La loi sainte du Christ, la fraternité pure.
Ce grand mot est écrit dans toute la nature:
Aimez-vous! aimez-vous!—Soyons frères; ayons 385
L'œil fixé sur l'Idée, ange aux divins rayons.

L'Idée à qui tout cède et qui toujours éclaire
Prouve sa sainteté même dans sa colère.
Elle laisse toujours les principes debout.
Être vainqueurs, c'est peu, mais rester grands, c'est tout.   390
Quand nous tiendrons ce traître, abject, frissonnant, blême,
Affirmons le progrès dans le châtiment même;
La honte, et non la mort.—Peuples, couvrons d'oubli
L'affreux passé des rois, pour toujours aboli,
Supplices, couperets, billots, gibets, tortures!   395
Hâtons l'heure promise aux nations futures
Où, calme et souriant aux bons, même aux ingrats,
La Concorde, serrant les hommes dans ses bras,
Penchera sur nous tous sa tête vénérable!
Oh! qu'il ne soit pas dit que, pour ce misérable,   400
Le monde en son chemin sublime a reculé!
Que Jésus et Voltaire auront en vain parlé!
Qu'il n'est pas vrai qu'après tant d'effort et de peine,
Notre époque ait enfin sacré la vie humaine,
Hélas! et qu'il suffit d'un moment indigné   405
Pour perdre le trésor par les siècles gagné!
On peut être sévère et de sang économe.
Oh! qu'il ne soit pas dit qu'à cause de cet homme,
La guillotine au noir panier, qu'avec dégoût
Février avait prise et jetée à l'égout,   410
S'est réveillée avec les bourreaux dans leurs bouges,
A ressaisi sa hache entre ses deux bras rouges,
Et, dressant son poteau dans les tombes scellé,
Sinistre, a reparu sous le ciel étoilé!

IX

Toi qu'aimait Juvénal, gonflé de lave ardente,   415
Toi dont la clarté luit dans l'œil fixe de Dante,
Muse Indignation! viens, dressons maintenant,
Dressons sur cet empire heureux et rayonnant,
Et sur cette victoire au tonnerre échappée,
Assez de piloris pour faire une épopée!   420

Jersey. Novembre 1852.

LIVRE PREMIER
La Société est sauvée

I

France! à l'heure où tu te prosternes,
Le pied d'un tyran sur ton front,
La voix sortira des cavernes;
Les enchaînés tressailleront.   4

Le banni, debout sur la grêve,
Contemplant l'étoile et le flot,
Comme ceux qu'on entend en rêve,
Parlera dans l'ombre tout haut;   8

Et ses paroles, qui menacent,
Ses paroles, dont l'éclair luit,
Seront comme des mains qui passent
Tenant des glaives dans la nuit.   12

Elles feront frémir les marbres
Et les monts que brunit le soir;
Et les chevelures des arbres
Frissonneront sous le ciel noir.   16

Elles seront l'airain qui sonne,
Le cri qui chasse les corbeaux,
Le souffle inconnu dont frissonne
Le brin d'herbe sur les tombeaux;   20

Elles crieront: honte aux infâmes,
Aux oppresseurs, aux meurtriers!
Elles appelleront les âmes
Comme on appelle des guerriers!   24

Sur les races qui se transforment,
Sombre orage, elles planeront;

Et si ceux qui vivent s'endorment,
Ceux qui sont morts s'éveilleront.   28

Jersey. Août 1853.

II

Toulon

I

En ces temps-là, c'était une ville tombée
Au pouvoir des Anglais, maîtres des vastes mers,
Qui, du canon battue et de terreur courbée,
        Disparaissait dans les éclairs.   4

C'etait une cité qu'ébranlait le tonnerre
A l'heure où la nuit tombe, à l'heure où le jour naît,
Qu'avait prise en sa griffe Albion, qu'en sa serre
        La République reprenait.   8

Dans la rade couraient les frégates meurtries;
Les pavillons pendaient troués par le boulet;
Sur le front orageux des noires batteries
        La fumée à longs flots roulait.   12

On entendait gronder les forts, sauter les poudres;
Le brûlot flamboyait sur la vague qui luit;
Comme un astre effrayant qui se disperse en foudres
        La bombe éclatait dans la nuit.   16

Sombre histoire! Quel temps! Et quelle illustre page!
Tout se mêlait, le mât coupé, le mur détruit,
Les obus, le sifflet des maîtres d'équipage,
        Et l'ombre, et l'horreur, et le bruit.   20

O France! Tu couvrais alors toute la terre
Du choc prodigieux de tes rébellions.
Les rois lâchaient sur toi le tigre et la panthère,
        Et toi, tu lâchais les lions.   24

Alors la République avait quatorze armées.
On luttait sur les monts et sur les océans.
Cent victoires jetaient au vent cent renommées.
    On voyait surgir les géants!   28

Alors apparaissaient des aubes rayonnantes.
Des inconnus, soudain éblouissant les yeux,
Se dressaient, et faisaient aux trompettes sonnantes
    Dire leurs noms mystérieux.   32

Ils faisaient de leurs jours de sublimes offrandes;
Ils criaient: Liberté! guerre aux tyrans! mourons!
Guerre!—et la gloire ouvrait ses ailes toutes grandes
    Au-dessus de ces jeunes fronts!   36

II

Aujourd'hui c'est la ville où toute honte échoue.
Là, quiconque est abject, horrible et malfaisant,
Quiconque un jour plongea son honneur dans la boue,
    Noya son âme dans le sang,   40

Là, le faux-monnayeur pris la main sur sa forge,
L'homme du faux serment et l'homme du faux poids,
Le brigand qui s'embusque et qui saute à la gorge
    Des passants, la nuit, dans les bois,   44

Là, quand l'heure a sonné, cette heure nécessaire,
Toujours, quoi qu'il ait fait pour fuir, quoi qu'il ait dit,
Le pirate hideux, le voleur, le faussaire,
    Le parricide, le bandit,   48

Qu'il sorte d'un palais ou qu'il sorte d'un bouge,
Vient, et trouve une main, froide comme un verrou,
Qui sur le dos lui jette une casaque rouge
    Et lui met un carcan au cou!   52

L'aurore luit, pour eux sombre et pour nous vermeille.
Allons! debout! Ils vont vers le sombre Océan,
Il semble que leur chaîne avec eux se réveille,
    Et dit: me voilà; viens-nous-en!   56

Ils marchent, au marteau présentant leurs manilles,
A leur chaîne cloués, mêlant leurs pas bruyants,
Traînant leur pourpre infâme en hideuses guenilles,
    Humbles, furieux, effrayants.   60

Les pieds nus, leur bonnet baissé sur leurs paupières,
Dès l'aube harassés, l'œil mort, les membres lourds,
Ils travaillent, creusant des rocs, roulant des pierres,
    Sans trève, hier, demain, toujours.   64

Pluie ou soleil, hiver, été, que juin flamboie,
Que janvier pleure, ils vont, leur destin s'accomplit,
Avec le souvenir de leurs crimes pour joie,
    Avec une planche pour lit.   68

Le soir, comme un troupeau l'argousin vil les compte.
Ils montent deux à deux l'escalier du ponton,
Brisés, vaincus, le cœur incliné sous la honte,
    Le dos courbé sous le bâton.   72

La pensée implacable habite encor leurs têtes.
Morts vivants, aux labeurs voués, marqués au front,
Ils rampent, recevant le fouet comme des bêtes,
    Et comme des hommes l'affront.   76

III

Ville que l'infamie et la gloire ensemencent,
Où du forçat pensif le fer tond les cheveux,
O Toulon! c'est par toi que les oncles commencent,
    Et que finissent les neveux!   80

Va, maudit! Ce boulet que, dans des temps stoïques,
Le grand soldat, sur qui ton opprobre s'assied,
Mettait dans les canons de ses mains héroïques,
    Tu le traîneras à ton pied!   84

    Écrit en arrivant à Bruxelles, 12 décembre 1851.

III

Approchez-vous ; ceci, c'est le tas des dévots.
Cela hurle en grinçant un *benedicat vos* ;
C'est laid, c'est vieux, c'est noir. Cela fait des gazettes.
Pères fouetteurs du siècle, à grands coups de garcettes
Ils nous mènent au ciel. Ils font, blêmes grimauds,   5
De l'âme et de Jésus des querelles de mots
Comme à Byzance au temps des Jeans et des Eudoxes.
Méfions-nous ; ce sont des gredins orthodoxes.
Ils auraient fait pousser des cris à Juvénal.
La douairière aux yeux gris s'ébat sur leur journal   10
Comme sur les marais la grue et la bécasse.
Ils citent Poquelin, Pascal, Rousseau, Bocace,
Voltaire, Diderot, l'aigle au vol inégal,
Devant l'official et le théologal.
L'esprit étant gênant, ces saints le congédient.   15
Ils mettent Escobar sous bande et l'expédient
Aux bedeaux rayonnants pour quatre francs par mois.
Avec le vieux savon des jésuites sournois
Ils lavent notre époque incrédule et pensive,
Et le bûcher fournit sa cendre à leur lessive.   20
Leur gazette, où les mots de venin sont verdis,
Est la seule qui soit reçue au paradis.
Ils sont, là, tout-puissants ; et tandis que leur bande
Prêche ici-bas la dîme et défend la prébende,
Ils font chez Jéhovah la pluie et le beau temps.   25
L'ange au glaive de feu leur ouvre à deux battants
La porte bienheureuse, effrayante et vermeille ;
Tous les matins, à l'heure où l'oiseau se réveille,
Quand l'aube, se dressant au bord du ciel profond,
Rougit en regardant ce que les hommes font,   30
Et que des pleurs de honte emplissent sa paupière,
Gais, ils grimpent là-haut, et, cognant chez Saint-Pierre,
Jettent à ce portier leur journal impudent.
Ils écrivent à Dieu comme à leur intendant
Critiquant, gourmandant, et lui demandant compte   35
Des révolutions, des vents, du flot qui monte,
De l'astre au pur regard qu'ils voudraient voir loucher,

De ce qu'il fait tourner notre terre et marcher
Notre esprit, et, d'un timbre ornant l'Eucharistie,
Ils cachettent leur lettre immonde avec l'hostie.   40
Jamais marquis, voyant son carrosse broncher,
N'a plus superbement tutoyé son cocher,
Si bien, que ne sachant comment mener le monde,
Ce pauvre vieux bon Dieu, sur qui leur foudre gronde,
Tremblant, cherchant un trou dans ses cieux éclatants,   45
Ne sait où se fourrer quand ils sont mécontents.
Ils ont supprimé Rome; ils auraient détruit Sparte.
Ces drôles sont charmés de monsieur Bonaparte.

Bruxelles. Janvier 1852.

IV

Aux Morts du 4 décembre

Jouissez du repos que vous donne le maître.
Vous étiez autrefois des cœurs troublés peut-être,
    Qu'un vain songe poursuit;
L'erreur vous tourmentait, ou la haine, ou l'envie;
Vos bouches, d'où sortait la vapeur de la vie,   5
    Étaient pleines de bruit.

Faces confusément l'une à l'autre apparues,
Vous alliez et veniez en foule dans les rues,
    Ne vous arrêtant pas,
Inquiets comme l'eau qui coule des fontaines,   10
Tous, marchant au hasard, souffrant les mêmes peines,
    Mêlant les mêmes pas.

Peut-être un feu creusait votre tête embrasée:
Projets, espoirs, briser l'homme de l'Élysée,
    L'homme du Vatican,   15
Verser le libre esprit à grands flots sur la terre;
Car dans ce siècle ardent toute âme est un cratère
    Et tout peuple un volcan.

Vous aimiez, vous aviez le cœur lié de chaînes,
Et le soir vous sentiez, livrés aux craintes vaines,   20
    Pleins de soucis poignants,
Ainsi que l'Océan sent remuer ses ondes,
Se soulever en vous mille vagues profondes
    Sous les cieux rayonnants.

Tous, qui que vous fussiez, tête ardente, esprit sage,   25
Soit qu'en vos yeux brillât la jeunesse, ou que l'âge
    Vous prît et vous courbât,
Que le destin pour vous fût deuil, énigme ou fête,
Vous aviez dans vos cœurs l'amour, cette tempête,
    La douleur, ce combat.   30

Grâce au quatre décembre, aujourd'hui, sans pensée,
Vous gisez étendus dans la fosse glacée
    Sous les linceuls épais;
O morts, l'herbe sans bruit croît sur vos catacombes,
Dormez dans vos cercueils! taisez-vous dans vos tombes!   35
    L'empire, c'est la paix.

               Jersey. Décembre 1852.

V

Cette Nuit-là

Trois amis l'entouraient. C'était à l'Élysée,
On voyait du dehors luire cette croisée.
Regardant venir l'heure et l'aiguille marcher,
Il était là, pensif; et, rêvant d'attacher
Le nom de Bonaparte aux exploits de Cartouche,   5
Il sentait approcher son guet-apens farouche.
D'un pied distrait dans l'âtre il poussait le tison,
Et voici ce que dit l'homme de trahison:
— «Cette nuit vont surgir mes projets invisibles.
Les Saint-Barthélemy sont encore possibles.   10
Paris dort, comme aux temps de Charles de Valois;

Vous allez dans un sac mettre toutes les lois,
Et par-dessus le pont les jeter dans la Seine. »—
O ruffians! bâtards de la fortune obscène,
Nés du honteux coït de l'intrigue et du sort!   15
Rien qu'en songeant à vous, mon vers indigné sort
Et mon cœur orageux dans ma poitrine gronde
Comme le chêne au vent dans la forêt profonde!

Comme ils sortaient tous trois de la maison Bancal,
Morny, Maupas le grec, Saint-Arnaud le chacal,   20
Voyant passer ce groupe oblique et taciturne,
Les clochers de Paris, sonnant l'heure nocturne,
S'efforçaient vainement d'imiter le tocsin;
Les pavés de Juillet criaient à l'assassin!
Tous les spectres sanglants des antiques carnages,   25
Réveillés, se montraient du doigt ces personnages;
La Marseillaise, archange aux chants aériens,
Murmurait dans les cieux: Aux armes, citoyens!
Paris dormait, hélas! et bientôt, sur les places,
Sur les quais, les soldats, dociles populaces,   30
Janissaires conduits par Reybell et Sauboul,
Payés comme à Byzance, ivres comme à Stamboul,
Ceux de Dulac, et ceux de Korte et d'Espinasse,
La cartouchière au flanc et dans l'œil la menace,
Vinrent, le régiment après le régiment,   35
Et le long des maisons ils passaient lentement,
A pas sourds, comme on voit les tigres dans les jongles
Qui rampent sur le ventre en allongeant leurs ongles;
Et la nuit était morne, et Paris sommeillait
Comme un aigle endormi pris sous un noir filet.   40

Les chefs attendaient l'aube en fumant leurs cigares.

O cosaques! voleurs! chauffeurs! routiers! bulgares!
O généraux brigands! bagne, je te les rends!
Les juges d'autrefois pour des crimes moins grands
Ont brulé la Voisin et roué vif Desrues!   45

Éclairant leur affiche infâme au coin des rues
Et le lâche armement de ces filous hardis,

Le jour parut. La nuit, complice des bandits,
Prit la fuite, et traînant à la hâte ses voiles,
Dans les plis de sa robe emporta les étoiles,
Et les mille soleils dans l'ombre étincelant,   50
Comme les sequins d'or qu'emporte en s'en allant
Une fille, aux baisers du crime habituée,
Qui se r'habille après s'être prostituée!

Bruxelles. Janvier 1852.

VI

Le Te Deum du 1ᵉʳ janvier 1852

Prêtre, ta messe, écho des feux de peloton,
    Est une chose impie.
Derrière toi, le bras ployé sous le menton,
    Rit la mort accroupie.   4

Prêtre, on voit frissonner, aux cieux d'où nous venons,
    Les anges et les vierges
Quand un évêque prend la mèche des canons
    Pour allumer les cierges.   8

Tu veux être au sénat, voir ton siège élevé
    Et ta fortune accrue;
Soit; mais pour bénir l'homme, attends qu'on ait lavé
    Le pavé de la rue.   12

Peuples, gloire à Gessler! meure Guillaume Tell!
    Un râle sort de l'orgue.
Archevêque, on a pris, pour bâtir ton autel,
    Les dalles de la morgue.   16

Quand tu dis:—*Te Deum!* nous vous louons, Dieu fort!
    Sabaoth des armées!—
Il se mêle à l'encens une vapeur qui sort
    Des fosses mal fermées.   20

On a tué, la nuit, on a tué, le jour,
    L'homme, l'enfant, la femme!
Crime et deuil! Ce n'est plus l'aigle, c'est le vautour
    Qui vole à Notre-Dame.   24

Va, prodigue au bandit les adorations;
    Martyrs, vous l'entendîtes!
Dieu te voit, et là-haut tes bénédictions,
    O prêtre, sont maudites!   28

Les proscrits sont partis, aux flancs du ponton noir,
    Pour Alger, pour Cayenne;
Ils ont vu Bonaparte à Paris, ils vont voir
    En Afrique l'hyène.   32

Ouvriers, paysans qu'on arrache au labour,
    Le sombre exil vous fauche!
Bien, regarde à ta droite, archevêque Sibour,
    Et regarde à ta gauche.   36

Ton diacre est Trahison et ton sous-diacre est Vol;
    Vends ton Dieu, vends ton âme.
Allons, coiffe ta mître, allons, mets ton licol,
    Chante, vieux prêtre infâme!   40

Le meurtre à tes côtés suit l'office divin,
    Criant: feu sur qui bouge!
Satan tient la burette, et ce n'est pas de vin
    Que ton ciboire est rouge.   44

Bruxelles. 3 janvier 1852.

VII

Ad Majorem Dei Gloriam

« Vraiment, notre siècle est étrangement délicat. S'imagine-t-il donc
« que la cendre des bûchers soit totalement éteinte ? qu'il n'en soit pas
« resté le plus petit tison pour allumer une seule torche ? Les insensés !
« en nous appelant *jésuites*, ils croient nous couvrir d'opprobre ! Mais ces
« *jésuites* leur réservent la censure, un bâillon et du feu ... Et, un jour,
« ils seront les maîtres de leurs maîtres. »

(Le Père ROOTHAAN, *général des jésuites*, à la conférence de Chiéri)

Ils ont dit : «Nous serons les vainqueurs et les maîtres.
Soldats par la tactique et par la robe prêtres,
Nous détruirons progrès, lois, vertus, droits, talents.
Nous nous ferons un fort avec tous ces décombres,
Et pour nous y garder, comme des dogues sombres,   5
Nous démusèlerons les préjugés hurlants.

«—Oui, l'échafaud est bon ; la guerre est nécessaire ;
Acceptez l'ignorance, acceptez la misère ;
L'enfer attend l'orgueil du tribun triomphant ;
L'homme parvient à l'ange en passant par la buse.—   10
Notre gouvernement fait de force et de ruse
Bâillonnera le père, abrutira l'enfant.

«Notre parole, hostile au siècle qui s'écoule,
Tombera de la chaire en flocons sur la foule ;
Elle refroidira les cœurs irrésolus,   15
Y glacera tout germe utile ou salutaire,
Et puis elle y fondra, comme la neige à terre,
Et qui la cherchera ne la trouvera plus.

«Seulement un froid sombre aura saisi les âmes ;
Seulement nous aurons tué toutes les flammes ;   20
Et si quelqu'un leur crie, à ces Français d'alors :
Sauvez la liberté pour qui luttaient vos pères !—
Ils riront, ces Français sortis de nos repaires,
De la liberté morte et de leurs pères morts.

«Prêtres, nous écrirons sur un drapeau qui brille: 25
—Ordre, Religion, Propriété, Famille.—
Et si quelque bandit, corse, juif ou payen,
Vient nous aider avec le parjure à la bouche,
Le sabre aux dents, la torche au poing, sanglant, farouche,
Volant et massacrant, nous lui dirons: c'est bien!   30

«Vainqueurs, fortifiés aux lieux inabordables,
Nous vivrons arrogants, vénérés, formidables.
Que nous importe au fond Christ, Mahomet, Mithra!
Régner est notre but, notre moyen proscrire.
Si jamais ici-bas on entend notre rire,   35
Le fond obscur du cœur de l'homme tremblera.

«Nous garrotterons l'âme au fond d'une caverne.
Nations, l'idéal du peuple qu'on gouverne
C'est le moine d'Espagne ou le fellah du Nil.
A bas l'esprit! à bas le droit! vive l'épée!   40
Qu'est-ce que la pensée? une chienne échappée.
Mettons Jean-Jacque au bagne et Voltaire au chenil.

«Si l'esprit se débat, toujours nous l'étouffâmes.
Nous parlerons tout bas à l'oreille des femmes.
Nous aurons les pontons, l'Afrique, le Spielberg.   45
Les vieux bûchers sont morts, nous les ferons revivre;
N'y pouvant jeter l'homme, on y jette le livre;
A défaut de Jean Huss, nous brûlons Guttemberg.

«Et quant à la raison, qui prétend juger Rome,
Flambeau qu'allume Dieu sous le crâne de l'homme,   50
Dont s'éclairait Socrate et qui guidait Jésus,
Nous, pareils au voleur qui se glisse et qui rampe,
Et commence en entrant par éteindre la lampe,
En arrière et furtifs, nous soufflerons dessus.

«Alors dans l'âme humaine obscurité profonde.   55
Sur le néant des cœurs le vrai pouvoir se fonde.
Tout ce que nous voudrons, nous le ferons sans bruit.
Pas un souffle de voix, pas un battement d'aîle
Ne remuera dans l'ombre, et notre citadelle
Sera comme une tour plus noire que la nuit.   60

«Nous règnerons. La tourbe obéit comme l'onde.
Nous serons tout-puissants, nous régirons le monde;
Nous posséderons tout: force, gloire et bonheur;
Et nous ne craindrons rien, n'ayant ni foi ni règles ... — »
—Quand vous habiteriez la montagne des aigles,   65
Je vous arracherais de là, dit le Seigneur!

Jersey. Novembre 1852.

VIII

A un Martyr

— On lit dans les *Annales de la Propagation de la Foi*:
« Une lettre de Hong-Kong (Chine), en date du 24 juillet 1852, nous
annonce que M. Bonnard, missionnaire du Tong-King, a été décapité
pour la foi le 1er mai dernier.

« Ce nouveau martyr était né dans le diocèse de Lyon et appartenait à
la Société des Missions étrangères. Il était parti pour le Tong-King en
1849. »

I

O saint prêtre! grande âme! oh! je tombe à genoux!
Jeune, il avait encor de longs jours parmi nous;
    Il n'en a pas compté le nombre;
Il était à cet âge où le bonheur fleurit;
Il a considéré la croix de Jésus-Christ   5
    Toute rayonnante dans l'ombre.

Il a dit:—«C'est le Dieu de progrès et d'amour.
Jésus, qui voit ton front croit voir le front du jour.
    Christ sourit à qui le repousse.
Puisqu'il est mort pour nous, je veux mourir pour lui.   10
Dans son tombeau, dont j'ai la pierre pour appui,
    Il m'appelle d'une voix douce.

«Sa doctrine est le ciel entr'ouvert; par la main,
Comme un père l'enfant, il tient le genre humain;
    Par lui nous vivons et nous sommes;   15

Au chevet des geôliers dormant dans leurs maisons,
Il dérobe les clefs de toutes les prisons
    Et met en liberté les hommes.

«Or il est, loin de nous, une autre humanité
Qui ne le connaît point, et dans l'iniquité   20
    Rampe enchaînée, et souffre et tombe;
Ils font pour trouver Dieu de ténébreux efforts;
Ils s'agitent en vain; ils sont comme des morts
    Qui tâtent le mur de leur tombe.

«Sans loi, sans but, sans guide, ils errent ici-bas.   25
Ils sont méchants étant ignorants; ils n'ont pas
    Leur part de la grande conquête.
J'irai. Pour les sauver, je quitte le saint-lieu.
O mes frères, je viens vous apporter mon Dieu;
    Je viens vous apporter ma tête!»—   30

Prêtre, il s'est souvenu, calme en nos jours troublés,
De la parole dite aux apôtres:—allez,
    Bravez les bûchers et les claies!—
Et de l'adieu du Christ au suprême moment:
—O vivants, aimez-vous! aimez. En vous aimant,   35
    Frères, vous fermerez mes plaies.—

Il s'est dit qu'il est bon d'éclairer dans leur nuit
Ces peuples, égarés loin du progrès qui luit,
    Dont l'âme est couverte de voiles;
Puis il s'en est allé, dans les vents, dans les flots,   40
Vers les noirs chevalets et les sanglants billots,
    Les yeux fixés sur les étoiles.

II

Ceux vers qui cet apôtre allait, l'ont égorgé.

III

Oh! tandis que là-bas, hélas! chez ces barbares,
S'étale l'échafaud de tes membres chargé,   45

Que le bourreau, rangeant ses glaives et ses barres,
Frotte au gibet son ongle où ton sang s'est figé;

Ciel! tandis que les chiens dans ce sang viennent boire,
Et que la mouche horrible, essaim au vol joyeux,
Comme dans une ruche entre en ta bouche noire   50
Et bourdonne au soleil dans les trous de tes yeux;

Tandis qu'échevelée, et sans voix, sans paupières,
Ta tête blême est là sur un infâme pieu,
Livrée aux vils affronts, meurtrie à coups de pierres,
Ici, derrière toi, martyr, on vend ton Dieu!   55

Ce Dieu qui n'est qu'à toi, martyr, on te le vole!
On le livre à Mandrin, ce Dieu pour qui tu meurs!
Des hommes, comme toi revêtus de l'étole,
Pour être cardinaux, pour être sénateurs,

Des prêtres, pour avoir des palais, des carrosses,   60
Et des jardins, l'été, riant sous le ciel bleu,
Pour argenter leur mître et pour dorer leurs crosses,
Pour boire de bon vin assis près d'un bon feu,

Au forban dont la main dans le meurtre est trempée,
Au larron chargé d'or qui paye et qui sourit,   65
Grand Dieu! retourne-toi vers nous, tête coupée!
Ils vendent Jésus-Christ! ils vendent Jésus-Christ!

Ils livrent au bandit, pour quelques sacs sordides,
L'évangile, la loi, l'autel épouvanté,
Et la justice aux yeux sévères et candides,   70
Et l'étoile du cœur humain, la vérité!

Les bons, jetés, vivants, au bagne, ou morts, aux fleuves,
L'homme juste proscrit par Cartouche Sylla,
L'innocent égorgé, le deuil sacré des veuves,
Les pleurs de l'orphelin; ils vendent tout cela!   75

Tout! la foi, le serment que Dieu tient sous sa garde,
Le saint temple où, mourant, tu dis: *Introïbo,*

Ils livrent tout! pudeur, vertu!— martyr, regarde,
Rouvre tes yeux qu'emplit la lueur du tombeau,—

Ils vendent l'arche auguste où l'hostie étincelle!   80
Ils vendent Christ, te dis-je! et ses membres liés!
Ils vendent la sueur qui sur son front ruisselle,
Et les clous de ses mains, et les clous de ses pieds!

Ils vendent au brigand qui chez lui les attire,
Le grand crucifié sur les hommes penché;   85
Ils vendent sa parole, ils vendent son martyre,
Et ton martyre à toi par-dessus le marché!

Tant pour les coups de fouet qu'il reçut à la porte!
César! tant pour l'amen! tant pour l'alleluia!
Tant pour la pierre où vint heurter sa tête morte!   90
Tant pour le drap rougi que sa barbe essuya!

Ils vendent ses genoux meurtris, sa palme verte,
Sa plaie au flanc, son œil tout baigné d'infini,
Ses pleurs, son agonie, et sa bouche entr'ouverte,
Et le cri qu'il poussa, Lamma Sabactani!   95

Ils vendent le sépulcre! ils vendent les ténèbres!
Les séraphins chantant au seuil profond des cieux,
Et la mère debout sous l'arbre aux bras funèbres,
Qui, sentant là son fils, ne levait pas les yeux!

Oui, ces évêques, oui, ces marchands, oui, ces prêtres,   100
A l'histrion du crime, assouvi, couronné,
A ce Néron repu qui rit parmi les traîtres,
Un pied sur Thraséas, un coude sur Phryné,

Au voleur qui tua les lois à coups de crosse,
Au pirate empereur Napoléon dernier,   105
Ivre deux fois, immonde encor plus que féroce,
Pourceau dans le cloaque et loup dans le charnier,

Ils vendent, ô martyr, le Dieu pensif et pâle
Qui, debout sur la terre et sous le firmament,

Triste et nous souriant dans notre nuit fatale   110
Sur le noir Golgotha saigne éternellement.

Jersey. Décembre 1852.

IX

L'Art et le Peuple

I

L'art, c'est la gloire et la joie;
Dans la tempête il flamboie,
Il éclaire le ciel bleu.
L'art, splendeur universelle,
Au front du peuple étincelle   5
Comme l'astre au front de Dieu.

L'art est un chant magnifique
Qui plaît au cœur pacifique,
Que la cité dit aux bois,
Que l'homme dit à la femme,   10
Que toutes les voix de l'âme
Chantent en chœur à la fois!

L'art, c'est la pensée humaine
Qui va brisant toute chaîne!
L'art, c'est le doux conquérant!   15
A lui le Rhin et le Tibre!
Peuple esclave, il te fait libre;
Peuple libre, il te fait grand!

II

O bonne France invincible,
Chante ta chanson paisible!   20
Chante, et regarde le ciel!
Ta voix joyeuse et profonde
Est l'espérance du monde,
O grand peuple fraternel!

Bon peuple, chante à l'aurore!   25
Quand vient le soir, chante encore!
Le travail fait la gaîté.
Ris du vieux siècle qui passe!
Chante l'amour à voix basse
Et tout haut la liberté!   30

Chante la sainte Italie,
La Pologne ensevelie,
Naples qu'un sang pur rougit,
La Hongrie agonisante . . . —
O tyrans! le peuple chante   35
Comme le lion rugit!

Paris. 6 novembre 1851.

X

Chanson

Courtisans! attablés dans la splendide orgie,
La bouche par le rire et la soif élargie,
Vous célébrez César, très-bon, très-grand, très-pur;
Vous buvez, apostats à tout ce qu'on révère,
Le chypre à pleine coupe et la honte à plein verre . . . —   5
    Mangez, moi je préfère,
    Vérité, ton pain dur.

Boursier qui tonds le peuple, usurier qui le triches,
Gais soupeurs de Chevet, ventrus, coquins et riches,
Amis de Fould le juif et de Maupas le grec,   10
Laissez le pauvre en pleurs sous la porte cochère;
Engraissez-vous, vivez, et faites bonne chère . . . —
    Mangez, moi je préfère,
    Probité, ton pain sec.

L'opprobre est une lèpre et le crime une dartre.   15
Soldats qui revenez du boulevard Montmartre,

Le vin, au sang mêlé, jaillit sur vos habits;
Chantez! la table emplit l'école militaire,
Le festin fume, on trinque, on boit, on roule à terre ... —
  Mangez, moi je préfère,   20
  O gloire, ton pain bis.

O peuple des faubourgs, je vous ai vu sublime.
Aujourd'hui vous avez, serf grisé par le crime,
Plus d'argent dans la poche, au cœur moins de fierté.
On va, chaîne au cou, rire et boire à la barrière. 25
Et vive l'empereur! et vive le salaire! ... —
  Mangez, moi je préfère,
  Ton pain noir, liberté!

        Jersey. Décembre 1852.

XI

I

Oh! je sais qu'ils feront des mensonges sans nombre
Pour s'évader des mains de la Vérité sombre;
Qu'ils nieront, qu'ils diront: ce n'est pas moi, c'est lui!
Mais, n'est-il pas vrai, Dante, Eschyle, et vous, prophètes?
  Jamais, du poignet des poëtes,   5
Jamais, pris au collet, les malfaiteurs n'ont fui.
J'ai fermé sur ceux-ci mon livre expiatoire;
  J'ai mis des verrous à l'histoire;
  L'histoire est un bagne aujourd'hui.

Le poëte n'est plus l'esprit qui rêve et prie;—   10
Il a la grosse clef de la conciergerie.
Quand ils entrent au greffe, où pend leur chaîne au clou,
On regarde le prince aux poches comme un drôle,
  Et les empereurs à l'épaule;—
Macbeth est un escroc, César est un filou.   15
Vous gardez des forçats, ô mes strophes ailées! ...
  Les Calliopes étoilées
  Tiennent des registres d'écrou.

II

O peuples douloureux, il faut bien qu'on vous venge!
Les rhéteurs froids m'ont dit: le poëte, c'est l'ange;	20
Il plane, ignorant Fould, Magnan, Morny, Maupas;
Il contemple la nuit sereine avec délices . . . —
	Non, tant que vous serez complices
De ces crimes hideux que je suis pas à pas,
Tant que vous couvrirez ces brigands de vos voiles,	25
	Cieux azurés, soleils, étoiles,
	Je ne vous regarderai pas!

Tant qu'un gueux forcera les bouches à se taire,
Tant que la liberté sera couchée à terre
Comme une femme morte et qu'on vient de noyer,	30
Tant que dans les pontons on entendra des râles,
	J'aurai des clartés sépulcrales
Pour tous ces fronts abjects qu'un bandit fait ployer.
Je crierai: lève-toi peuple! ciel, tonne et gronde!
	La France, dans sa nuit profonde,	35
	Verra ma torche flamboyer!

III

Ces coquins vils qui font de la France une Chine,
On entendra mon fouet claquer sur leur échine.
Ils chantent: *Te Deum*, je crierai: *Memento!*
Je fouaillerai les gens, les faits, les noms, les titres,	40
	Porte-sabres et porte-mîtres;
Je les tiens dans mon vers comme dans un étau.
On verra choir surplis, épaulettes, bréviaires,
	Et César, sous mes étrivières,
	Se sauver, troussant son manteau!	45

Et les champs, et les prés, le lac, la fleur, la plaine,
Les nuages pareils à des flocons de laine,
L'eau qui fait frissonner l'algue et les goëmons,
Et l'enorme Océan, hydre aux écailles vertes,
	Les forêts de rumeurs couvertes,	50
Le phare sur les flots, l'étoile sur les monts,

Me reconnaîtront bien et diront à voix basse :
C'est un esprit vengeur qui passe,
Chassant devant lui les démons !

Jersey. Novembre 1852.

XII

Carte d'Europe

Des sabres sont partout posés sur les provinces.
L'autel ment. On entend ceux qu'on nomme les princes
Jurer, d'un front tranquille et sans baisser les yeux,
De faux serments qui font, tant ils nâvrent les âmes,
Tant ils sont monstrueux, effroyables, infâmes,   5
Remuer le tonnerre endormi dans les cieux.

Les soldats ont fouetté des femmes dans les rues.
Où sont la liberté, la vertu ? disparues !
Dans l'exil ! dans l'horreur des pontons étouffants !
O nations ! où sont vos âmes les plus belles ?   10
Le boulet, c'est trop peu contre de tels rebelles ;
Haynau dans les canons met des têtes d'enfants.[1]

Peuple russe, tremblant et morne, tu chemines ;
Serf à Saint-Pétersbourg, ou forçat dans les mines.
Le pôle est pour ton maître un cachot vaste et noir ;   15
Russie et Sibérie, ô czar ! tyran ! vampire !
Ce sont les deux moitiés de ton funèbre empire ;
L'une est l'Oppression, l'autre est le Désespoir.

Les supplices d'Ancône emplissent les murailles.
Le pape Mastaï fusille ses ouailles ;   20
Il pose là l'hostie et commande le feu.
Simoncelli périt le premier ; tous les autres
Le suivent sans pâlir, tribuns, soldats, apôtres ;
Ils meurent, et s'en vont parler du prêtre à Dieu.

[1] Sac de Brescia. Voir les *Mémoires du général Pépe*.

Saint-Père, sur tes mains laisse tomber tes manches!   25
Saint-Père, on voit du sang à tes sandales blanches!
Borgia te sourit, le pape empoisonneur.
Combien sont morts? combien mourront? qui sait le nombre?
Ce qui mène aujourd'hui votre troupeau dans l'ombre,
Ce n'est pas le berger, c'est le boucher, seigneur!   30

Italie! Allemagne! ô Sicile! ô Hongrie!
Europe, aïeule en pleurs, de misère amaigrie,
Vos meilleurs fils sont morts; l'honneur sombre est absent.
Au midi l'échafaud, au nord un ossuaire.
La lune chaque nuit se lève en un suaire,   35
Le soleil chaque soir se couche dans du sang.

Sur les Français vaincus un saint-office pèse.
Un brigand les égorge, et dit: je les apaise.
Paris lave à genoux le sang qui l'inonda;
La France garrottée assiste à l'hécatombe,   40
Par les pleurs, par les cris, réveillés dans la tombe,
—Bien! dit Laubardemont; —Va! dit Torquemada.

Batthyani, Sandor, Pöerio, victimes!
Pour le peuple et le droit en vain nous combattîmes.
Baudin tombe, agitant son écharpe en lambeau;   45
Pleurez dans les forêts, pleurez sur les montagnes!
Où Dieu mit des édens les rois mettent des bagnes;
Venise est une chiourme et Naple est un tombeau.

Le gibet sur Arad! le gibet sur Palerme!
La corde à ces héros qui levaient d'un bras ferme   50
Leur drapeau libre et fier devant les rois tremblants!
Tandis qu'on va sacrer l'empereur Schinderhannes,
Martyrs, la pluie à flots ruisselle sur vos crânes,
Et le bec des corbeaux fouille vos yeux sanglants.

Avenir! avenir! voici que tout s'écroule!   55
Les pâles rois ont fui, la mer vient, le flot roule,
Peuples! le clairon sonne aux quatre coins du ciel;
Quelle fuite effrayante et sombre! les armées
S'en vont dans la tempête en cendres enflammées,
L'épouvante se lève;—Allons, dit l'éternel!   60

Jersey. Novembre 1852.

XIII

Chanson

La femelle? elle est morte.
Le mâle? un chat l'emporte
Et dévore ses os.
Au doux nid qui frissonne
Qui reviendra? personne.   5
Pauvres petits oiseaux!

Le pâtre absent par fraude!
Le chien mort! le loup rôde,
Et tend ses noirs panneaux;
Au bercail qui frissonne,   10
Qui veillera? personne.
Pauvres petits agneaux!

L'homme au bagne! la mère
A l'hospice! ô misère!
Le logis tremble aux vents;   15
L'humble berceau frissonne.
Que reste-t-il? personne.
Pauvres petits enfants!

Jersey. Février 1853.

XIV

C'est la nuit; la nuit noire, assoupie et profonde.
L'ombre immense élargit ses ailes sur le monde.
Dans vos joyeux palais gardés par le canon,
Dans vos lits de velours, de damas, de linon,
Sous vos chauds couvre-pieds de martres zibelines,   5
Sous le nuage blanc des molles mousselines,
Derrière vos rideaux qui cachent sous leurs plis
Toutes les voluptés avec tous les oublis,

Aux sons d'une fanfare amoureuse et lointaine,
Tandis qu'une veilleuse, en tremblant, ose à peine   10
Éclairer le plafond de pourpre et de lampas,
Vous, duc de Saint-Arnaud, vous, comte de Maupas,
Vous, sénateurs, préfets, généraux, juges, princes,
Toi, César, qu'à genoux adorent tes provinces,
Toi qui rêvas l'empire et le réalisas,   15
Dormez, maîtres . . . —Voici le jour. Debout, forçats!

Jersey. Octobre 1852.

XV

Confrontations

O cadavres, parlez! quels sont vos assassins?
Quelles mains ont plongé ces stylets dans vos seins?
Toi d'abord, que je vois dans cette ombre apparaître,
Ton nom? —Religion. —Ton meurtrier? —le prêtre.
—Vous, vos noms? —Probité, Pudeur, Raison, Vertu.   5
—Et qui vous égorgea? —L'Église. —Toi, qu'es-tu?
—Je suis la Foi publique. —Et qui t'a poignardée?
—Le Serment. —Toi, qui dors de ton sang inondée?
—Mon nom était Justice. —Et quel est ton bourreau?
—Le juge. —Et toi, géant, sans glaive en ton fourreau, 10
Et dont la boue éteint l'auréole enflammée?
—Je m'appelle Austerlitz. —Qui t'a tué? —L'armée.

Bruxelles. 5 janvier 1852.

LIVRE II
L'Ordre est rétabli

I

Idylles

LE SÉNAT

Vibrez, trombonne et chanterelle!
Les oiseaux chantent dans les nids.
La joie est chose naturelle.
Que Magnan danse la trénis
Et Saint-Arnaud la pastourelle!   5

LES CAVES DE LILLE

Miserere!
Miserere!

LE CONSEIL D'ÉTAT

Des lampions dans les charmilles!
Des lampions dans les buissons!
Mêlez-vous, sabres et mantilles!   10
Chantez en chœur, les beaux garçons!
Dansez en rond, les belles filles!

LES GRENIERS DE ROUEN

Miserere!
Miserere!

LE CORPS LÉGISLATIF

Jouissons; l'amour nous réclame.   15
Chacun, pour devenir meilleur,

Cueille son miel, nourrit son âme,
L'abeille aux lèvres de la fleur,
Le sage aux lèvres de la femme!

BRUXELLES, LONDRES, BELLISLE, JERSEY

Miserere!   20
Miserere!

L'HÔTEL DE VILLE

L'empire se met aux croisées:
Rions, jouons, soupons, dînons.
Des pétards aux Champs-Élysées!
A l'oncle il fallait des canons,   25
Il faut au neveu des fusées.

LES PONTONS

Miserere!
Miserere!

L'ARMÉE

Pas de scrupules! pas de morgue!
A genoux! un bedeau paraît.   30
Le tambour obéit à l'orgue.
Notre ardeur sort du cabaret
Et notre gloire est à la morgue.

LAMBESSA

Miserere!
Miserere!   35

LA MAGISTRATURE

Mangeons, buvons, tout le conseille!
Heureux l'ami du raisin mûr,
Qui toujours, riant sous sa treille,

Trouve une grappe sur son mur
Et dans sa cave une bouteille! 40

CAYENNE

Miserere!
Miserere!

LES ÉVÊQUES

Jupiter l'ordonne, on révère
Le succès, sur le trône assis.
Trinquons! Le prêtre peu sévère 45
Vide son âme de soucis
Et de vin vieux emplit son verre!

LE CIMETIÈRE MONTMARTRE

Miserere!
Miserere!

Jersey. Avril 1853.

II

Au Peuple

Partout pleurs, sanglots, cris funèbres.
Pourquoi dors-tu dans les ténèbres?
Je ne veux pas que tu sois mort.
Pourquoi dors-tu dans les ténèbres?
Ce n'est pas l'instant où l'on dort. 5
La pâle liberté gît sanglante à ta porte.
Tu le sais, toi mort, elle est morte.
Voici le chacal sur ton seuil,
Voici les rats et les belettes,
Pourquoi t'es-tu laissé lier de bandelettes? 10
Ils te mordent dans ton cercueil!

De tous les peuples on prépare
    Le convoi! ... —
Lazare! Lazare! Lazare!
    Lève-toi!   15

Paris sanglant, au clair de lune,
Rêve sur la fosse commune;
Gloire au général Trestaillon!
Plus de presse, plus de tribune.
Quatre-vingt-neuf porte un bâillon.   20
La Révolution, terrible à qui la touche,
    Est couchée à terre! un Cartouche
    Peut ce qu'aucun Titan ne put.
    Escobar rit d'un rire oblique.
On voit traîner sur toi, Géante République,   25
    Tous les sabres de Lilliput.
    Le juge, marchand en simarre,
        Vend la loi ... —
Lazare! Lazare! Lazare!
    Lève-toi!   30

Sur Milan, sur Vienne punie,
Sur Rome étranglée et bénie,
Sur Pesth, torturé sans répit,
La vieille louve Tyrannie,
Fauve et joyeuse, s'accroupit.   35
Elle rit; son repaire est orné d'amulettes;
    Elle marche sur des squelettes,
    De la Vistule au Tanaro;
    Elle a ses petits qu'elle couve.
Qui la nourrit? qui porte à manger à la louve?   40
    C'est l'évêque, c'est le bourreau.
    Qui s'allaite à son flanc barbare?
        C'est le roi ... —
Lazare! Lazare! Lazare!
    Lève-toi!   45

Jésus parlant à ses apôtres,
Dit: aimez-vous les uns les autres.
Et voilà bientôt deux mille ans

Qu'il appelle nous et les nôtres
Et qu'il ouvre ses bras sanglants.   50
Rome commande et règne au nom du doux prophète.
De trois cercles sacrés est faite
La tiare du Vatican;
Le premier est une couronne,
Le second est le nœud des gibets de Vérone,   55
Et le troisième est un carcan.
Mastaï met cette tiare
Sans effroi . . . —
Lazare! Lazare! Lazare!
Lève-toi!   60

Ils bâtissent des prisons neuves;
O dormeur sombre, entends les fleuves
Murmurer, teints de sang vermeil;
Entends pleurer les pauvres veuves,
O noir dormeur au dur sommeil!   65
Martyrs, adieu! le vent souffle, les pontons flottent;
Les mères aux fronts gris sanglottent;
Leurs fils sont en proie aux vainqueurs;
Elles gémissent sur la route;
Les pleurs qui de leurs yeux s'échappent goutte à goutte   70
Filtrent en haine dans nos cœurs.
Les juifs triomphent, groupe avare
Et sans foi . . . —
Lazare! Lazare! Lazare!
Lève-toi!   75

Mais il semble qu'on se réveille!
Est-ce toi que j'ai dans l'oreille,
Bourdonnement du sombre essaim?
Dans la ruche frémit l'abeille;
J'entends sourdre un vague tocsin.   80
Les Césars, oubliant qu'il est des gémonies,
S'endorment dans les symphonies
Du lac Baltique au mont Etna;
Les peuples sont dans la nuit noire;
Dormez, rois; le clairon dit aux tyrans: victoire!   85
Et l'orgue leur chante: hosanna!

Qui répond à cette fanfare?
  Le beffroi . . . —
Lazare! Lazare! Lazare!
  Lève-toi!   90

Jersey. Mai 1853.

III

Souvenir de la nuit du 4

L'enfant avait reçu deux balles dans la tête.
Le logis était propre, humble, paisible, honnête;
On voyait un rameau bénit sur un portrait.
Une vieille grand'mère était là qui pleurait.
Nous le déshabillions en silence. Sa bouche,   5
Pâle, s'ouvrait; la mort noyait son œil farouche;
Ses bras pendants semblaient demander des appuis.
Il avait dans sa poche une toupie en buis.
On pouvait mettre un doigt dans les trous de ses plaies.
Avez-vous vu saigner la mûre dans les haies?   10
Son crâne était ouvert comme un bois qui se fend.
L'aïeule regarda déshabiller l'enfant,
Disant: —Comme il est blanc! approchez donc la lampe!
Dieu! ses pauvres cheveux sont collés sur sa tempe!—
Et quand ce fut fini, le prit sur ses genoux.   15
La nuit était lugubre; on entendait des coups
De fusil dans la rue où l'on en tuait d'autres.
—Il faut ensevelir l'enfant, dirent les nôtres,
Et l'on prit un drap blanc dans l'armoire en noyer.
L'aïeule cependant l'approchait du foyer   20
Comme pour réchauffer ses membres déjà roides.
Hélas! ce que la mort touche de ses mains froides
Ne se réchauffe plus aux foyers d'ici-bas!
Elle pencha la tête et lui tira ses bas,
Et dans ses vieilles mains prit les pieds du cadavre.   25
—Est-ce que ce n'est pas une chose qui nâvre,
Cria-t-elle! monsieur, il n'avait pas huit ans!

Ses maîtres, il allait en classe, étaient contents.
Monsieur, quand il fallait que je fisse une lettre,
C'est lui qui l'écrivait. Est-ce qu'on va se mettre   30
A tuer les enfants maintenant? Ah! mon Dieu!
On est donc des brigands! Je vous demande un peu,
Il jouait ce matin, là, devant la fenêtre!
Dire qu'ils m'ont tué ce pauvre petit être!
Il passait dans la rue, ils ont tiré dessus.   35
Monsieur, il était bon et doux comme un Jésus.
Moi je suis vieille, il est tout simple que je parte;
Cela n'aurait rien fait à monsieur Bonaparte
De me tuer au lieu de tuer mon enfant!—
Elle s'interrompit, les sanglots l'étouffant,   40
Puis elle dit, et tous pleuraient près de l'aïeule:
—Que vais-je devenir à présent toute seule?
Expliquez-moi cela, vous autres, aujourd'hui.
Hélas! je n'avais plus de sa mère que lui.
Pourquoi l'a-t-on tué? Je veux qu'on me l'explique.   45
L'enfant n'a pas crié vive la République. —
Nous nous taisions, debout et graves, chapeau bas,
Tremblant devant ce deuil qu'on ne console pas.

Vous ne compreniez point, mère, la politique.
Monsieur Napoléon, c'est son nom authentique,   50
Est pauvre et même prince; il aime les palais;
Il lui convient d'avoir des chevaux, des valets,
De l'argent pour son jeu, sa table, son alcôve,
Ses chasses; par la même occasion, il sauve
La famille, l'église et la société;   55
Il veut avoir Saint-Cloud, plein de roses l'été,
Où viendront l'adorer les préfets et les maires;
C'est pour cela qu'il faut que les vieilles grand'mères,
De leurs pauvres doigts gris que fait trembler le temps,
Cousent dans le linceul des enfants de sept ans.   60

Jersey. 2 decembre 1852.

IV

O soleil, ô face divine,
Fleurs sauvages de la ravine,
Grottes où l'on entend des voix,
Parfums que sous l'herbe on devine,
O ronces farouches des bois,   5

Monts sacrés, hauts comme l'exemple,
Blancs comme le fronton d'un temple,
Vieux rocs, chêne des ans vainqueur,
Dont je sens, quand je vous contemple,
L'âme éparse entrer dans mon cœur,   10

O vierge forêt, source pure,
Lac limpide que l'ombre azure,
Eau chaste où le ciel resplendit,
Conscience de la nature,
Que pensez-vous de ce bandit?   15

                                   Jersey. 2 décembre 1852.

V

Puisque le juste est dans l'abîme,
Puisqu'on donne le sceptre au crime,
Puisque tous les droits sont trahis,
Puisque les plus fiers restent mornes,
Puisqu'on affiche au coin des bornes   5
Le déshonneur de mon pays;

O République de nos pères,
Grand Panthéon plein de lumières,
Dôme d'or dans le libre azur,
Temple des ombres immortelles,   10
Puisqu'on vient avec des échelles
Coller l'empire sur ton mur;

Puisque toute âme est affaiblie;
Puisqu'on rampe; puisqu'on oublie

Le vrai, le pur, le grand, le beau,   15
Les yeux indignés de l'histoire,
L'honneur, la loi, le droit, la gloire,
Et ceux qui sont dans le tombeau ;

Je t'aime, exil ! douleur, je t'aime !
Tristesse, sois mon diadème.   20
Je t'aime, altière pauvreté !
J'aime ma porte aux vents battue.
J'aime le deuil, grave statue
Qui vient s'asseoir à mon côté.

J'aime le malheur qui m'éprouve ;   25
Et cette ombre où je vous retrouve,
O vous à qui mon cœur sourit,
Dignité, foi, vertu voilée,
Toi, liberté, fière exilée,
Et toi, dévoûment, grand proscrit !   30

J'aime cette île solitaire,
Jersey, que la libre Angleterre
Couvre de son vieux pavillon,
L'eau noire, par moments accrue,
Le navire, errante charrue,   35
Le flot, mystérieux sillon.

J'aime ta mouette, ô mer profonde,
Qui secoue en perles ton onde
Sur son aile aux fauves couleurs,
Plonge dans les lames géantes,   40
Et sort de ces gueules béantes
Comme l'âme sort des douleurs !

J'aime la roche solennelle
D'où j'entends la plainte éternelle,
Sans trève comme le remords,   45
Toujours renaissant dans les ombres,
Des vagues sur les écueils sombres,
Des mères sur leurs enfants morts !

Jersey. Décembre 1852.

VI

L'Autre Président

I

Donc, vieux partis, voilà votre homme consulaire!
Aux jours sereins, quand rien ne nous vient assiéger,
Dogue aboyant, dragon farouche, hydre en colère;
    Taupe aux jours du danger!   4

Pour le mettre à leur tête, en nos temps que visite
La tempête, brisant le cèdre et le sapin,
Ils prirent le plus lâche, et n'ayant pas Thersite,
    Ils choisirent Dupin.   8

Tandis que ton bras fort pioche, laboure et bêche,
Ils te trahissaient, peuple, ouvrier souverain;
Ces hommes opposaient le président Bobêche
    Au président Mandrin.   12

II

Sa voix aigre sonnait comme une calebasse;
Ses quolibets mordaient l'orateur au cœur chaud;
Ils avaient, insensés, mis l'âme la plus basse
    Au faîte le plus haut;   16

Si bien qu'un jour, ce fut un dénoûment immonde,
Des soldats, sabre au poing, quittant leur noir chevet,
Entrèrent dans ce temple auguste où, pour le monde,
    L'aurore se levait!   20

Devant l'autel des lois qu'on renverse et qu'on brûle,
Honneur, devoir, criaient à cet homme:—Debout!
Dresse-toi, foudre en main, sur ta chaise curule!—
    Il plongea dans l'égoût.   24

III

Qu'il y reste à jamais! qu'à jamais il y dorme!
Que ce vil souvenir soit à jamais détruit!
Qu'il se dissolve là! qu'il y devienne informe,
    Et pareil à la nuit!   28

Que, même en l'y cherchant, on le distingue à peine
Dans ce profond cloaque, affreux, morne, béant!
Et que tout ce qui rampe et tout ce qui se traîne
    Se mêle à son néant!   32

Et que l'histoire un jour ne s'en rende plus compte,
Et dise en le voyant dans la fange étendu:
—On ne sait ce que c'est. C'est quelque vieille honte
    Dont le nom s'est perdu!—   36

IV

Oh! si ces âmes-là par l'enfer sont reçues,
S'il ne les chasse pas dans son amer orgueil,
Poëtes qui, portant dans vos mains des massues,
    Gardez ce sombre seuil,   40

N'est-ce pas? dans ce gouffre où la justice habite,
Dont l'espérance fuit le flamboyant fronton,
Dites, toi de Patmos lugubre cénobite,
    Toi Dante, toi Milton,   44

Toi, vieil Eschyle ami des plaintives Électres,
Ce doit être une joie, ô vengeurs des vertus,
De faire souffleter les masques par les spectres,
    Et Dupin par Brutus!   48

Bruxelles. Décembre 1851.

VII

A l'Obéissance passive

I

O soldats de l'an deux! ô guerres! épopées!
Contre les rois tirant ensemble leurs épées,
    Prussiens, Autrichiens,
Contre toutes les Tyrs et toutes les Sodomes,
Contre le czar du Nord, contre ce chasseur d'hommes   5
    Suivi de tous ses chiens,

Contre toute l'Europe avec ses capitaines,
Avec ses fantassins couvrant au loin les plaines,
    Avec ses cavaliers,
Tout entière debout comme une hydre vivante,
Ils chantaient, ils allaient, l'âme sans épouvante   10
    Et les pieds sans souliers!

Au levant, au couchant, partout, au sud, au pôle,
Avec de vieux fusils sonnant sur leur épaule,
    Passant torrents et monts,
Sans repos, sans sommeil, coudes percés, sans vivres,   15
Ils allaient, fiers, joyeux, et soufflant dans des cuivres
    Ainsi que des démons!

La liberté sublime emplissait leurs pensées.
Flottes prises d'assaut, frontières effacées   20
    Sous leur pas souverain,
O France, tous les jours c'était quelque prodige,
Chocs, rencontres, combats; et Joubert sur l'Adige,
    Et Marceau sur le Rhin!

On battait l'avant-garde, on culbutait le centre;   25
Dans la pluie et la neige et de l'eau jusqu'au ventre,
    On allait! en avant!
Et l'un offrait la paix, et l'autre ouvrait ses portes,
Et les trônes, roulant comme des feuilles mortes,
    Se dispersaient au vent!   30

Oh! que vous étiez grands au milieu des mêlées,
Soldats! L'œil plein d'éclairs, faces échevelées
    Dans le noir tourbillon,
Ils rayonnaient, debout, ardents, dressant la tête;
Et comme les lions aspirant la tempête   35
    Quand souffle l'aquilon,

Eux, dans l'emportement de leurs luttes épiques,
Ivres, ils savouraient tous les bruits héroïques,
    Le fer heurtant le fer,
La Marseillaise ailée et volant dans les balles,   40
Les tambours, les obus, les bombes, les cymbales,
    Et ton rire, ô Kléber!

La Révolution leur criait:—Volontaires,
Mourez pour délivrer tous les peuples vos frères!—
    Contents, ils disaient oui.   45
—Allez, mes vieux soldats, mes généraux imberbes!—
Et l'on voyait marcher ces va-nu-pieds superbes
    Sur le monde ébloui!

La tristesse et la peur leur étaient inconnues;
Ils eussent, sans nul doute, escaladé les nues,   50
    Si ces audacieux,
En retournant les yeux dans leur course olympique,
Avaient vu derrière eux la grande République
    Montrant du doigt les cieux!

II

Oh! vers ces vétérans quand notre esprit s'élève,   55
Nous voyons leur front luire et resplendir leur glaive,
    Fertile en grands travaux,
C'étaient là les anciens. Mais ce temps les efface!
France, dans ton histoire ils tiennent trop de place.
    France, gloire aux nouveaux!   60

Oui, gloire à ceux d'hier! ils se mettent cent mille,
Sabres nus, vingt contre un, sans crainte, et par la ville
    S'en vont, tambours battants.

A mitraille! leur feu brille, l'obusier tonne.
Victoire! ils ont tué, carrefour Tiquetonne,   65
    Un enfant de sept ans!

Ceux-ci sont des héros qui n'ont pas peur des femmes!
Ils tirent sans pâlir, gloire à ces grandes âmes!
    Sur les passants tremblants.
On voit, quand dans Paris leur troupe se promène,   70
Aux fers de leurs chevaux de la cervelle humaine
    Avec des cheveux blancs!

Ils montent à l'assaut des lois; sur la patrie
Ils s'élancent; chevaux, fantassins, batterie,
    Bataillon, escadron.   75
Gorgés, payés, repus, joyeux, fous de colère,
Sonnant la charge, avec Maupas pour vexillaire
    Et Veuillot pour clairon!

Tout, le fer et le plomb, manque à nos bras farouches;
Le peuple est sans fusils, le peuple est sans cartouches;   80
    Braves! c'est le moment!
Avec quelques tribuns la loi demeure seule.
Derrière vos canons chargés jusqu'à la gueule
    Risquez-vous hardiment!

O soldats de décembre! ô soldats d'embuscades   85
Contre votre pays! Honte à vos cavalcades
    Sur Paris consterné!
Vos pères, je l'ai dit, brillaient comme le phare;
Ils bravaient, en chantant une haute fanfare,
    La mort, spectre étonné;   90

Vos pères combattaient les plus fières armées,
Le Prussien blond, le Russe aux foudres enflammées,
    Le Catalan bruni;
Vous, vous tuez des gens de bourse et de négoce!
Vos pères, ces géants, avaient pris Saragosse;   95
    Vous prenez Tortoni!

Histoire, qu'en dis-tu? les vieux dans les batailles
Couraient sur les canons vomissant les mitrailles;

Ceux-ci vont, sans trembler,
Foulant aux pieds vieillards sanglants, femmes mourantes,   100
Droit au crime. Ce sont deux façons différentes
    De ne pas reculer.

III

Cet homme fait venir, à l'heure où la nuit voile
    Paris dormant encor,
Des généraux français portant la triple étoile   105
    Sur l'épaulette d'or;

Il leur dit:—«Écoutez, pour vos yeux seuls j'écarte
    «L'ombre que je répands;
«Vous crûtes jusqu'ici que j'étais Bonaparte,
    «Mon nom est Guet-apens.   110

«C'est demain le grand jour, le jour des funérailles
    «Et le jour des douleurs.
«Vous allez vous glisser sans bruit sous les murailles
    «Comme font les voleurs;

«Vous prendrez cette pince, à mon service usée,   115
    «Que je cache sur moi,
«Et vous soulèverez avec une pesée
    «La porte de la loi;

«Puis, hourrah! sabre au vent, et la police en tête!
    «Et main-basse sur tout,   120
«Sur vos chefs africains, sur quiconque est honnête,
    «Sur quiconque est debout,

«Sur les représentants, et ceux qu'ils représentent,
    «Sur Paris terrassé!
«Et je vous paîrai bien!»—Ces généraux consentent;   125
    Vidocq eût refusé.

IV

Maintenant, largesse au prétoire!
Trinquez, soldats! et depuis quand

A-t-on peur de rire et de boire?
Fête aux casernes! fête au camp!   130

L'orgie a rougi leur moustache,
Les rouleaux d'or gonflent leur sac;
Pour capitaine ils ont Gamache,
Ils ont Cocagne pour bivouac.

La bombance après l'équipée.   135
On s'attable. Hier on tua.
O Napoléon, ton épée
Sert de broche à Gargantua.

Le meurtre est pour eux la victoire;
Leur œil, par l'ivresse endormi,   140
Prend le déshonneur pour la gloire
Et les Français pour l'ennemi.

France, ils t'égorgèrent la veille.
Ils tiennent, c'est leur lendemain,
Dans une main une bouteille   145
Et ta tête dans l'autre main.

Ils dansent en rond, noirs quadrilles,
Comme des gueux dans le ravin;
Troplong leur amène des filles,
Et Sibour leur verse du vin.   150

Et leurs banquets sans fin ni trèves
D'orchestres sont environnés ... —
Nous faisions pour vous d'autres rêves,
O nos soldats infortunés!

Nous rêvions pour vous l'âpre bise,   155
La neige au pied du noir sapin,
La brèche où la bombe se brise,
Les nuits sans feu, les jours sans pain.

Nous rêvions les marches forcées,
La faim, le froid, les coups hardis,   160

Les vieilles capotes usées,
Et la victoire un contre dix!

Nous rêvions, ô soldats esclaves,
Pour vous et pour vos généraux,
La sainte misère des braves,   165
La grande tombe des héros!

Car l'Europe en ses fers soupire,
Car dans les cœurs un ferment bout,
Car voici l'heure où Dieu va dire:
Chaînes, tombez! Peuples, debout!   170

L'histoire ouvre un nouveau registre;
Le penseur, amer et serein,
Derrière l'horizon sinistre
Entend rouler des chars d'airain.

Un bruit profond trouble la terre;   175
Dans les fourreaux s'émeut l'acier;
Ce vent qui souffle sort, ô guerre,
Des naseaux de ton noir coursier!

Vers l'heureux but où Dieu nous mène,
Soldats! rêveurs, nous vous poussions, 180
Tête de la colonne humaine,
Avant-garde des nations!

Nous rêvions, bandes aguerries,
Pour vous, fraternels conquérants,
La grande guerre des patries,   185
La chute immense des tyrans!

Nous réservions votre effort juste,
Vos fiers tambours, vos rangs épais,
Soldats, pour cette guerre auguste
D'où sortira l'auguste paix!   190

Dans nos songes visionnaires,
Nous vous voyions, ô nos guerriers,

Marcher joyeux dans les tonnerres,
Courir sanglants dans les lauriers,

Sous la fumée et la poussière   195
Disparaître en noirs tourbillons,
Puis tout à coup dans la lumière
Surgir, radieux bataillons,

Et passer, légion sacrée
Que les peuples venaient bénir,   200
Sous la haute porte azurée
De l'éblouissant avenir!

V

Donc les soldats français auront vu, jours infâmes!
Après Brune et Desaix, après ces grandes âmes
    Que nous admirons tous,   205
Après Turenne, après Saintraille, après Lahire,
Poulailler leur donner des drapeaux et leur dire:
    Je suis content de vous!

O drapeaux du passé, si beaux dans les histoires,
Drapeaux de tous nos preux et de toutes nos gloires,   210
    Redoutés du fuyard,
Percés, troués, criblés, sans peur et sans reproche,
Vous qui dans vos lambeaux mêlez le sang de Hoche
    Et le sang de Bayard,

O vieux drapeaux! sortez des tombes, des abîmes!   215
Sortez en foule, ailés de vos haillons sublimes,
    Drapeaux éblouissants!
Comme un sinistre essaim qui sur l'horizon monte,
Sortez, venez, volez, sur toute cette honte
    Accourez frémissants!   220

Délivrez nos soldats de ces bannières viles!
Vous qui chassiez les rois, vous qui preniez les villes,
    Vous en qui l'âme croit,
Vous qui passiez les monts, les gouffres et les fleuves,

Drapeaux sous qui l'on meurt, chassez ces aigles neuves   225
  Drapeaux sous qui l'on boit !

Que nos tristes soldats fassent la différence !
Montrez-leur ce que c'est que les drapeaux de France,
  Montrez vos sacrés plis
Qui flottaient sur le Rhin, sur la Meuse et la Sambre,   230
Et faites, ô drapeaux, auprès du Deux-décembre
  Frissonner Austerlitz !

VI

Hélas ! tout est fini ! fange ! néant ! nuit noire !
Au-dessus de ce gouffre où croula notre gloire,
  Flamboyez, noms maudits !   235
Maupas, Morny, Magnan, Saint-Arnaud, Bonaparte !
Courbons nos fronts ! Gomorrhe a triomphé de Sparte !
  Cinq hommes ! cinq bandits !

Toutes les nations tour à tour sont conquises :
L'Angleterre, pays des antiques franchises,   240
  Par les vieux Neustriens,
Rome par Alaric, par Mahomet Byzance,
La Sicile par trois chevaliers, et la France
  Par cinq galériens !

Soit. Régnez ! emplissez de dégoût la pensée,   245
Notre-Dame d'encens, de danses l'Élysée,
  Montmartre d'ossements.
Régnez ! liez ce peuple, à vos yeux populace,
Liez Paris, liez la France à la culasse
  De vos canons fumants !   250

VII

Quand sur votre poitrine il jeta sa médaille,
Ses rubans et sa croix, après cette bataille
  Et ce coup de lacet,
O soldats dont l'Afrique avait hâlé la joue,
N'avez-vous donc pas vu que c'était de la boue   255
  Qui vous éclaboussait ?

4—C * *

Oh! quand je pense à vous, mon œil se mouille encore!
Je vous pleure, soldats, je pleure votre aurore,
    Et ce qu'elle promit.
Je pleure! car la gloire est maintenant voilée;   260
Car il est parmi vous plus d'une âme accablée
    Qui songe et qui frémit!

O soldats! nous aimions votre splendeur première,
Fils de la république et fils de la chaumière,
    Que l'honneur échauffait,   265
Pour servir ce bandit qui dans leur sang se vautre,
Hélas! pour trahir l'une et déshonorer l'autre,
    Que vous ont-elles fait?

Après qui marchez-vous, ô légion trompée?
L'homme à qui vous avez prostitué l'épée,   270
    Ce criminel flagrant,
Cet aventurier vil en qui vous semblez croire,
Sera Napoléon-le-Petit dans l'histoire,
    Ou Cartouche-le-Grand.

Armée! ainsi ton sabre a frappé par derrière   275
Le serment, le devoir, la loyauté guerrière,
    Le droit au vent jeté,
La révolution sur ce grand siècle empreinte,
Le progrès, l'avenir, la république sainte,
    La sainte liberté,   280

Pour qu'il puisse asservir ton pays que tu nâvres,
Pour qu'il puisse s'asseoir sur tous ces grands cadavres,
    Lui, ce nain tout-puissant,
Qui préside l'orgie immonde et triomphale,
Qui cuve le massacre et dont la gorge exhale   285
    L'affreux hoquet du sang!

VIII

O Dieu, puisque voilà ce qu'a fait cette armée,
Puisque, comme une porte est barrée et fermée,
    Elle est sourde à l'honneur,

Puisque tous ces soldats rampent sans espérance,   290
Et puisque dans le sang ils ont éteint la France,
  Votre flambeau, seigneur !

Puisque la conscience en deuil est sans refuge ;
Puisque le prêtre assis dans la chaire, et le juge
  D'hermine revêtu,   295
Adorent le succès, seul vrai, seul légitime,
Et disent qu'il vaut mieux réussir par le crime
  Que choir par la vertu ;

Puisque les âmes sont pareilles à des filles ;
Puisque ceux-là sont morts qui brisaient les bastilles,   300
  Ou bien sont dégradés ;
Puisque l'abjection aux conseils misérables,
Sortant de tous les cœurs, fait les bouches semblables
  Aux égouts débordés ;

Puisque l'honneur décroît pendant que César monte ;   305
Puisque dans ce Paris on n'entend plus, ô honte,
  Que des femmes gémir ;
Puisqu'on n'a plus de cœur devant les grandes tâches ;
Puisque les vieux faubourgs, tremblant comme des lâches,
  Font semblant de dormir ;   310

O Dieu vivant, mon Dieu ! prêtez-moi votre force,
Et, moi qui ne suis rien, j'entrerai chez ce Corse
  Et chez cet inhumain ;
Secouant mon vers sombre et plein de votre flamme,
J'entrerai là, seigneur, la justice dans l'âme   315
  Et le fouet à la main ;

Et, retroussant ma manche ainsi qu'un belluaire,
Seul, terrible, des morts agitant le suaire
  Dans ma sainte fureur,
Pareil aux noirs vengeurs devant qui l'on se sauve,   320
J'écraserai du pied l'antre et la bête fauve,
  L'empire et l'empereur !

       Jersey. Janvier 1853.

LIVRE III
La Famille est restaurée

I
Apothéose

Méditons! Il est bon que l'esprit se repaisse
De ces spectacles-là. L'on n'était qu'une espèce
De perroquet ayant un grand nom pour perchoir;
Pauvre diable de prince, usant son habit noir,
Auquel mil-huit-cent-quinze avait coupé les vivres.   5
On n'avait pas dix sous, on emprunte cinq livres.
Maintenant remarquons l'échelle, s'il vous plaît:
De l'écu de cinq francs on s'élève au billet
Signé Garat; bravo! puis du billet de banque
On grimpe au million, rapide saltimbanque;   10
Le million gobé fait mordre au milliard.
On arrive au lingot en partant du liard.
Puis carrosses, palais, bals, festins, opulence;
On s'attable au pouvoir et l'on mange la France.
C'est ainsi qu'un filou devient homme d'État.   15

Qu'a-t-il fait? un délit? fi donc! un attentat;
Un grand acte, un massacre, un admirable crime
Auquel la Haute-cour prête serment. L'abîme
Se referme en poussant un grognement bourru.
La Révolution sous terre a disparu   20
En laissant derrière elle une senteur de soufre.
Romieu montre la trappe et dit: voyez le gouffre!
Vivat Mascarillus! roulement de tambours.
On tient sous le bâton parqués dans les faubourgs
Les ouvriers ainsi que des noirs dans leurs cases.   25
Paris sur ses pavés voit neiger les ukases;
La Seine devient glace autant que la Néva.
Quant au maître, il triomphe; il se promène, va

De préfet en préfet, vole de maire en maire,
Orné du deux-décembre et du dix-huit brumaire,　　　　30
Bombardé de bouquets, voituré dans des chars,
Laid, joyeux, salué par des chœurs de mouchards.
Puis il rentre empereur au Louvre, il parodie
Napoléon, il lit l'histoire, il étudie
L'honneur et la vertu dans Alexandre six;　　　　35
Il s'installe au palais du spectre Médicis;
Il quitte par moment sa pourpre ou sa casaque,
Flâne autour du bassin en pantalon cosaque,
Et riant, et semant les miettes sur ses pas,
Donne aux poissons le pain que les proscrits n'ont pas.　　40
La caserne l'adore, on le bénit au prône;
L'Europe est sous ses pieds et tremble sous son trône;
Il règne par la mître et par le hausse-col.
Ce trône a trois degrés: parjure, meurtre et vol.

O Carrare! ô Paros! ô marbres pentéliques!　　　　45
O tous les vieux héros des vieilles républiques!
O tous les dictateurs de l'empire latin!
Le moment est venu d'admirer le destin,
Voici qu'un nouveau dieu monte au fronton du temple.
Regarde, peuple, et toi, froide histoire, contemple.　　50
Tandis que nous, martyrs du droit, nous expions,
Avec les Périclès, avec les Scipions,
Sur les frises où sont les Victoires aptères,
Au milieu des Césars traînés par des panthères,
Vêtus de pourpre et ceints du laurier souverain,　　55
Parmi les aigles d'or et les louves d'airain,
Comme un astre apparaît parmi ses satellites,
Voici qu'à la hauteur des empereurs stylites,
Entre Auguste à l'œil calme et Trajan au front pur,
Resplendit, immobile en l'éternel azur,　　　　60
Sur vous, ô panthéons, sur vous, ô propylées,
Robert Macaire avec ses bottes éculées!

Jersey. Décembre 1852.

II

L'Homme a ri

« M. Victor Hugo vient de publier à Bruxelles un livre qui a pour
« titre: *Napoléon le petit*, et qui renferme les calomnies les plus odieuses
« contre le prince-président.
« On raconte, qu'un des jours de la semaine dernière, un fonctionnaire
« apporta ce libelle à Saint-Cloud. Lorsque Louis Napoléon le vit il le
« prit, l'examina un instant avec le sourire du mépris sur les lèvres;
« puis, s'adressant aux personnes qui l'entouraient, il dit, en leur mon-
« trant le pamphlet: ‹ Voyez, messieurs, voici Napoléon-le-petit, par
« ‹ Victor Hugo-le-Grand. › »   (*Journaux Élyséens*. Août 1852)

Ah! tu finiras bien par hurler, misérable!
Encor tout haletant de ton crime exécrable,
Dans ton triomphe abject, si lugubre et si prompt,
Je t'ai saisi. J'ai mis l'écriteau sur ton front;
Et maintenant la foule accourt et te bafoue.   5
Toi, tandis qu'au poteau le châtiment te cloue,
Que le carcan te force à lever le menton,
Tandis que, de ta veste arrachant le bouton,
L'histoire à mes côtés met à nu ton épaule,
Tu dis: je ne sens rien! et tu nous railles, drôle,   10
Ton rire sur mon nom gaîment vient écumer;
Mais je tiens le fer rouge et vois ta chair fumer.

                                        Jersey. Août 1852.

III

Fable ou Histoire

Un jour, maigre et sentant un royal appétit,
Un singe d'une peau de tigre se vêtit.
Le tigre avait été méchant, lui, fut atroce.
Il avait endossé le droit d'être féroce.
Il se mit à grincer des dents, criant: je suis   5
Le vainqueur des halliers, le roi sombre des nuits!
Il s'embusqua, brigand des bois, dans les épines;

Il entassa l'horreur, le meurtre, les rapines,
Égorgea les passants, dévasta la forêt,
Fit tout ce qu'avait fait la peau qui le couvrait.   10
Il vivait dans un antre, entouré de carnage.
Chacun, voyant la peau, croyait au personnage.
Il s'écriait, poussant d'affreux rugissements :
Regardez, ma caverne est pleine d'ossements ;
Devant moi, tout recule et frémit, tout émigre,   15
Tout tremble ; admirez-moi, voyez, je suis un tigre !
Les bêtes l'admiraient, et fuyaient à grands pas.
Un belluaire vint, le saisit dans ses bras,
Déchira cette peau comme on déchire un linge,
Mit à nu ce vainqueur, et dit : tu n'es qu'un singe.   20

Jersey. Septembre 1852.

IV

Ainsi les plus abjects, les plus vils, les plus minces
Vont régner ! ce n'était pas assez des vrais princes
Qui de leur sceptre d'or insultent le ciel bleu,
Et sont rois et méchants par la grâce de Dieu !
Quoi ! tel gueux qui, pourvu d'un titre en bonne forme,   5
A pour toute splendeur sa bâtardise énorme,
Tel enfant du hasard, rebut des échafauds,
Dont le nom fut un vol et la naissance un faux,
Tel bohême pétri de ruse et d'arrogance,
Tel intrus entrera dans le sang de Bragance,   10
Dans la maison d'Autriche ou dans la maison d'Est,
Grâce à la fiction légale *is pater est*,
Criera : je suis Bourbon, ou : je suis Bonaparte,
Mettra cyniquement ses deux poings sur la carte,
Et dira : c'est à moi ! je suis le grand vainqueur !   15
Sans que les braves gens, sans que les gens de cœur
Rendent à Curtius ce monarque de cire !
Et, quand je dis : faquin ! l'écho répondra : Sire !
Quoi ! ce royal croquant, ce maraud couronné,
Qui, d'un boulet de quatre à la cheville orné,   20
Devrait dans un ponton pourrir à fond de cale,
Cette altesse en ruolz, ce prince en chrysocale,

Se fait devant la France, horrible, ensanglanté,
Donner de l'empereur et de la majesté,
Il trousse sa moustache en croc et la caresse,   25
Sans que sous les soufflets sa face disparaisse,
Sans que, d'un coup de pied l'arrachant à Saint-Cloud,
On le jette au ruisseau, dût-on salir l'égout!

—Paix, disent cent crétins! c'est fini. Chose faite.
Le Trois-pour-cent est Dieu, Mandrin est son prophète.   30
Il règne. Nous avons voté! *Vox populi.*—
Oui, je comprends, l'opprobre est un fait accompli.
Mais qui donc a voté! Mais qui donc tenait l'urne?
Mais qui donc a vu clair dans ce scrutin nocturne?
Où donc était la loi dans ce tour effronté?   35
Où donc la nation? où donc la liberté?
Ils ont voté!
            Troupeau que la peur mène paître
Entre le sacristain et le garde-champêtre,
Vous qui, pleins de terreur, voyez, pour vous manger,
Pour manger vos maisons, vos bois, votre verger,   40
Vos meules de luzerne et vos pommes à cidre,
S'ouvrir tous les matins les mâchoires d'une hydre;
Braves gens, qui croyez en vos foins, et mettez
De la religion dans vos propriétés;
Ames que l'argent touche et que l'or fait dévotes;   45
Maires narquois, traînant vos paysans aux votes;
Marguilliers au regard vitreux; curés camus
Hurlant à vos lutrins: dœmonem laudamus;
Sots, qui vous courroucez comme flambe une buche;
Marchands dont la balance incorrecte trébuche;   50
Vieux bonshommes crochus, hiboux hommes d'état,
Qui déclarez, devant la fraude et l'attentat,
La tribune fatale et la presse funeste;
Fats qui, tout effrayés de l'esprit, cette peste,
Criez, quoique à l'abri de la contagion;   55
Voltairiens, viveurs, fervente légion,
Saints gaillards, qui jetez dans la même gamelle
Dieu, l'orgie et la messe, et prenez pêle-mêle
La défense du ciel et la taille à Goton;
Bons dos, qui vous courbez, adorant le bâton;   60

Contemplateurs béats des gibets de l'Autriche;
Gens de bourse effarés qui trichez et qu'on triche;
Invalides, lions transformés en toutous;
Niais pour qui cet homme est un sauveur; vous tous
Qui vous ébahissez, bestiaux de Panurge,   65
Aux miracles que fait Cartouche thaumaturge;
Noircisseurs de papier timbré, planteurs de choux,
Est-ce que vous croyez que la France, c'est vous,
Que vous êtes le peuple, et que jamais vous eûtes
Le droit de nous donner un maître, ô tas de brutes!   70

Ce droit, sachez-le bien, chiens du berger Maupas,
Et la France et le peuple eux-mêmes ne l'ont pas.
L'altière Vérité jamais ne tombe en cendre.
La Liberté n'est pas une guenille à vendre,
Jetée au tas, pendue au clou chez un fripier.   75
Quand un peuple se laisse au piége estropier,
Le droit sacré, toujours à soi-même fidèle,
Dans chaque citoyen trouve une citadelle;
On s'illustre en bravant un lâche conquérant,
Et le moindre du peuple en devient le plus grand.   80
Donc, trouvez du bonheur, ô plates créatures,
A vivre dans la fange et dans les pourritures,
Adorez ce fumier sous ce dais de brocart,
L'honnête homme recule et s'accoude à l'écart.
Dans la chute d'autrui je ne veux pas descendre.   85
L'honneur n'abdique point. Nul n'a droit de me prendre
Ma liberté, mon bien, mon ciel bleu, mon amour.
Tout l'univers aveugle est sans droit sur le jour.
Fût-on cent millions d'esclaves, je suis libre.
Ainsi parle Caton. Sur la Seine ou le Tibre,   90
Personne n'est tombé tant qu'un seul est debout.
Le vieux sang des aïeux qui s'indigne et qui bout,
La vertu, la fierté, la justice, l'histoire,
Toute une nation avec toute sa gloire
Vit dans le dernier front qui ne veut pas plier.   95
Pour soutenir le temple il suffit d'un pilier;
Un Français, c'est la France; un Romain contient Rome,
Et ce qui brise un peuple avorte aux pieds d'un homme.

                                    Jersey. Novembre 1852.

V

Querelles du sérail

Ciel! après tes splendeurs qui rayonnaient naguères,
Liberté sainte; après toutes ces grandes guerres,
    Tourbillon inouï;
Après ce Marengo qui brille sur la carte,
Et qui ferait lâcher le premier Bonaparte   5
    A Tacite ébloui;

Après ces messidors, ces prairials, ces frimaires,
Et tant de préjugés, d'Hydres et de chimères,
    Terrassés à jamais;
Après le sceptre en cendre et la Bastille en poudre,   10
Le trône en flamme; après tous ces grands coups de foudre
    Sur tous ces grands sommets;

Après tous ces géants, après tous ces colosses,
S'acharnant, malgré Dieu, comme d'ardents molosses,
    Quand Dieu disait: va-t'en!   15
Après ton océan, République Française,
Où nos pères ont vu passer Quatre-vingt-treize
    Comme Léviathan;

Après Danton, Saint-Just et Mirabeau, ces hommes,
Ces titans—aujourd'hui, cette France où nous sommes   20
    Contemple l'embryon!
L'infiniment petit, monstrueux et féroce!
Et, dans la goutte d'eau, les guerres du volvoce
    Contre le vibrion!

Honte! France, aujourd'hui, voici ta grande affaire: 25
Savoir si c'est Maupas ou Morny qu'on préfère,
    Là-haut, dans le palais;
Tous deux ont sauvé l'ordre et sauvé les familles;
Lequel l'emportera? l'un a pour lui les filles,
    Et l'autre, les valets.   30

Bruxelles. Janvier 1852.

VI

Orientale

Lorsque Abd-el-Kader dans sa geôle
Vit entrer l'homme aux yeux étroits
Que l'histoire appelle—ce drôle,—
Et Troplong—Napoléon trois;—   4

Qu'il vit venir, de sa croisée,
Suivi du troupeau qui le sert,
L'homme louche de l'Élysée,—
Lui, l'homme fauve du désert;   8

Lui, le sultan né sous les palmes,
Le compagnon des lions roux,
Le hadji farouche aux yeux calmes,
L'émir pensif, féroce et doux,   12

Lui, sombre et fatal personnage
Qui, spectre pâle au blanc burnous,
Bondissait, ivre de carnage,
Puis tombait dans l'ombre à genoux;   16

Qui, de sa tente ouvrant les toiles,
Et priant au bord du chemin,
Tranquille, montrait aux étoiles
Ses mains teintes de sang humain;   20

Qui donnait à boire aux épées,
Et qui, rêveur mystérieux,
Assis sur des têtes coupées,
Contemplait la beauté des cieux;   24

Voyant ce regard fourbe et traître,
Ce front bas de honte obscurci,
Lui, le beau soldat, le beau prêtre,
Il dit: quel est cet homme-ci?   28

Devant ce vil masque à moustaches,
Il hésita; mais on lui dit:
« —Regarde, émir, passer les haches;
« Cet homme, c'est César bandit.   32

« Écoute ces plaintes amères
« Et cette clameur qui grandit.
« Cet homme est maudit par les mères,
« Par les femmes il est maudit;   36

« Il les fait veuves, il les nâvre;
« Il prit la France et la tua,
« Il ronge à present son cadavre. »
Alors le hadji salua.   40

Mais au fond toutes ses pensées
Méprisaient le sanglant gredin;
Le tigre aux narines froncées
Flairait ce loup avec dédain.   44

                                        Jersey. Novembre 1852.

VII

Un Bon Bourgeois dans sa maison

« Mais que je suis donc heureux d'être né en Chine! Je possède une
« maison pour m'abriter, j'ai de quoi manger et boire, j'ai toutes les
« commodités de l'existence, j'ai des habits, des bonnets et une multi-
« tude d'agréments; en vérité, la félicité la plus grande est mon partage! »
                                        TIEN-KI-CHI, *lettré chinois.*

Il est certains bourgeois, prêtres du Dieu Boutique,
Plus voisins de Chrysès que de Caton d'Utique,
Mettant par-dessus tout la rente et le coupon,
Qui, voguant à la bourse et tenant un harpon,
Honnêtes gens d'ailleurs, mais de la grosse espèce,   5
Acceptent Phalaris par amour pour leur caisse,
Et le taureau d'airain à cause du veau d'or.

Ils ont voté. Demain ils voteront encor.
Si quelque libre écrit entre leurs mains s'égare,
Les pieds sur les chenets et fumant son cigare,   10
Chacun de ces votants tout bas raisonne ainsi:
—Ce livre est fort choquant. De quel droit celui-ci
Est-il généreux, ferme et fier, quand je suis lâche?
En attaquant monsieur Bonaparte, on me fâche.
Je pense comme lui que c'est un gueux; pourquoi   15
Le dit-il? Soit; d'accord, Bonaparte est sans foi
Ni loi; c'est un parjure, un brigand, un faussaire,
C'est vrai; sa politique est armée en corsaire;
Il a banni jusqu'à des juges suppléants;
Il a coupé leur bourse aux princes d'Orléans;   20
C'est le pire gredin qui soit sur cette terre;
Mais puisque j'ai voté pour lui, l'on doit se taire.
Écrire contre lui, c'est me blâmer au fond;
C'est me dire: voilà comment les braves font;
Et c'est une façon, à nous qui restons neutres,   25
De nous faire sentir que nous sommes des pleutres.
J'en conviens, nous avons une corde au poignet.
Que voulez-vous? la bourse allait mal; on craignait
La république rouge, et même un peu la rose;
Il fallait bien finir par faire quelque chose;   30
On trouve ce coquin, on le fait empereur;
C'est tout simple.—On voulait éviter la terreur,
Le spectre de monsieur Romieu, la jacquerie;
On s'est réfugié dans cette escroquerie.
Or, quand on dit du mal de ce gouvernement,   35
Je me sens chatouillé désagréablement.
Qu'on fouaille avec raison cet homme, c'est possible;
Mais c'est m'insinuer à moi, bourgeois paisible
Qui fis ce scélérat empereur ou consul,
Que j'ai dit oui par peur et vivat par calcul.   40
Je trouve impertinent, parbleu, qu'on me le dise.
M'étant enseveli dans cette couardise,
Il me déplaît qu'on soit intrépide aujourd'hui,
Et je tiens pour affront le courage d'autrui.—

Penseurs, quand vous marquez au front l'homme punique   45
Qui de la loi sanglante arracha la tunique,

Quand vous vengez le peuple à la gorge saisi,
Le serment et le droit, vous êtes, songez-y,
Entre Sbogar qui règne et Géronte qui vote;
Et votre plume ardente, anarchique, indévote,   50
Démagogique, impie, attente d'un côté
A ce crime; de l'autre, à cette lâcheté.

Jersey. Novembre 1852.

VIII

Splendeurs

I

A présent que c'est fait, dans l'avilissement
Arrangeons-nous chacun notre compartiment;
Marchons d'un air auguste et fier; la honte est bue.
Que tout à composer cette cour contribue,
Tout, excepté l'honneur, tout, hormis les vertus.   5
Faites vivre, animez, envoyez vos fœtus
Et vos nains monstrueux, bocaux d'anatomie;
Donne ton crocodile et donne ta momie,
Vieille Égypte; donnez, tapis-francs, vos filous;
Schakspeare, ton Falstaff; noires forêts, vos loups;   10
Donne, ô bon Rabelais, ton Grandgousier qui mange;
Donne ton diable, Hoffmann; Veuillot, donne ton ange;
Scapin, apporte-nous Géronte dans ton sac;
Beaumarchais, prête-nous Bridoison; que Balzac
Donne Vautrin; Dumas, la Carchonte; Voltaire,   15
Son Frêlon que l'argent fait parler et fait taire;
Mabile, les beautés de son jardin d'hiver;
Lesage, cède-nous Gil Blas; que Gulliver
Donne tout Lilliput dont l'aigle est une mouche,
Et Scarron Bruscambille, et Callot Scaramouche.   20
Il nous faut un dévot dans ce tripot payen;
Molière, donne-nous Montalembert. C'est bien;
L'ombre à l'horreur s'accouple et le mauvais au pire.
Tacite, nous avons de quoi faire l'empire;
Juvénal, nous avons de quoi faire un sénat.   25

II

O Ducos le gascon, ô Rouher l'auvergnat,
Et vous, juifs, Fould-Shylock, Sibour-Iscariote,
Toi Parieu, toi Bertrand, horreur du patriote,
Bauchart, bourreau douceâtre, et proscripteur plaintif,
Baroche, dont le nom n'est plus qu'un vomitif,   30
O valets solennels, ô majestueux fourbes,
Travaillant votre échine à produire des courbes,
Bas, hautains, ravissant les Daumiers enchantés
Par vos convexités et vos concavités,
Convenez avec moi, vous tous qu'ici je nomme,   35
Que Dieu dans sa sagesse a fait exprès cet homme
Pour régner sur la France, ou bien sur Haïti.
Et vous autres, créés pour grossir son parti,
Philosophes gênés de cuissons à l'épaule,
Et vous, viveurs râpés, frais sortis de la geôle,   40
Saluez l'être unique et providentiel,
Ce gouvernant tombé d'une trappe du ciel,
Ce César moustachu, gardé par cent guérites,
Qui sait apprécier les gens et les mérites,
Et qui, prince admirable et grand homme en effet,   45
Fait Poissy sénateur et Clichy sous-préfet.

III

Après quoi l'on ajuste au fait la théorie:
« —A bas les mots! à bas loi, liberté, patrie!
« Plus on s'applatira, plus on prospérera.
« Jetons au feu tribune et presse et cœtera.   50
« Depuis quatre-vingt-neuf les nations sont ivres.
« Les faiseurs de discours et les faiseurs de livres
« Perdent tout; le poëte est un fou dangereux;
« Le progrès ment, le ciel est vide, l'art est creux,
« Le monde est mort. Le peuple? un âne qui se cabre!   55
« La force, c'est le droit. Courbons-nous. Gloire au sabre!
« A bas les Washington! vivent les Attila!—»
On a des gens d'esprit pour soutenir cela.

Oui, qu'ils viennent tous ceux qui n'ont ni cœur ni flamme,
Qui boîtent de l'honneur et qui louchent de l'âme;   60
Oui, leur soleil se lève et leur messie est né.
C'est décrété, c'est fait, c'est dit, c'est cannoné,
La France est mitraillée, escroquée et sauvée.

Le hibou Trahison pond gaîment sa couvée.

IV

Et partout le néant prévaut; pour déchirer   65
Notre histoire, nos lois, nos droits; pour dévorer
L'avenir de nos fils et les os de nos pères,
Les bêtes de la nuit sortent de leurs repaires;
Sophistes et soudards resserrent leur réseau;
Les Radetzky flairant le gibet du museau,   70
Les Giulay, poil tigré, les Buol, face verte,
Les Haynau, les Bomba, rôdent, la gueule ouverte,
Autour du genre humain qui, pâle et garrotté,
Lutte pour la justice et pour la vérité;
Et de Paris à Pesth, du Tibre aux monts Carpathes,   75
Sur nos débris sanglants rampent ces mille-pattes.

V

Du lourd dictionnaire où Beauzée et Batteux
Ont versé les trésors de leur bon sens goutteux,
Il faut, grâce aux vainqueurs, refaire chaque lettre;
Ame de l'homme, ils ont trouvé moyen de mettre   80
Sur tes vieilles laideurs un tas de mots nouveaux,
Leurs noms. L'hypocrisie aux yeux bas et dévots
A nom Menjaud, et vend Jésus dans sa chapelle;
On a débaptisé la honte, elle s'appelle
Sibour; la trahison, Maupas; l'assassinat   85
Sous le nom de Magnan est membre du sénat;
Quant à la lâcheté, c'est Hardouin qu'on la nomme;
Riancey, c'est le mensonge; il arrive de Rome
Et tient la vérité renfermée en son puits;
La platitude a nom Montlaville-Chapuis;   90
La prostitution, ingénue, est princesse;

La férocité c'est Carrelet! la bassesse
Signe Rouher, avec Delangle pour greffier.
O muse, inscris ces noms. Veux-tu qualifier
La justice vénale, atroce, abjecte et fausse ?   95
Commence à Partarieu pour finir par Lafosse.
J'appelle Saint-Arnaud, le meurtre dit: c'est moi.
Et, pour tout compléter par le deuil et l'effroi,
Le vieux calendrier remplace sur sa carte
La Saint-Barthélemy par la Saint-Bonaparte.   100

Quant au peuple, il admire et vote; on est suspect
D'en douter, et Paris écoute avec respect
Sibour et ses sermons, Troplong et ses troplongues.
Les deux Napoléon s'unissent en diphtongues,
Et Berger entrelace en un chiffre hardi   105
Le boulevard Montmartre entre Arcole et Lodi.
Spartacus agonise en un bagne fétide;
On chasse Thémistocle, on expulse Aristide,
On jette Daniel dans la fosse aux lions;
Et maintenant ouvrons le ventre aux millions!   110

Jersey. Novembre 1852.

IX

Joyeuse Vie

I

Bien, pillards, intrigants, fourbes, crétins, puissances!
Attablez-vous en hâte autour des jouissances!
    Accourez! place à tous!
Maîtres, buvez, mangez, car la vie est rapide.
Tout ce peuple conquis, tout ce peuple stupide,   5
    Tout ce peuple est à vous!

Vendez l'État! coupez les bois! coupez les bourses!
Videz les réservoirs et tarissez les sources!
    Les temps sont arrivés.

Prenez le dernier sou! prenez, gais et faciles,   10
Aux travailleurs des champs, aux travailleurs des villes!
    Prenez, riez, vivez!

Bombance! allez! c'est bien! vivez! faites ripaille!
La famille du pauvre expire sur la paille,
    Sans porte ni volet.   15
Le père en frémissant va mendier dans l'ombre;
La mère n'ayant plus de pain, dénûment sombre,
    L'enfant n'a plus de lait.

II

Millions! millions! châteaux! liste civile!
Un jour je descendis dans les caves de Lille;   20
    Je vis ce morne enfer.
Des fantômes sont là sous terre dans des chambres,
Blêmes, courbés, ployés; le rachis tord leurs membres
    Dans son poignet de fer.

Sous ces voûtes on souffre, et l'air semble un toxique;   25
L'aveugle en tâtonnant donne à boire au phtisique;
    L'eau coule à longs ruisseaux;
Presque enfant à vingt ans, déjà vieillard à trente,
Le vivant chaque jour sent la mort pénétrante
    S'infiltrer dans ses os.   30

Jamais de feu; la pluie inonde la lucarne;
L'œil en ces souterrains où le malheur s'acharne
    Sur vous, ô travailleurs,
Près du roüet qui tourne et du fil qu'on dévide,
Voit des larves errer dans la lueur livide   35
    Du soupirail en pleurs.

Misère! L'homme songe en regardant la femme.
Le père, autour de lui sentant l'angoisse infâme
    Étreindre la vertu,
Voit sa fille rentrer sinistre sous la porte,   40
Et n'ose, l'œil fixé sur le pain qu'elle apporte,
    Lui dire: d'où viens-tu?

Là dort le désespoir sur son haillon sordide;
Là, l'avril de la vie, ailleurs tiède et splendide,
    Ressemble au sombre hiver; 45
La vierge, rose au jour, dans l'ombre est violette;
Là, rampent dans l'horreur la maigreur du squelette,
    La nudité du ver;

Là, frissonnent, plus bas que les égouts des rues,
Familles de la vie et du jour disparues, 50
    Des groupes grelottants;
Là, quand j'entrai, farouche, aux méduses pareille,
Une petite fille à figure de vieille
    Me dit: j'ai dix-huit ans!

Là, n'ayant pas de lit, la mère malheureuse 55
Met ses petits enfants dans un trou qu'elle creuse,
    Tremblants comme l'oiseau;
Hélas! ces innocents aux regards de colombe,
Trouvent en arrivant sur la terre une tombe,
    En place d'un berceau! 60

Caves de Lille! on meurt sous vos plafonds de pierre!
J'ai vu, vu de mes yeux pleurant sous ma paupière,
    Râler l'aïeul flétri,
La fille aux yeux hagards de ses cheveux vêtue,
Et l'enfant spectre au sein de la mère statue! 65
    O Dante Alighieri!

C'est de ces douleurs-là que sortent vos richesses,
Princes! ces dénûments nourrissent vos largesses,
    O vainqueurs! conquérants!
Votre budget ruisselle et suinte à larges gouttes 70
Des murs de ces caveaux, des pierres de ces voûtes,
    Du cœur de ces mourants.

Sous ce rouage affreux qu'on nomme tyrannie,
Sous cette vis que meut le fisc, hideux génie,
    De l'aube jusqu'au soir, 75
Sans trève, nuit et jour, dans le siècle où nous sommes,
Ainsi que des raisins on écrase des hommes,
    Et l'or sort du pressoir.

C'est de cette détresse et de ces agonies,
De cette ombre, où jamais, dans les âmes ternies,   80
    Espoir, tu ne vibras,
C'est de ces bouges noirs pleins d'angoisses amères,
C'est de ce sombre amas de pères et de mères
    Qui se tordent les bras,

Oui, c'est de ce monceau d'indigences terribles   85
Que les lourds millions, étincelants, horribles,
    Semant l'or en chemin,
Rampant vers les palais et les apothéoses,
Sortent, monstres joyeux et couronnés de roses,
    Et teints de sang humain!   90

III

O paradis! splendeurs! versez à boire aux maîtres!
L'orchestre rit, la fête empourpre les fenêtres,
    La table éclate et luit;
L'ombre est là sous leurs pieds; les portes sont fermées;
La prostitution des vierges affamées   95
    Pleure dans cette nuit!

Vous tous qui partagez ces hideuses délices,
Soldats payés, tribuns vendus, juges complices,
    Évêques effrontés,
La misère frémit sous ce Louvre où vous êtes!   100
C'est de fièvre et de faim et de mort que sont faites
    Toutes vos voluptés!

A Saint-Cloud, effeuillant jasmins et marguerites,
Quand s'ébat sous les fleurs l'essaim des favorites,
    Bras nus et gorge au vent,   105
Dans le festin qu'égaie un lustre à milles branches
Chacune en souriant, dans ses belles dents blanches
    Mange un enfant vivant!

Mais qu'importe! riez! Se plaindra-t-on sans cesse?
Serait-on empereur, prélat, prince et princesse,   110
    Pour ne pas s'amuser?

Ce peuple en larmes, triste, et que la faim déchire,
Doit être satisfait puisqu'il vous entend rire
    Et qu'il vous voit danser!

Qu'importe! Allons, emplis ton coffre, emplis ta poche.   115
Chantez, le verre en main, Troplong, Sibour, Baroche!
    Ce tableau nous manquait.
Regorgez, quand la faim tient le peuple en sa serre,
Et faites, au-dessus de l'immense misère,
    Un immense banquet!   120

IV

Ils marchent sur toi, peuple! ô barricade sombre,
Si haute hier, dressant dans les assauts sans nombre
    Ton front de sang lavé,
Sous la roue emportée, étincelante et folle,
De leur coupé joyeux qui rayonne et qui vole,   125
    Tu redeviens pavé!

A César ton argent, peuple; à toi, la famine.
N'es-tu pas le chien vil qu'on bat et qui chemine
    Derrière son seigneur?
A lui la pourpre; à toi la hotte et les guenilles.   130
Peuple, à lui la beauté de ces femmes, tes filles,
    A toi leur deshonneur!

V

Ah! quelqu'un parlera. La muse, c'est l'histoire.
Quelqu'un élèvera la voix dans la nuit noire,
    Riez, bourreaux bouffons!   135
Quelqu'un te vengera, pauvre France abattue,
    Ma mère! et l'on verra la parole qui tue
    Sortir des cieux profonds!

Ces gueux, pires brigands que ceux des vieilles races,
Rongeant le pauvre peuple avec leurs dents voraces,   140
    Sans pitié, sans merci,

Vils, n'ayant pas de cœur, mais ayant deux visages,
Disent:—Bah! le poëte! Il est dans les nuages!—
Soit. Le tonnerre aussi.

Jersey. Janvier 1853.

X

L'Empereur s'amuse

CHANSON

Pour les bannis opiniâtres,
La France est loin, la tombe est près.
Prince, préside aux jeux folâtres,
Chasse aux femmes dans les théâtres,
Chasse aux chevreuils dans les forêts;   5
Rome te brûle le cinname,
Les rois te disent: mon cousin.—
Sonne aujourd'hui le glas, bourdon de Notre-Dame,
    Et demain le tocsin!

Les plus frappés sont les plus dignes.   10
Ou l'exil! ou l'Afrique en feu!
Prince, Compiègne est plein de cygnes,
Cours dans les bois, cours dans les vignes,
Vénus rayonne au plafond bleu;
La bacchante aux bras nus se pâme   15
Sous sa couronne de raisin.—
Sonne aujourd'hui le glas, bourdon de Notre-Dame,
    Et demain le tocsin!

Les forçats bâtissent le phare,
Traînant leurs fers au bord des flots!   20
Hallali! Hallali! fanfare!
Le cor sonne, le bois s'effare!
La lune argente les bouleaux;
A l'eau les chiens! le cerf qui brame
Se perd dans l'ombre du bassin.—   25

Sonne aujourd'hui le glas, bourdon de Notre-Dame,
    Et demain le tocsin!

Le père est au bagne à Cayenne
Et les enfants meurent de faim.
Le loup verse à boire à l'hyène;   30
L'homme à la mitre citoyenne
Trinque en son ciboire d'or fin;
On voit luire les yeux de flamme
Des faunes dans l'antre voisin.—
Sonne aujourd'hui le glas, bourdon de Notre-Dame,   35
    Et demain le tocsin!

Les morts, au boulevard Montmartre,
Rôdent, montrant leur plaie au cœur.
Pâtés de Strasbourg et de Chartre,
Sous la table au tapis de martre,   40
Les belles boivent au vainqueur;
Et leur sourire offre leur âme,
Et leur corset offre leur sein.—
Sonne aujourd'hui le glas, bourdon de Notre-Dame,
    Et demain le tocsin!   45

Captifs, expirez dans les fièvres.
Vous allez donc vous reposer!
Dans le vieux Saxe et le vieux Sèvres
On soupe, on mange, et sur les lèvres
Éclot le doux oiseau baiser;   50
Et, tout en riant, chaque femme
En laisse fuir un fol essaim.—
Sonne aujourd'hui le glas, bourdon de Notre-Dame,
    Et demain le tocsin!

La Guyane, cachot fournaise,   55
Tue aujourd'hui comme jadis.
Couche-toi, joyeux et plein d'aise,
Au lit où coucha Louis Seize,
Puis l'empereur, puis Charles dix;
Endors-toi, pendant qu'on t'acclame,   60
La tête sur leur traversin.—

Sonne aujourd'hui le glas, bourdon de Notre-Dame,
  Et demain le tocsin!

O deuil! par un bandit féroce
L'avenir est mort poignardé!   65
C'est aujourd'hui la grande noce,
Le fiancé monte en carrosse;
C'est lui! César le bien gardé!
Peuples, chantez, l'épithalame!
La France épouse l'assassin.—   70
Sonne aujourd'hui le glas, bourdon de Notre-Dame,
  Et demain le tocsin!

Jersey. Décembre 1853.

XI

—Sentiers où l'herbe se balance,
Vallons, coteaux, bois chevelus,
Pourquoi ce deuil et ce silence?
—Celui qui venait ne vient plus.   4

—Pourquoi personne à ta fenêtre,
Et pourquoi ton jardin sans fleurs,
O maison! où donc est ton maître?
—Je ne sais pas, il est ailleurs.   8

—Chien, veille au logis.—Pourquoi faire?
La maison est vide à présent.
—Enfant, qui pleures-tu?—Mon père.
—Femme, qui pleures-tu?—L'absent.   12

—Où s'en est-il allé?—Dans l'ombre.
—Flots qui gémissez sur l'écueil,
D'où venez-vous?—Du bagne sombre.
—Et qu'apportez-vous?—Un cercueil.   16

Juillet, 1853.

XII

O Robert, un conseil. Ayez l'air moins candide.
Soyons homme d'esprit. Le moment est splendide,
Je le sais; le quart d'heure est chatoyant, c'est vrai;
Cette Californie est riche en minerai,
D'accord; mais cependant quand un préfet, un maire,   5
Un évêque adorant le fils de votre mère,
Quand un Suin, un Parieu, payé pour sa ferveur,
Vous parlant en plein nez, vous appelle sauveur,
Vous promet l'avenir, atteste Fould et Magne,
Et vous fait coudoyer César et Charlemagne,   10
Mon cher, vous accueillez ces propos obligeants
D'un air de bonne foi qui prête à rire aux gens.
Vous avez l'œil béat d'un bailli de province.
Par ces simplicités vous affligez, ô prince,
Napoléon, votre oncle, et moi, votre parrain.   15
Ne soyons pas Jocrisse ayant été Mandrin.
On vole un trône, on prend un peuple en une attrape,
Mais il est de bon goût d'en rire un peu sous cape
Et de cligner de l'œil du côté des malins.
Être sa propre dupe! ah! fi donc! verres pleins,   20
Poche pleine, et rions! la France rampe et s'offre;
Soyons un sage à qui Jupiter livre un coffre;
Dépêchons-nous, pillons, régnons vite.—Mais quoi!
Le pape nous bénit; czar, sultan, duc et roi
Sont nos cousins; fonder un empire, est facile;   25
Il est doux d'être chef d'une race! —Imbécile!
Te figures-tu donc que ceci durera?
Prends-tu pour du granit ce décor d'opéra?
Paris dompté! par toi! dans quelle apocalypse
Lit-on que le géant devant le nain s'éclipse?   30
Crois-tu donc qu'on va voir, gaîment, l'œil impudent,
Ta fortune cynique écraser sous sa dent
La Révolution que nos pères ont faite,
Ainsi qu'une guenon qui croque une noisette!
Ote-toi de l'esprit ce rêve enchanteur. Crois   35
A Rose Tamisier faisant saigner la croix,
A l'âme de Baroche entrouvrant sa corolle,

Crois à l'honnêteté de Deutz, à ta parole,
C'est bien; mais ne crois pas à ton succès; il ment.
Rose Tamisier, Deutz, Baroche, ton serment,   40
C'est de l'or, j'en conviens; ton sceptre est de l'argile.
Dieu, qui t'a mis au coche, écrit sur toi: fragile.

Jersey. Mai 1853.

XIII

L'histoire a pour égout des temps comme les nôtres;
Et c'est là que la table est mise pour vous autres.
C'est là, sur cette nappe où, joyeux, vous mangez,
Qu'on voit,—tandis qu'ailleurs, nus et de fers chargés,
Agonisent, sereins, calmes, le front sévère,   5
Socrate à l'Agora, Jésus-Christ au Calvaire,
Colomb dans son cachot, Jean Hus sur son bûcher,
Et que l'humanité pleure et n'ose approcher
Tous ces gibets où sont les justes et les sages,—
C'est là qu'on voit trôner dans la longueur des âges,   10
Parmi les vins, les luths, les viandes, les flambeaux,
Sur des coussins de pourpre oubliant les tombeaux,
Ouvrant et refermant leurs féroces mâchoires,
Ivres, heureux, affreux, la tête dans des gloires,
Tout le troupeau hideux des satrapes dorés;   15
C'est là qu'on entend rire et chanter, entourés
De femmes couronnant de fleurs leurs turpitudes,
Dans leur lasciveté prenant mille attitudes,
Laissant peuples et chiens en bas ronger les os,
Tous les hommes requins, tous les hommes pourceaux,   20
Les princes de hasard plus fangeux que les rues,
Les goinfres courtisans, les altesses ventrues,
Toute gloutonnerie et toute abjection
Depuis Cambacérès jusqu'à Trimalcion.

Jersey. Février 1853.

XIV

A propos de la Loi Faider

Ce qu'on appelle Charte ou Constitution
C'est un antre qu'un peuple en révolution
Creuse dans le granit, abri sûr et fidèle.
Joyeux, le peuple enferme en cette citadelle
Ses conquêtes, ses droits, payés de tant d'efforts,   5
Ses progrès, son honneur; pour garder ces trésors,
Il installe en la haute et superbe tanière
La fauve liberté, secouant sa crinière.
L'œuvre faite, il s'apaise, il reprend ses travaux;
Il retourne à son champ, fier de ses droits nouveaux,   10
Et tranquille, il s'endort sur des dates célèbres,
Sans songer aux larrons rôdant dans les ténèbres.
Un beau matin, le peuple en s'éveillant va voir
Sa Constitution, temple de son pouvoir;
Hélas! de l'antre auguste on a fait une niche.   15
Il y mit un lion, il y trouve un caniche.

Jersey. Décembre 1852.

XV

Le Bord de la Mer

HARMODIUS
La nuit vient. Vénus brille.

L'ÉPÉE
Harmodius! c'est l'heure.

LA BORNE DU CHEMIN
Le tyran va passer.

HARMODIUS
J'ai froid, rentrons.

UN TOMBEAU
Demeure.

HARMODIUS
Qu'es-tu?

LE TOMBEAU
Je suis la tombe.—Exécute ou péris.

UN NAVIRE A L'HORIZON
Je suis la tombe aussi, j'emporte les proscrits.

L'ÉPÉE
Attendons le tyran.

HARMODIUS
J'ai froid. Quel vent!

LE VENT

Je passe.   5
Mon bruit est une voix. Je sème dans l'espace
Les cris des exilés, de misère expirants,
Qui sans pain, sans abri, sans amis, sans parents,
Meurent en regardant du côté de la Grèce.

VOIX DANS L'AIR
Némésis! Némésis! lève-toi, vengeresse!   10

L'ÉPÉE
C'est l'heure. Profitons de l'ombre qui descend.

LA TERRE
Je suis pleine de morts.

LA MER
Je suis rouge de sang.
Les fleuves m'ont porté des cadavres sans nombre.

LA TERRE
Les morts saignent pendant qu'on adore son ombre.
A chaque pas qu'il fait sous le clair firmament   15
Je les sens s'agiter en moi confusément.

UN FORÇAT
Je suis forçat, voici la chaîne que je porte,
Hélas! pour n'avoir pas chassé loin de ma porte
Un proscrit qui fuyait, noble et pur citoyen.

L'ÉPÉE
Ne frappe pas au cœur, tu ne trouverais rien.   20

LA LOI
J'étais la loi, je suis un spectre. Il m'a tuée.

LA JUSTICE
De moi, prêtresse, il fait une prostituée.

LES OISEAUX
Il a retiré l'air des cieux et nous fuyons.

LA LIBERTÉ
Je m'enfuis avec eux—ô terre sans rayons,
Grèce, adieu!

UN VOLEUR
          Ce tyran, nous l'aimons. Car ce maître   25
Que respecte le juge et qu'admire le prêtre,
Qu'on accueille partout de cris encourageants,
Est plus pareil à nous qu'à vous, honnêtes gens.

LE SERMENT
Dieux puissants! à jamais, fermez toutes les bouches!
La confiance est morte au fond des cœurs farouches.   30
Homme, tu mens! Soleil, tu mens! Cieux, vous mentez!
Soufflez, vents de la nuit! emportez, emportez
L'honneur et la vertu, cette sombre chimère!

LA PATRIE
Mon fils! Je suis aux fers. Mon fils, je suis ta mère!
Je tends les bras vers toi du fond de ma prison.   35

HARMODIUS
Quoi! le frapper, la nuit, rentrant dans sa maison!
Quoi! devant ce ciel noir, devant ces mers sans borne!
Le poignarder, devant ce gouffre obscur et morne,
En présence de l'ombre et de l'immensité!

LA CONSCIENCE
Tu peux tuer cet homme avec tranquillité!   40

Jersey. Octobre 1852.

XVI

Non

Laissons le glaive à Rome et le stylet à Sparte,
Ne faisons pas saisir, trop pressés de punir,
Par le spectre Brutus le brigand Bonaparte.
Gardons ce misérable au sinistre avenir.   4

Vous serez satisfaits, je vous le certifie,
Bannis, qui de l'exil portez le triste faix,
Captifs, proscrits, martyrs qu'il foule et qu'il défie,
Vous tous qui frémissez, vous serez satisfaits.   8

Jamais au criminel son crime ne pardonne;
Mais gardez, croyez-moi, la vengeance au fourreau;
Attendez; ayez foi dans les ordres que donne
Dieu, juge patient, au temps, tardif bourreau!   12

Laissons vivre le traître en sa honte insondable.
Ce sang humilîrait même le vil couteau.
Laissons venir le temps, l'inconnu formidable
Qui tient le châtiment caché sous son manteau.   16

Qu'il soit le couronné parce qu'il est le pire ;
Le maître des fronts plats et des cœurs abrutis ;
Que son sénat décerne à sa race l'empire,
S'il trouve une femelle et s'il a des petits ;   20

Qu'il règne par la messe et par la pertuisanne ;
Qu'on le fasse empereur dans son flagrant délit,
Que l'église en rampant, que cette courtisane
Se glisse dans son antre et couche dans son lit ;   24

Qu'il soit cher à Troplong, que Sibour le vénère,
Qu'il leur donne son pied tout sanglant à baiser,
Qu'il vive, ce César ! Louvel ou Lacenaire
Seraient pour le tuer forcés de se baisser.   28

Ne tuez pas cet homme, ô vous, songeurs sévères,
Rêveurs mystérieux, solitaires et forts,
Qui, pendant qu'on le fête et qu'il choque les verres,
Marchez, le poing crispé, dans l'herbe où sont les morts !   32

Avec l'aide d'en haut toujours nous triomphâmes.
L'exemple froid vaut mieux qu'un éclair de fureur.
Non, ne le tuez pas. Les piloris infâmes
Ont besoin d'être ornés parfois d'un empereur.   36

Jersey. Octobre 1852.

LIVRE IV
La Religion est glorifiée

I

Sacer esto

Non, Liberté! non, Peuple, il ne faut pas qu'il meure!
Oh! certes, ce serait trop simple, en vérité,
Qu'après avoir brisé les lois, et sonné l'heure
Où la sainte pudeur au ciel a remonté;   4

Qu'après avoir gagné sa sanglante gageure,
Et vaincu par l'embûche et le glaive et le feu;
Qu'après son guet-apens, ses meurtres, son parjure,
Son faux serment, soufflet sur la face de Dieu;   8

Qu'après avoir traîné la France, au cœur frappée,
Et par les pieds liée, à son immonde char,
Cet infâme en fût quitte avec un coup d'épée
Au cou comme Pompée, au flanc comme César!   12

Non! il est l'assassin qui rôde dans les plaines;
Il a tué, sabré, mitraillé sans remords,
Il fit la maison vide, il fit les tombes pleines,
Il marche, il va, suivi par l'œil fixe des morts;   16

A cause de cet homme, empereur éphémère,
Le fils n'a plus de père et l'enfant plus d'espoir,
La veuve à genoux pleure et sanglotte, et la mère
N'est plus qu'un spectre assis sous un long voile noir;   20

Pour filer ses habits royaux, sur les navettes
On met du fil trempé dans le sang qui coula;
Le boulevard Montmartre a fourni ses cuvettes,
Et l'on teint son manteau dans cette pourpre-là;   24

Il vous jette à Cayenne, à l'Afrique, aux sentines,
Martyrs, héros d'hier et forçats d'aujourd'hui!
Le couteau ruisselant des rouges guillotines
Laisse tomber le sang goutte à goutte sur lui;   28

Lorsque la trahison, sa complice livide,
Vient et frappe à sa porte, il fait signe d'ouvrir;
Il est le fratricide! il est le parricide!—
Peuples, c'est pour cela qu'il ne doit pas mourir!   32

Gardons l'homme vivant. Oh! châtiment superbe!
Oh! S'il pouvait un jour passer par le chemin,
Nu, courbé, frissonnant, comme au vent tremble l'herbe,
Sous l'exécration de tout le genre humain!   36

Étreint par son passé tout rempli de ses crimes,
Comme par un carcan tout hérissé de clous,
Cherchant les lieux profonds, les forêts, les abîmes,
Pâle, horrible, effaré, reconnu par les loups;   40

Dans quelque bagne vil n'entendant que sa chaîne,
Seul, toujours seul, parlant en vain aux rochers sourds,
Voyant autour de lui le silence et la haine,
Des hommes nulle part et des spectres toujours;   44

Vieillissant, rejeté par la mort comme indigne,
Tremblant sous la nuit noire, affreux sous le ciel bleu . . . —
Peuples, écartez-vous! cet homme porte un signe:
Laissez passer Caïn! il appartient à Dieu.   48

Jersey. Octobre 1852.

II
Ce que le poëte se disait en 1848

Tu ne dois pas chercher le pouvoir, tu dois faire
Ton œuvre ailleurs; tu dois, esprit d'une autre sphère,
Devant l'occasion reculer chastement.

De la pensée en deuil doux et sévère amant,
Compris ou dédaigné des hommes, tu dois être   5
Pâtre pour les garder et pour les bénir prêtre.
Lorsque les citoyens, par la misère aigris,
Fils de la même France et du même Paris,
S'égorgent; quand, sinistre, et soudain apparue,
La morne barricade au coin de chaque rue   10
Monte et vomit la mort de partout à la fois,
Tu dois y courir seul et désarmé; tu dois
Dans cette guerre impie, abominable, infâme,
Présenter ta poitrine et répandre ton âme,
Parler, prier, sauver les faibles et les forts,   15
Sourire à la mitraille et pleurer sur les morts;
Puis remonter tranquille à ta place isolée,
Et là, défendre, au sein de l'ardente assemblée,
Et ceux qu'on veut proscrire et ceux qu'on croit juger,
Renverser l'échafaud, servir et protéger   20
L'ordre et la paix, qu'ébranle un parti téméraire,
Nos soldats trop aisés à tromper, et ton frère,
Le pauvre homme du peuple aux cabanons jeté,
Et les lois, et la triste et fière liberté;
Consoler dans ces jours d'anxiété funeste,   25
L'art divin qui frissonne et pleure, et pour le reste
Attendre le moment suprême et décisif.

Ton rôle est d'avertir et de rester pensif.

                                    Paris. Juillet 1848.

III

Les Commissions mixtes

Ils sont assis dans l'ombre et disent: nous jugeons.
Ils peuplent d'innocents les geôles, les donjons,
      Et les pontons, nefs abhorrées,
Qui flottent au soleil, sombres comme le soir,
Tandis que le reflet des mers sur leur flanc noir   5
      Frissonne en écailles dorées.

Pour avoir sous son chaume abrité des proscrits,
Ce vieillard est au bagne, et l'on entend ses cris.
　　A Cayenne, à Bone, aux galères,
Quiconque a combattu cet escroc du scrutin　　　　10
Qui, traître, après avoir crocheté le Destin,
　　Filouta les droits populaires!

Ils ont frappé l'ami des lois: ils ont flétri
La femme qui portait du pain à son mari,
　　Le fils qui défendait son père;　　　　15
Le droit? on l'a banni; l'honneur? on l'exila.
Cette justice-là sort de ces juges-là
　　Comme des tombeaux la vipère.

Bruxelles. Juillet 1852.

IV

A des journalistes de robe courte

Parce que, jargonnant vêpres, jeûne et vigile,
Exploitant Dieu qui rêve au fond du firmament,
Vous avez, au milieu du divin évangile,
　　Ouvert boutique effrontément;　　　　4

Parce que vous feriez prendre à Jésus la verge,
Cyniques brocanteurs sortis on ne sait d'où;
Parce que vous allez vendant la sainte Vierge
Dix sous avec miracle et sans miracle un sou;　　　　8

Parce que vous contez d'effroyables sornettes
Qui font des temples saints trembler les vieux piliers,
Parce que votre style éblouit les lunettes
　　Des duègnes et des marguilliers;　　　　12

Parce que la soutane est sous vos redingottes,
Parce que vous sentez la crasse et non l'œillet,
Parce que vous bâclez un journal de bigotes
Pensé par Escobar, écrit par Patouillet;　　　　16

Parce qu'en balayant leurs portes, les concierges
Poussent dans le ruisseau ce pamphlet méprisé;
Parce que vous mêlez à la cire des cierges
    Votre affreux suif vert-de-grisé; 20

Parce qu'à vous tout seuls vous faites une espèce;
Parce qu'enfin, blanchis dehors et noirs dedans,
Criant meâ culpâ, battant la grosse caisse,
La boue au cœur, la larme à l'œil, le fifre aux dents, 24

Pour attirer les sots qui donnent tête-bêche
Dans tous les vils panneaux du mensonge immortel,
Vous avez adossé le tréteau de Bobêche
    Aux saintes pierres de l'autel, 28

Vous vous croyez le droit, trempant dans l'eau bénite
Cette griffe qui sort de votre abject pourpoint,
De dire: je suis saint, ange, vierge et jésuite,
J'insulte les passants et je ne me bats point! 32

O pieds plats! votre plume au fond de vos masures
Griffonne, va, vient, court, boit l'encre, rend du fiel,
Bave, égratigne et crache, et ses éclaboussures
    Font des taches jusques au ciel! 36

Votre immonde journal est une charretée
De masques déguisés en prédicants camus,
Qui passent en prêchant la cohue ameutée
Et qui parlent argot entre deux oremus. 40

Vous insultez l'esprit, l'écrivain dans ses veilles,
Et le penseur rêvant sur les libres sommets;
Et quand on va chez vous pour chercher vos oreilles,
    Vos oreilles n'y sont jamais. 44

Après avoir lancé l'affront et le mensonge,
Vous fuyez, vous courez, vous échappez aux yeux.
Chacun a ses instincts, et s'enfonce et se plonge,
Le hibou dans les trous et l'aigle dans les cieux! 48

Vous, où vous cachez-vous? dans quel hideux repaire?
O Dieu! l'ombre où l'on sent tous les crimes passer
S'y fait autour de vous plus noire, et la vipère
    S'y glisse et vient vous y baiser.   52

Là vous pouvez, dragons qui rampez sous les presses,
Vous vautrer dans la fange où vous jettent vos goûts.
Le sort qui dans vos cœurs mit toutes les bassesses
Doit faire en vos taudis passer tous les égouts.   56

Bateleurs de l'autel, voilà quels sont vos rôles.
Et quand un galant homme à de tels compagnons
Fait cet immense honneur de leur dire: mes drôles,
    Je suis votre homme; dégainons!   60

—Un duel! nous! des chrétiens! jamais! —et ces crapules
Font des signes de croix et jurent par les saints.—
Lâches gueux, leur terreur se déguise en scrupules,
Et ces empoisonneurs ont peur d'être assassins.   64

Bien, écoutez: la trique est là, fraîche coupée.
On vous fera cogner le pavé du menton;
Car sachez-le, coquins, on n'esquive l'épée
    Que pour rencontrer le bâton.   68

Vous conquîtes la Seine et le Rhin et le Tage.
L'esprit humain rogné subit votre compas.
Sur les publicains juifs vous avez l'avantage,
Maudits! Judas est mort, Tartuffe ne meurt pas.   72

Iago n'est qu'un fat près de votre Basile.
La Bible en vos greniers pourrit mangée aux vers.
Le jour où le mensonge aurait besoin d'asile,
    Vos cœurs sont là, tout grands ouverts.   76

Vous insultez le juste abreuvé d'amertumes.
Tous les vices, quittant veste, cape et manteau,
Vont se masquer chez vous et trouvent des costumes.
On entre Lacenaire, on sort Contrafatto.   80

Les âmes sont pour vous des bourses et des banques.
Quiconque vous accueille a d'affreux repentirs.
Vous vous faites chasser, et par vos saltimbanques
    Vous parodiez les martyrs.   84

L'église du bon Dieu n'est que votre buvette.
Vous offrez l'alliance à tous les inhumains.
On trouvera du sang au fond de la cuvette
Si jamais, par hasard, vous vous lavez les mains.   88

Vous seriez des bourreaux si vous n'étiez des cuistres.
Pour vous le glaive est saint et le supplice est beau;
O monstres! vous chantez dans vos hymnes sinistres
    Le bûcher, votre seul flambeau!   92

Depuis dix-huit-cents ans Jésus, le doux pontife,
Veut sortir du tombeau qui lentement se rompt,
Mais vous faites effort, ô valets de Caïphe,
Pour faire retomber la pierre sur son front!   96

O cafards! votre échine appelle l'étrivière.
Le sort juste et railleur fait chasser Loyola
De France par le fouet d'un pape, et de Bavière
    Par la cravache de Lola.   100

Allez, continuez, tournez la manivelle
De votre impur journal, vils grimauds dépravés;
Avec vos ongles noirs grattez votre cervelle;
Calomniez, hurlez, mordez, mentez, vivez!   104

Dieu prédestine aux dents des chevreaux les brins d'herbes,
La mer aux coups de vent, les donjons aux boulets,
Aux rayons du soleil les parthénons superbes,
    Vos faces aux larges soufflets.   108

Sus donc! cherchez les trous, les recoins, les cavernes!
Cachez-vous, plats vendeurs d'un fade orviétan,
Pitres dévots, marchands d'infâmes balivernes,
Vierges comme l'eunuque, anges comme satan!   112

O saints du ciel! est-il, sous l'œil de Dieu qui règne,
Charlatans plus hideux et d'un plus lâche esprit,
Que ceux qui, sans frémir, accrochent leur enseigne
    Aus clous saignants de Jésus-Christ!   116

                       Septembre 1850.

V

Quelqu'un

Donc un homme a vécu qui s'appelait Varron,
Un autre Paul-Émile, un autre Cicéron;
Ces hommes ont été grands, puissants, populaires,
Ont marché, précédés des faisceaux consulaires,
Ont été généraux, magistrats, orateurs;   5
Ces hommes ont parlé devant les sénateurs;
Ils ont vu, dans la poudre et le bruit des armées,
Frissonnantes, passer les aigles enflammées;
La foule les suivait et leur battait des mains;
Ils sont morts; on a fait à ces fameux Romains   10
Des tombeaux dans le marbre, et d'autres dans l'histoire;
Leurs bustes, aujourd'hui, graves comme la gloire,
Dans l'ombre des palais ouvrant leurs vagues yeux,
Rêvent autour de nous, témoins mystérieux;
Ce qui n'empêche pas, nous, gens des autres âges,   15
Que, lorsque nous parlons de ces grands personnages,
Nous ne disions: Tel jour Varron fut un butord,
Paul-Émile a mal fait, Cicéron eut grand tort.
Et lorsque nous traitons ainsi ces morts illustres,
Tu prétends, toi, maraud, goujat parmi les rustres,   20
Que je parle de toi qui lasses le dédain,
Sans dire hautement: cet homme est un gredin!
Tu veux que nous prenions des gants et des mitaines
Avec toi, qu'eût chassé Sparte aussi bien qu'Athènes!
Force gens t'ont connu jadis quand tu courais   25
Les brelans, les enfers, les trous, les cabarets,
Quand on voyait, le soir, tantôt dans l'ombre obscure,
Tantôt devant la porte entr'ouverte et peu sûre

D'un antre d'où sortait une rouge clarté,
Ton chef branlant couvert d'un feutre cahoté.　　　30
Tu t'es fait broder d'or par l'empereur bohême.
Ta vie est une farce et se guinde en poëme.
Et que m'importe à moi, penseur, juge, ouvrier,
Que décembre, étranglant dans ses poings février,
T'installe en un palais, toi qui souillais un bouge!　　　35
Allez aux tapis-francs de Vanvre et de Montrouge,
Courez aux galetas, aux caves, aux taudis,
Les échos vous diront partout ce que je dis:
Ce drôle était voleur avant d'être ministre!—
Ah! tu veux qu'on t'épargne, imbécile sinistre!　　　40
Ah! te voilà content, satisfait, souriant!
Sois tranquille. J'irai par la ville criant:
Citoyens! voyez-vous ce jésuite aux yeux jaunes?
Jadis, c'était Brutus. Il haïssait les trônes,
Il les aime aujourd'hui. Tous métiers lui sont bons;　　　45
Il est pour le succès. Donc à bas les Bourbons,
Mais vive l'empereur! à bas tribune et charte!
Il déteste Chambord, mais il sert Bonaparte.
On l'a fait sénateur, ce qui le rend fougueux.
Si les choses étaient à leur place, ce gueux　　　50
Qui n'a pas, nous dit-il en déclamant son rôle,
Les fleurs-de-lys au cœur, les aurait sur l'épaule.

Londres. Août 1852.

VI

Écrit le 17 juillet 1851, en descendant de la tribune

Ces hommes qui mourront, foule abjecte et grossière,
Sont de la boue avant d'être de la poussière.
Oui, certe, ils passeront et mourront. Aujourd'hui
Leur vue à l'honnête homme inspire un mâle ennui.
Envieux, consumés de rages puériles,　　　5
D'autant plus furieux qu'ils se sentent stériles,
Ils mordent les talons de qui marche en avant.
Ils sont humiliés d'aboyer, ne pouvant

Jusqu'au rugissement hausser leur petitesse.
Ils courent, c'est à qui gagnera de vitesse,　　　　10
La proie est là ! —hurlant et jappant à la fois,
Lancés dans le sénat ainsi que dans un bois,
Tous confondus, traitant, magistrat, soldat, prêtre,
Meute autour du lion, chenil aux pieds du maître,
Ils sont à qui les veut, du premier au dernier,　　15
Aujourd'hui Bonaparte et demain Changarnier !
Ils couvrent de leur bave honneur, droit, république,
La charte populaire et l'œuvre évangélique,
Le progrès, ferme espoir des peuples désolés ;
Ils sont odieux. —Bien. Continuez, allez !　　　20
Quand l'austère penseur qui, loin des multitudes,
Rêvait hier encore au fond des solitudes,
Apparaissant soudain dans sa tranquillité,
Vient au milieu de vous dire la vérité,
Défendre les vaincus, rassurer la patrie,　　　25
Éclatez ! répandez cris, injures, furie,
Ruez-vous sur son nom comme sur un butin !
Vous n'obtiendrez de lui qu'un sourire hautain,
Et pas même un regard ! —Car cette âme sereine
Méprisant votre estime, estime votre haine.　　30

Paris, 1851.

VII

Un Autre

Ce Zoïle cagot naquit d'une Javotte.
Le diable, —ce jour-là Dieu permit qu'il créât, —
D'un peu de Ravaillac et d'un peu de Nonotte
　　　Composa ce gredin béat.　　　　　　4

Tout jeune, il contemplait, sans gîte et sans valise,
Les sous-diacres coiffés d'un feutre en lampion ;
Vidocq le rencontra priant dans une église,
Et l'ayant vu loucher, en fit un espion.　　　8

Alors ce va-nu-pieds songea dans sa mansarde;
Et, se voyant sans cœur, sans style, sans esprit,
Imagina de mettre une feuille poissarde
    Au service de Jésus-Christ.   12

Armé d'un goupillon, il entra dans la lice
Contre les jacobins, le siècle et le péché.
Il se donna le luxe, étant de la police,
D'être jésuite et saint par-dessus le marché.   16

Pour mille francs par mois livrant l'Eucharistie,
Plus vil que les voleurs et que les assassins,
Il fut riche. Il portait un flair de sacristie
    Dans le bouge des argousins.   20

Il prospère! —Il insulte, il prêche, il fait la roue;
S'il n'était pas saint homme, il eût été sapeur;
Comme s'il s'y lavait, il piaffe en pleine boue,
Et, voyant qu'on se sauve, il dit: comme ils ont peur! 24

Regardez: le voilà! —Son journal frénétique
Plaît aux dévots et semble écrit par des bandits,
Il fait des fausses-clefs dans l'arrière boutique
    Pour la porte du paradis.   28

Des miracles du jour il colle les affiches;
Il rédige l'absurde en articles de foi;
Pharisien hideux, il trinque avec les riches,
Et dit au pauvre: ami, viens jeûner avec moi.   32

Il ripaille à huis-clos, en public il sermonne,
Chante landerirette après alleluia,
Dit un pater, et prend le menton de Simone . . . —
    Que j'en ai vu, de ces saints-là!   36

Qui vous expectoraient des psaumes après boire,
Vendaient d'un air contrit leur pieux bric-à-brac,
Et qui passaient, selon qu'ils changeaient d'auditoire,
Des strophes de Piron aux quatrains de Pibrac!   40

C'est ainsi qu'outrageant gloires, vertus, génies,
Charmant par tant d'horreurs quelques niais fougueux,
Il vit tranquillement dans les ignominies,
    Simple jésuite et triple gueux.   44

                    Paris. Septembre 1850.

VIII

Déjà nommé

Malgré moi je reviens, et mes vers s'y résignent,
A cet homme qui fut si misérable, hélas!
Et dont Mathieu Molé, chez les morts qui s'indignent,
    Parle à Boissy d'Anglas.   4

O loi sainte! Justice! où tout pouvoir s'étaie,
Gardienne de tout droit et de tout ordre humain!
Cet homme qui, vingt ans, pour recevoir sa paie,
    T'avait tendu la main,   8

Quand il te vit sanglante et livrée à l'infâme,
Levant tes bras, meurtrie aux talons des soldats,
Tourna la tête et dit: qu'est-ce que cette femme?
    Je ne la connais pas!   12

Les vieux partis avaient mis au fauteuil ce juste!
Ayant besoin d'un homme on prit un mannequin.
Il eût fallu Caton sur cette chaise auguste,
    On y jucha Pasquin.   16

Opprobre! Il dégradait à plaisir l'Assemblée;
Souple, insolent, semblable aux valets familiers,
Ses gros lazzis marchaient sur l'éloquence ailée
    Avec leurs gros souliers.   20

Quand on ne croit à rien, on est prêt à tout faire.
Il eût reçu Cromwell ou Monk dans Temple-Bar.

Suprême abjection! riant avec Voltaire,
　　Votant pour Escobar!　　　　　　　24

Ne sachant que lécher à droite et mordre à gauche,
Aidant, à son insu, le crime; vil pantin,
Il entr'ouvrait la porte aux sbires en débauche
　　Qui vinrent un matin.　　　　　　28

Si l'on avait voulu, pour sauver du déluge,
Certes, son traitement, sa place, son trésor,
Et sa loque d'hermine et son bonnet de juge
　　Au triple galon d'or,　　　　　　32

Il eût été complice, il eût rempli sa tâche;
Mais les chefs sur son nom passèrent le charbon;
Ils n'ont pas daigné faire un traître avec ce lâche;
　　Ils ont dit: à quoi bon?　　　　　36

Sous ce règne où l'on vend de la fange au pied cube,
Du moins cet homme a-t-il à jamais disparu,
Rustre exploiteur des rois, courtisan du Danube,
　　Hideux flatteur bourru!　　　　　40

Il s'offrait aux brigands après la loi tuée;
Et pour qu'il lâchât prise, aux yeux de tout Paris,
Il fallut qu'on lui dît: vieille prostituée,
　　Vois donc tes cheveux gris!　　　44

Aujourd'hui méprisé, même de cette clique,
On voit pendre la honte à son nom infamant,
Et le dernier lambeau de la pudeur publique
　　A son dernier serment.　　　　　48

Si par hasard, la nuit, dans les carrefours mornes,
Fouillant du croc l'ordure où dort plus d'un secret,
Un chiffonnier trouvait cette âme au coin des bornes,
　　Il la dédaignerait!　　　　　　52

　　　　　　　　　Jersey. Decembre 1852.

IX

Ceux qui vivent, ce sont ceux qui luttent; ce sont
Ceux dont un dessein ferme emplit l'âme et le front,
Ceux qui d'un haut destin gravissent l'âpre cîme,
Ceux qui marchent pensifs, épris d'un but sublime,
Ayant devant les yeux sans cesse, nuit et jour,   5
Ou quelque saint labeur ou quelque grand amour.
C'est le prophète saint prosterné devant l'arche,
C'est le travailleur, pâtre, ouvrier, patriarche;
Ceux dont le cœur est bon, ceux dont les jours sont pleins,
Ceux-là vivent, Seigneur! les autres, je les plains.   10
Car de son vague ennui le néant les enivre,
Car le plus lourd fardeau, c'est d'exister sans vivre.
Inutiles, épars, ils traînent ici-bas
Le sombre accablement d'être en ne pensant pas.
Ils s'appellent vulgus, plebs, la tourbe, la foule.   15
Ils sont ce qui murmure, applaudit, siffle, coule,
Bat des mains, foule aux pieds, bâille, dit oui, dit non,
N'a jamais de figure et n'a jamais de nom;
Troupeau qui va, revient, juge, absout, délibère,
Détruit, prêt à Marat comme prêt à Tibère,   20
Foule triste, joyeuse, habits dorés, bras nus,
Pêle-mêle, et poussée aux gouffres inconnus.
Ils sont les passants froids, sans but, sans nœud, sans âge;
Le bas du genre humain qui s'écroule en nuage;
Ceux qu'on ne connaît pas, ceux qu'on ne compte pas,   25
Ceux qui perdent les mots, les volontés, les pas.
L'ombre obscure autour d'eux se prolonge et recule;
Ils n'ont du plein midi qu'un lointain crépuscule,
Car, jetant au hasard les cris, les voix, le bruit,
Ils errent près du bord sinistre de la nuit.   30

Quoi, ne point aimer! suivre une morne carrière
Sans un songe en avant, sans un deuil en arrière!
Quoi! marcher devant soi sans savoir où l'on va!
Rire de Jupiter sans croire à Jéhova!
Regarder sans respect l'astre, la fleur, la femme!   35
Toujours vouloir le corps, ne jamais chercher l'âme!

Pour de vains résultats faire de vains efforts!
N'attendre rien d'en haut! ciel! oublier les morts!
Oh non, je ne suis point de ceux-là! grands, prospères,
Fiers, puissants, ou cachés dans d'immondes repaires,   40
Je les fuis, et je crains leurs sentiers détestés;
Et j'aimerais mieux être, ô fourmis des cités,
Tourbe, foule, hommes faux, cœurs morts, races déchues,
Un arbre dans les bois qu'une âme en vos cohues!

Paris. Decembre 1848

X

Aube

Un immense frisson émeut la plaine obscure.
C'est l'heure où Pythagore, Hésiode, Épicure,
Songeaient; c'est l'heure où, las d'avoir, toute la nuit,
Contemplé l'azur sombre et l'étoile qui luit,
Pleins d'horreur, s'endormaient les pâtres de Chaldée.   5
Là-bas, la chute d'eau, de mille plis ridée,
Brille, comme dans l'ombre un manteau de satin;
Sur l'horizon lugubre apparaît le matin,
Face rose qui rit avec des dents de perles;
Le bœuf rêve et mugit, les bouvreuils et les merles   10
Et les geais querelleurs sifflent, et dans les bois
On entend s'éveiller confusément les voix;
Les moutons hors de l'ombre, à travers les bourrées,
Font bondir au soleil leurs toisons éclairées;
Et la jeune dormeuse, entr'ouvrant son œil noir,   15
Fraîche, et ses coudes blancs sortis hors du peignoir,
Cherche de son pied nu sa pantoufle chinoise.

Louange à Dieu! toujours, après la nuit sournoise,
Agitant sur les monts la ronce et le genêt,
La nature superbe et tranquille renaît;   20
L'aube éveille le nid à l'heure accoutumée,
Le chaume dresse au vent sa plume de fumée,

Le rayon, flèche d'or, perce l'âpre forêt;
Et plutôt qu'arrêter le soleil, on ferait
Sensibles à l'honneur et pour le bien fougueuses   25
Les âmes de Baroche et de Troplong, ces gueuses!

Jersey. Avril 1853.

XI

Vicomte de Foucault, lorsque vous empoignâtes
L'éloquent Manuel de vos mains auvergnates,
Comme l'Océan bout quand tressaille l'Etna,
Le peuple tout entier s'émut et frissonna;
On vit, sombre lueur, poindre mil-huit-cent-trente;   5
L'antique royauté, fière et récalcitrante,
Chancela sur son trône, et dans ce noir moment
On sentit commencer ce vaste écroulement;
Et ces rois, qu'on punit d'oser toucher un homme,
Étaient grands, et mêlés à notre histoire, en somme;   10
Ils avaient derrière eux des siècles éblouis,
Henri quatre et Coutras, Damiette et Saint Louis.
Aujourd'hui, dans Paris, un prince de la pègre,
Un pied plat, copiant Faustin, singe d'un nègre,
Plus faux qu'Ali pacha, plus cruel que Rosas,   15
Fourre en prison la loi, met la gloire à Mazas,
Chasse l'honneur, le droit, les probités punies,
Orateurs, généraux, représentants, génies,
Les meilleurs serviteurs du siècle et de l'État,
Et c'est tout! et le peuple, après cet attentat,   20
Souffleté mille fois sur ces faces illustres,
Va voir de l'Élysée étinceler les lustres,
Ne sent rien sur sa joue et contemple César!
Lui, souverain, il suit en esclave le char!
Il regarde danser dans le Louvre les maîtres,   25
Ces immondes faisant vis-à-vis à ces traîtres,
La fraude en grand habit, le meurtre en apparat,
Et le ventre Berger près du ventre Murat!
On dit: —Vivons! adieu grandeur, gloire, espérance! —
Comme si, dans ce monde, un peuple appelé France,   30
Alors qu'il n'est plus libre, était encor vivant!

On boit, on mange, on dort, on achète et l'on vend,
Et l'on vote, en riant des doubles fonds de l'urne;
Et pendant ce temps-là, ce gredin taciturne,
Ce chacal à sang froid, ce corse hollandais,   35
Étale, front d'airain, son crime sous le dais,
Gorge d'or et de vin sa bande scélérate,
S'accoude sur la nappe, et cuvant, noir pirate,
Son guet-apens français, son guet-apens romain,
Mâche son cure-dent taché de sang humain!   40

Bruxelles. Mai 1852

XII

A quatre Prisonniers[1] (après leur Condamnation)

Mes fils, soyez contents; l'honneur est où vous êtes.
Et vous, mes deux amis, la gloire, ô fiers poëtes,
Couronne votre nom par l'affront désigné;
Offrez aux juges vils, groupe abject et stupide,
    Toi, ta douceur intrépide,   5
    Toi, ton sourire indigné.

Dans cette salle où Dieu voit la laideur des âmes,
Devant ces froids jurés, choisis pour être infâmes,
Ces douze hommes, muets, de leur honte chargés,
O justice, j'ai cru, justice auguste et sombre,   10
    Voir autour de toi dans l'ombre
    Douze sépulcres rangés.

Ils vous ont condamnés, que l'avenir les juge!
Toi, pour avoir crié: la France est le refuge
Des vaincus, des proscrits!—Je t'approuve, mon fils!   15
Toi, pour avoir, devant la hache qui s'obstine,
    Insulté la guillotine,
    Et vengé le crucifix!

[1] Paul Meurice, Auguste Vacquerie, Charles Hugo, François-V. Hugo, rédacteurs de l'*Événement*.

Les temps sont durs; c'est bien. Le martyre console.
J'admire, ô vérité, plus que toute auréole,   20
Plus que le nimbe ardent des saints en oraison,
Plus que les trônes d'or devant qui tout s'efface,
    L'ombre que font sur ta face
    Les barreaux d'une prison!

Quoi que le méchant fasse en sa bassesse noire,   25
L'outrage injuste et vil là-haut se change en gloire.
Quand Jésus commençait sa longue passion,
Le crachat qu'un bourreau lança sur son front blême
    Fit au ciel à l'instant même
    Une constellation!   30

Conciergerie. Novembre 1851.

XIII

On loge à la nuit

Aventurier conduit par le louche destin,
Pour y passer la nuit, jusqu'à demain matin,
Entre à l'auberge Louvre avec ta rosse Empire.

Molière te regarde et fait signe à Shakspeare;
L'un te prend pour Scapin, l'autre pour Richard trois.   5
Entre en jurant et fais le signe de la croix.
L'antique hôtellerie est toute illuminée.
L'enseigne, par le temps salie et charbonnée,
Sur le vieux fleuve Seine, à deux pas du Pont-Neuf,
Crie et grince au balcon rouillé de Charles-Neuf;   10
On y déchiffre encor ces quelques lettres:—Sacre;—
Texte obscur et tronqué, reste du mot Massacre.

Un fourmillement sombre emplit ce noir logis.
Parmi les chants d'ivresse et les refrains mugis,
On rit, on boit, on mange, et le vin sort des outres.   15
Toute une boucherie est accrochée aux poutres.
Ces êtres triomphants ont fait quelque bon coup.

L'un crie: assommons tout! et l'autre: empochons tout!
L'autre agite une torche aux clartés aveuglantes.
Par places sur les murs on voit des mains sanglantes.   20
Les mets fument; la braise aux fourneaux empourprés
Flamboie; on voit aller et venir affairés,
Des taches à leurs mains, des taches à leurs chausses,
Les Rianceys marmitons, les Nisards gâte-sauces;
Et,—derrière la table où sont assis Fortoul,   25
Persil, Piétri, Carlier, Chapuys le capitoul,
Ducos et Magne au meurtre ajoutant leur paraphe,
Forey dont à Bondy l'on change l'orthographe,
Rouher et Radetzky, Haynau près de Drouyn,—
Le porc Sénat fouillant l'ordure du grouin.   30
Ces gueux ont commis plus de crimes qu'un évêque
N'en bénirait. Explore, analyse, dissèque,
Dans leur âme où de Dieu le germe est étouffé,
Tu ne trouveras rien.—Sus donc, entre coiffé
Comme Napoléon, botté comme Macaire.   35
Le général Bertrand te précède; tonnerre
De bravos. Cris de joie aux hurlements mêlés.
Les spectres qui gisaient dans l'ombre échevelés
Te regardent entrer et rouvrent leurs yeux mornes;
Autour de toi s'émeut l'essaim des maritornes,   40
A beaucoup de jargon mêlant un peu d'argot;
La marquise Toinon, la duchesse Margot,
Houris au cœur de verre, aux regards d'escarboucles.
Maître, es-tu la régence? on poudrera ses boucles;
Es-tu le directoire? on mettra des madras.   45
Fais, ô bel étranger, tout ce que tu voudras,
Ton nom est Million, entre!—Autour de ces belles,
Colombes de l'orgie, ayant toutes des ailes,
Folâtrent Suin, Mongis, Turgot et d'Aguesseau,
Et Saint-Arnaud qui vole autrement que l'oiseau.   50
Au trois-quarts gris déjà, Reybell le traboucaire
Prend Fould pour un curé dont Sibour est vicaire.

Regarde: tout est prêt pour te fêter, bandit.

L'immense cheminée au centre resplendit.
Ton aigle, une chouette, en blasonne le plâtre.   55

Le bœuf Peuple rôtit tout entier devant l'atre;
La lèchefrite chante en recevant le sang;
A côté sont assis, souriant et causant,
Magnan qui l'a tué, Troplong qui le fait cuire.
On entend cette chair pétiller et bruire,   60
Et sur son tablier de cuir, joyeux et las,
Le boucher Carrelet fourbit son coutelas.
La marmite Budget pend à la crémaillère.
Viens, toi qu'aiment les juifs et que l'église éclaire,
Espoir des fils d'Ignace et des fils d'Abraham,   65
Qui t'en vas vers Toulon et qui t'en viens de Ham,
Viens, la journée est faite et c'est l'heure de paître.
Prends devant ce bon feu ce bon fauteuil, ô maître.
Tout ici te vénère et te proclame roi;
Viens; rayonne, assieds-toi, chauffe-toi, sèche-toi,   70
Sois bon prince, ô brigand! ô fils de la créole,
Dépouille ta grandeur, quitte ton auréole;
Ce qu'on appelle ainsi dans ce nid de félons
C'est la boue et le sang collés à tes talons,
C'est la fange rouillant ton éperon sordide;   75
Les héros, les penseurs portent, groupe splendide,
Leur immortalité sur leur radieux front;
Toi, tu traînes ta gloire à tes pieds. Entre donc,
Ote ta renommée avec un tire-bottes.
Vois, les grands hommes nains et les gloires nabotes   80
T'entourent en chantant, ô Tom-Pouce Attila!
Ce bœuf rôtit pour toi; Maupas, ton nègre, est là;
Et, jappant dans sa niche au coin du feu, Baroche
Vient te lécher les pieds, tout en tournant la broche.

Pendant que dans l'auberge ils trinquent à grand bruit,   85
Dehors, par un chemin qui se perd dans la nuit,
Hâtant son lourd cheval dont le pas se rapproche,
Muet, pensif, avec des ordres dans sa poche,
Sous ce ciel noir qui doit redevenir ciel bleu,
Arrive l'avenir, le gendarme de Dieu.   90

Jersey. Novembre 1852.

LIVRE V

L'Autorité est sacrée

Le Sacre (sur l'air de Malbrouck)

I

Dans l'affreux cimetière,
Paris tremble, ô douleur, ô misère!
Dans l'affreux cimetière
Frémit le nénuphar.   4

Castaing lève sa pierre,
Paris tremble, ô douleur, ô misère!
Castaing lève sa pierre,
Dans l'herbe de Clamar,   8

Et crie et vocifère,
Paris tremble, ô douleur, ô misère!
Et crie et vocifère:
—Je veux être César!   12

Cartouche en son suaire,
Paris tremble, ô douleur, ô misère!
Cartouche en son suaire
S'écrie ensanglanté: 16

—Je veux aller sur terre,
Paris tremble, ô douleur, ô misère!
Je veux aller sur terre,
Pour être majesté!   20

Mingrat monte à sa chaire,
Paris tremble, ô douleur! ô misère!
Mingrat monte à sa chaire
Et dit, sonnant le glas: 24

—Je veux, dans l'ombre où j'erre,
Paris tremble, ô douleur! ô misère!
Je veux, dans l'ombre où j'erre
Avec mon coutelas,   28

Être appelé: mon frère,
Paris tremble, ô douleur, ô misère!
Être appelé: mon frère,
Par le czar Nicolas!   32

Poulmann dans l'ossuaire,
Paris tremble, ô douleur, ô misère!
Poulmann dans l'ossuaire
S'éveillant en fureur,   36

Dit à Mandrin:—compère,
Paris tremble, ô douleur, ô misère!
Dit à Mandrin:—compère,
Je veux être empereur!   40

—Je veux, dit Lacenaire,
Paris tremble, ô douleur! ô misère!
—Je veux, dit Lacenaire,
Être empereur et roi!   44

Et Soufflard déblatère,
Paris tremble, ô douleur! ô misère!
Et Soufflard déblatère,
Hurlant comme un beffroi: 48

—Au lieu de cette bière,
Paris tremble, ô douleur! ô misère!
Au lieu de cette bière,
Je veux le Louvre, moi!   52

Ainsi, dans leur poussière,
Paris tremble, ô douleur! ô misère!
Ainsi, dans leur poussière,
Parlent les chenapans.   56

—Ça, dit Robert Macaire,
Paris tremble, ô douleur! ô misère!
—Ça, dit Robert Macaire,
  Pourquoi ces cris de paons!   60

Pourquoi cette colère?
Paris tremble, ô douleur, ô misère!
Pourquoi cette colère?
  Ne sommes-nous pas rois?   64

Regardez, le saint-père,
Paris tremble, ô douleur, ô misère!
Regardez, le saint-père,
  Portant sa grande croix,   68

Nous sacre tous ensemble,
O misère, ô douleur, Paris tremble!
Nous sacre tous ensemble
  Dans Napoléon-trois!   72

Jersey. Juillet 1853.

II

Chanson

Un jour Dieu sur sa table
Jouait avec le diable
Du genre humain haï;
Chacun tenait sa carte;
L'un jouait Bonaparte   5
Et l'autre Mastaï.

Un pauvre abbé bien mince!
Un méchant petit prince,
Polisson hasardeux!
Quel enjeu pitoyable!   10
Dieu fit tant que le diable
Les gagna tous les deux.

—Prends! cria Dieu le père,
Tu ne sauras qu'en faire!—
Le diable dit:—erreur!—   15
Et, ricanant sous cape,
Il fit de l'un un pape,
De l'autre un empereur.

Jersey. Juillet 1853.

III

Le Manteau impérial

Oh! vous dont le travail est joie,
Vous qui n'avez pas d'autre proie
Que les parfums, souffles du ciel,
Vous qui fuyez quand vient décembre,
Vous qui dérobez aux fleurs l'ambre   5
Pour donner aux hommes le miel,

Chastes buveuses de rosée,
Qui, pareilles à l'épousée,
Visitez le lys du coteau,
O sœurs des corolles vermeilles,   10
Filles de la lumiere, abeilles,
Envolez-vous de ce manteau!

Ruez-vous sur l'homme, guerrières!
O généreuses ouvrières,
Vous le devoir, vous la vertu,   15
Ailes d'or et flèches de flamme,
Tourbillonnez sur cet infâme!
Dites-lui:—«pour qui nous prends-tu?

«Maudit! nous sommes les abeilles!
«Des châlets ombragés de treilles   20
«Notre ruche orne le fronton;
«Nous volons, dans l'azur écloses,
«Sur la bouche ouverte des roses
«Et sur les lèvres de Platon.

«Ce qui sort de la fange y rentre.   25
«Va trouver Tibère en son antre,
«Et Charles-neuf sur son balcon.
«Va! sur ta pourpre il faut qu'on mette,
«Non les abeilles de l'Hymète,
«Mais l'essaim noir de Montfaucon!»   30

Et percez-le toutes ensemble,
Faites honte au peuple qui tremble,
Aveuglez l'immonde trompeur,
Acharnez-vous sur lui, farouches,
Et qu'il soit chassé par les mouches   35
Puisque les hommes en ont peur!

                                    Jersey. Juin 1853.

IV

Tout s'en va

LA RAISON

Moi, je me sauve.

LE DROIT

Adieu! je m'en vais.

L'HONNEUR

                        Je m'exile.

ALCESTE

Je vais chez les Hurons leur demander asile.

LA CHANSON

J'émigre. Je ne puis souffler mot, s'il vous plaît,
Dire un refrain sans être empoignée au collet

Par les sergents de ville, affreux drôles livides.   5

UNE PLUME

Personne n'écrit plus; les encriers sont vides.
On dirait d'un pays mogol, russe ou persan.
Nous n'avons plus ici que faire; allons-nous-en,
Mes sœurs, je quitte l'homme et je retourne aux oies.

LA PITIÉ

Je pars. Vainqueurs sanglants, je vous laisse à vos joies,   10
Je vole vers Cayenne où j'entends de grands cris.

LA MARSEILLAISE

J'ouvre mon aile, et vais rejoindre les proscrits.

LA POÉSIE

Oh! je pars avec toi, pitié, puisque tu saignes!

L'AIGLE

Quel est ce perroquet qu'on met sur vos enseignes,
Français! de quel égout sort cette bête-là?   15
Aigle selon Cartouche et selon Loyola,
Il a du sang au bec, Français; mais c'est le vôtre.
Je regagne les monts. Je ne vais qu'avec l'autre.
Les rois à ce félon peuvent dire: merci;
Moi, je ne connais pas ce Bonaparte-ci!   20
Sénateurs! courtisans! je rentre aux solitudes!
Vivez dans le cloaque et dans les turpitudes,
Soyez vils, vautrez-vous sous les cieux rayonnants.

LA FOUDRE

Je remonte avec l'aigle aux nuages tonnants.
L'heure ne peut tarder. Je vais attendre un ordre.   25

UNE LIME

Puisqu'il n'est plus permis qu'aux vipères de mordre,
Je pars, je vais couper les fers dans les pontons.

LES CHIENS

Nous sommes remplacés par les préfets; partons.

LA CONCORDE

Je m'éloigne. La haine est dans les cœurs sinistres.

LA PENSEE

On n'échappe aux fripons que pour choir dans les cuistres. 30
Il semble que tout meure et que de grands ciseaux
Vont jusque dans les cieux couper l'aile aux oiseaux.
Toute clarté s'éteint sous cet homme funeste,
O France! je m'enfuis et je pleure.

LE MÉPRIS

Je reste.

Jersey. Novembre 1852.

V

O drapeau de Wagram! ô pays de Voltaire!
Puissance, liberté, vieil honneur militaire,
Principes, droits, pensée, ils font en ce moment
De toute cette gloire un vaste abaissement.
Toute leur confiance est dans leur petitesse. 5
Ils disent, se sentant d'une chétive espèce:
—Bah! nous ne pesons rien! régnons.—Les nobles cœurs!
Ils ne savent donc pas, ces pauvres nains vainqueurs,
Sautés sur le pavois du fond d'une caverne,
Que lorsque c'est un peuple illustre qu'on gouverne, 10

Un peuple en qui l'honneur résonne et retentit,
On est d'autant plus lourd que l'on est plus petit!
Est-ce qu'ils vont changer, est-ce là notre compte?
Ce pays de lumière en un pays de honte?
Il est dur de penser, c'est un souci profond,   15
Qu'ils froissent dans les cœurs, sans savoir ce qu'ils font,
Les instincts les plus fiers et les plus vénérables.
Ah! ces hommes maudits, ces hommes misérables
Éveilleront enfin quelque rébellion
A force de courber la tête du lion!   20
La bête est étendue à terre, et fatiguée;
Elle sommeille au fond de l'ombre reléguée;
Le muffle fauve et roux ne bouge pas, d'accord;
C'est vrai, la patte énorme et monstrueuse dort;
Mais on l'excite assez pour que la griffe sorte.   25
J'estime qu'ils ont tort de jouer de la sorte.

Jersey. Juin 1853.

VI

On est Tibère, on est Judas, on est Dracon;
Et l'on a Lambessa n'ayant plus Montfaucon.
On forge pour le peuple une chaîne; on enferme,
On exile, on proscrit le penseur libre et ferme;
Tout succombe. On comprime élans, espoirs, regrets,   5
La liberté, le droit, l'avenir, le progrès,
Comme faisait Séjan, comme fit Louis onze,
Avec des lois de fer et des juges de bronze.
Puis,—c'est bien:—on s'endort, et le maître joyeux
Dit: l'homme n'a plus d'âme et le ciel n'a plus d'yeux.   10
O rêve des tyrans! l'heure fuit, le temps marche,
Le grain croît dans la terre et l'eau coule sous l'arche.
Un jour vient où ces lois de silence et de mort,
Se rompant tout à coup comme sous un effort
Se rouvrent à grand bruit des portes mal fermées,   15
Emplissent la cité de torches enflammées.

Jersey. Août 1853.

VII

Les Grands Corps de l'État

Ces hommes passeront comme un ver sur le sable.
Qu'est-ce que tu ferais de leur sang méprisable ?
    Le dégoût rend clément.
Retenons la colère âpre, ardente, électrique.
Peuple, si tu m'en crois, tu prendras une trique   5
    Au jour du châtiment.

O de Soulouque-deux burlesque cantonnade !
O ducs de Trou-Bonbon, marquis de Cassonnade,
    Souteneurs du larron,
Vous dont la Poésie, ou sublime ou mordante,   10
Ne sait que faire, gueux, trop grotesques pour Dante,
    Trop sanglants pour Scarron,

O jongleurs, noirs par l'âme et par la servitude,
Vous vous imaginez un lendemain trop rude,
    Vous êtes trop tremblants,   15
Vous croyez qu'on en veut, dans l'exil où nous sommes,
A cette peau qui fait qu'on vous prend pour des hommes ;
    Calmez-vous, nègres blancs !

Cambyse, j'en conviens, eût eu ce cœur de roche
De faire asseoir Troplong sur la peau de Baroche ;   20
    Au bout d'un temps peu long,
Il eût crié : cet autre est pire ! qu'on l'étrangle !
Et, j'en conviens encore, eût fait asseoir Delangle
    Sur la peau de Troplong.

Cambyse était stupide et digne d'être auguste ;   25
Comme s'il suffisait pour qu'un être soit juste,
    Sans vices, sans orgueil,
Pour qu'il ne soit pas traître à la loi, ni transfuge,
Que d'une peau de tigre ou d'une peau de juge
    On lui fasse un fauteuil !   30

Toi, peuple, tu diras:—ces hommes se ressemblent.
Voyons les mains,—et tous trembleront comme tremblent
    Les loups pris aux filets.
Bon. Les uns ont du sang, qu'au bagne on les écroue,
A la chaîne! Mais ceux qui n'ont que de la boue, 35
    Tu leur diras:—Valets!

La loi râlait, ayant en vain crié: main-forte;
Vous avez partagé les habits de la morte.
    Par César achetés,
De tous nos droits livrés vous avez fait des ventes; 40
Toutes ses trahisons ont trouvé pour servantes
    Toutes vos lâchetés!

Allez, fuyez, vivez! pourvu que, mauvais prêtre,
Mauvais juge, on vous voie en vos trous disparaître.
    Rampant sur vos genoux, 45
Et qu'il ne reste rien, sous les cieux que Dieu dore,
Sous le splendide azur où se lève l'aurore,
    Rien de pareil à vous!

Vivez, si vous pouvez! l'opprobre est votre asile.
Vous aurez à jamais, toi, cardinal Basile, 50
    Toi, sénateur Crispin,
De quoi boire et manger dans vos fuites lointaines
Si le mépris se boit comme l'eau des fontaines,
    Si la honte est du pain!—

Peuple, alors nous prendrons au collet tous ces drôles, 55
Et tu les jetteras dehors par les épaules
    A grands coups de bâton;
Et dans le Luxembourg, blancs sous les branches d'arbre,
Vous nous approuverez de vos têtes de marbre,
    O Lycurgue, ô Caton! 60

Citoyens! le néant pour ces laquais se rouvre;
Qu'importe, ô citoyens! l'abjection les couvre
    De son manteau de plomb.
Qu'importe que le soir, un passant solitaire,
Voyant un récureur d'égouts sortir de terre, 65
    Dise: tiens! c'est Troplong!

Qu'importe que Rouher sur le Pont-Neuf se carre,
Que Baroche et Delangle, en quittant leur simarre,
    Prennent des tabliers,
Qu'ils s'offrent pour trois sous, oubliés quoiqu'infâmes,   70
Et qu'ils aillent, après avoir sali leurs âmes,
    Nettoyer vos souliers!

                                        Jersey. Juin 1853.

VIII

Le Progrès, calme et fort et toujours innocent,
Ne sait pas ce que c'est que de verser le sang.
Il règne, conquérant désarmé, quoi qu'on fasse.
De la hache et du glaive il détourne sa face,
Car le doigt éternel écrit dans le ciel bleu   5
Que la terre est à l'homme et que l'homme est à Dieu;
Car la force invincible est la force impalpable.—
Peuple, jamais de sang!—Vertueux ou coupable,
Le sang qu'on a versé monte des mains au front.
Quand sur une mémoire, indélébile affront,   10
Il jaillit, plus d'espoir; cette fatale goutte
Finit par la couvrir et la dévorer toute;
Il n'est pas dans l'histoire une tache de sang
Qui sur les noirs bourreaux n'aille s'élargissant.
Sachons-le bien, la honte est la meilleure tombe.   15
Le même homme sur qui son crime enfin retombe,
Sort sanglant du sépulcre et fangeux du mépris.
Le bagne dédaigneux sur les coquins flétris
Se ferme, et tout est dit; l'obscur tombeau se rouvre;
Qu'on le fasse profond et muré, qu'on le couvre   20
D'une dalle de marbre et d'un plafond massif,
Quand vous avez fini, le fantôme pensif
Lève du front la pierre et lentement se dresse.
Mettez sur ce tombeau toute une forteresse,
Tout un mont de granit, impénétrable et sourd,   25
Le fantôme est plus fort que le granit n'est lourd.
Il soulève ce mont comme une feuille morte.
Le voici, regardez, il sort; il faut qu'il sorte!

Il faut qu'il aille et marche et traîne son linceul!
Il surgit devant vous dès que vous êtes seul;   30
Il dit: c'est moi; tout vent qui souffle vous l'apporte;
La nuit, vous l'entendez qui frappe à votre porte.
Les exterminateurs, avec ou sans le droit,
Je les hais, mais surtout je les plains. On les voit,
A travers l'âpre histoire où le vrai seul demeure,   35
Pour s'être délivrés de leurs rivaux d'une heure,
D'ennemis innocents, ou même criminels,
Fuir dans l'ombre entourés de spectres éternels.

Jersey. Octobre 1852.

IX

Le Chant de ceux qui s'en vont sur mer

AIR BRETON

Adieu, patrie!
L'onde est en furie.
Adieu, patrie,
Azur!

Adieu, maison, treille au fruit mûr,   5
Adieu, les fleurs d'or du vieux mur!

Adieu, patrie!
Ciel, forêt, prairie!
Adieu, patrie,
Azur!   10

Adieu, patrie!
L'onde est en furie.
Adieu, patrie,
Azur!

Adieu, fiancée au front pur,   15
Le ciel est noir, le vent est dur.

Adieu, patrie!
Lise, Anna, Marie!
Adieu, patrie,
Azur!   20

Adieu, patrie!
L'onde est en furie.
Adieu, patrie,
Azur!

Notre œil, que voile un deuil futur,   25
Va du flot sombre au sort obscur!

Adieu, patrie!
Pour toi mon cœur prie.
Adieu, patrie!
Azur!   30

En mer. 1er août 1852.

X

A un qui veut se détacher

I

Maintenant il se dit:—l'empire est chancelant;
    La victoire est peu sûre.—
Il cherche à s'en aller, furtif et reculant.
    Reste dans la masure!   4

Tu dis:—le plafond croule. Ils vont, si l'on me voit,
    Empêcher que je sorte.—
N'osant rester ni fuir, tu regardes le toit,
    Tu regardes la porte;   8

Tu mets timidement la main sur le verrou.
    Reste en leurs rangs funèbres!
Reste! la loi qu'ils ont enfouie en un trou
    Est là dans les ténèbres.   12

Reste! elle est là, le flanc percé de leur couteau,
    Gisante, et sur sa bière
Ils ont mis une dalle. Un pan de ton manteau
    Est pris sous cette pierre!   16

Pendant qu'à l'Élysee en fête et plein d'encens,
    On chante, on déblatère,
Qu'on oublie et qu'on rit, toi tu pâlis; tu sens
    Ce spectre sous la terre!   20

Tu ne t'en iras pas! quoi! quitter leur maison!
    Et fuir leur destinée!
Quoi! tu voudrais trahir jusqu'à la Trahison,
    Elle-même indignée!   24

Quoi! tu veux renier ce larron au front bas
    Qui t'admire et t'honore!
Quoi! Judas pour Jésus, tu veux pour Barabbas
    Être Judas encore!   28

Quoi! n'as-tu pas tenu l'échelle à ces fripons,
    En pleine connivence?
Le sac de ces voleurs, ne fut-il pas, réponds,
    Cousu par toi d'avance!   32

Les mensonges, la haine au dard froid et visqueux,
    Habitent ce repaire;
Tu t'en vas! de quel droit? étant plus renard qu'eux,
    Et plus qu'elle vipère!   36

II

Quand l'Italie en deuil dressa, du Tibre au Pô,
    Son drapeau magnifique,
Quand ce grand peuple, après s'être couché troupeau,
    Se leva république,   40

C'est toi, quand Rome aux fers jeta le cri d'espoir,
    Toi qui brisas son aile,
Toi qui fis retomber l'affreux capuchon noir
    Sur sa face éternelle!   44

6—C   * *

C'est toi qui restauras Montrouge et Saint-Acheul,
    Écoles dégradées
Où l'on met à l'esprit frémissant un linceul,
    Un bâillon aux idées.   48

C'est toi qui, pour progrès rêvant l'homme animal,
    Livras l'enfant victime
Aux jésuites lascifs, sombres amants du mal,
    En rut devant le crime!   52

O pauvres chers enfants qu'ont nourris de leur lait
    Et qu'ont bercés nos femmes,
Ces blêmes oiseleurs ont pris dans leur filet
    Toutes vos douces âmes!   56

Hélas! ce triste oiseau, sans plumes sur la chair,
    Rongé de lèpre immonde,
Qui rampe et qui se meurt dans leur cage de fer,
    C'est l'avenir du monde!   60

Si nous les laissons faire, on aura dans vingt ans,
    Sous les cieux que Dieu dore,
Une France aux yeux ronds, aux regards clignotants,
    Qui haïra l'aurore.   64

Ces noirs magiciens, ces jongleurs tortueux
    Dont la fraude est la règle,
Pour en faire sortir le hibou monstrueux,
    Ont volé l'œuf de l'aigle!   68

III

Donc, comme les Baskirs, sur Paris étouffé
    Et comme les Croates,
Créateurs du néant, vous avez triomphé
    Dans vos haines béates;   72

Et vous êtes joyeux, vous, constructeurs savants
    Des préjugés sans nombre,
Qui, pareils à la nuit, versez sur les vivants
    Des urnes pleines d'ombre!   76

Vous courez saluer le nain Napoléon;
    Vous dansez dans l'orgie!
Ce grand siècle est souillé! c'était le Panthéon,
    Et c'est la tabagie! 80

Et vous dites: c'est bien! vous sacrez parmi nous
    César au nom de Rome
L'assassin qui, la nuit, se met à deux genoux
    Sur le ventre d'un homme! 84

Ah! malheureux! louez César qui fait trembler,
    Adorez son étoile;
Vous oubliez le Dieu vivant qui peut rouler
    Les cieux comme une toile! 88

Encore un peu de temps, et ceci tombera;
    Dieu vengera sa cause!
Les villes chanteront, le lieu désert sera
    Joyeux comme une rose! 92

Encore un peu de temps, et vous ne serez plus,
    Et je viens vous le dire.
Vous êtes les maudits, nous sommes les élus;
    Regardez-nous sourire! 96

Je le sais, moi qui vis au bord du gouffre amer,
    Sur les rocs centenaires,
Moi qui passe mes jours à contempler la mer
    Pleine de sourds tonnerres! 100

IV

Toi, leur chef, sois leur chef! c'est là ton châtiment.
    Sois l'homme des discordes!
Ces fourbes ont saisi le genre humain dormant
    Et l'ont lié de cordes! 104

Ah! tu voulus défaire, épouvantable affront!
    Les âmes que Dieu crée?
Eh bien, frissonne et pleure, atteint toi-même au front
    Par ton œuvre exécrée! 108

A mesure que vient l'ignorance, et l'oubli,
    Et l'erreur qu'elle amène,
A mesure qu'aux cieux décroît, soleil pâli,
    L'intelligence humaine,   112

Et que son jour s'éteint, laissant l'homme méchant
    Et plus froid que les marbres,
Votre honte, ô maudits, grandit comme au couchant
    Grandit l'ombre des arbres!   116

v

Oui, reste leur apôtre! oui, tu l'as mérité.
    C'est là ta peine énorme!
Regarde en frémissant dans la postérité
    Ta mémoire difforme.   120

On voit, louche rhéteur des vieux partis hurlants,
    Qui ments et qui t'emportes,
Pendre à tes noirs discours, comme à des clous sanglants,
    Toutes les grandes mortes,   124

La Justice, la Foi, bel ange souffletté
    Par la goule papale,
La Vérité, fermant les yeux, la Liberté
    Échevelée et pâle,   128

Et ces deux sœurs, hélas! nos mères toutes deux,
    Rome qu'en pleurs je nomme,
Et la France sur qui, raffinement hideux,
    Coule le sang de Rome!   132

Homme fatal! l'histoire en ses enseignements
    Te montrera dans l'ombre,
Comme on montre un gibet entouré d'ossements
    Sur la colline sombre!   136

Jersey. Janvier 1853.

XI

Pauline Roland

Elle ne connaissait ni l'orgueil ni la haine;
Elle aimait; elle était pauvre, simple et sereine;
Souvent le pain qui manque abrégeait son repas.
Elle avait trois enfants, ce qui n'empêchait pas
Qu'elle ne se sentît mère de ceux qui souffrent.   5
Les noirs événements qui dans la nuit s'engouffrent,
Les flux et les reflux, les abîmes béants,
Les nains, sapant sans bruit l'ouvrage des géants,
Et tous nos malfaiteurs inconnus ou célèbres,
Ne l'épouvantaient point; derrière ces ténèbres,   10
Elle apercevait Dieu construisant l'avenir.
Elle sentait sa foi sans cesse rajeunir;
De la liberté sainte elle attisait les flammes;
Elle s'inquiétait des enfants et des femmes;
Elle disait, tendant la main aux travailleurs: 15
La vie est dure ici, mais sera bonne ailleurs.
Avançons! —Elle allait, portant de l'un à l'autre
L'espérance; c'était une espèce d'apôtre
Que Dieu, sur cette terre où nous gémissons tous,
Avait fait mère et femme afin qu'il fût plus doux.   20
L'esprit le plus farouche aimait sa voix sincère.
Tendre, elle visitait, sous leur toit de misère,
Tous ceux que la famine ou la douleur abat,
Les malades pensifs, gisant sur leur grabat,
La mansarde où languit l'indigence morose;   25
Quand, par hasard moins pauvre, elle avait quelque chose,
Elle le partageait à tous comme une sœur;
Quand elle n'avait rien, elle donnait son cœur.
Calme et grande, elle aimait comme le soleil brille.
Le genre humain pour elle était une famille   30
Comme ses trois enfants étaient l'humanité.
Elle criait: progrès! amour! fraternité!
Elle ouvrait aux souffrants des horizons sublimes.

Quand Pauline Roland eut commis tous ces crimes,

Le sauveur de l'église et de l'ordre la prit   35
Et la mit en prison. Tranquille, elle sourit,
Car l'éponge de fiel plaît à ces lèvres pures.
Cinq mois elle subit le contact des souillures,
L'oubli, le rire affreux du vice, les bourreaux,
Et le pain noir qu'on jette à travers les barreaux,   40
Édifiant la geôle au mal habituée,
Enseignant la voleuse et la prostituée.
Ces cinq mois écoulés, un soldat, un bandit,
Dont le nom souillerait ces vers, vint et lui dit:
—Soumettez-vous sur l'heure au règne qui commence,   45
Reniez votre foi; sinon, pas de clémence,
Lambessa! choisissez.—Elle dit: Lambessa.
Le lendemain la grille en frémissant grinça,
Et l'on vit arriver un fourgon cellulaire.
—Ah! voici Lambessa, dit-elle sans colère.   50
Elles étaient plusieurs qui souffraient pour le droit
Dans la même prison. Le fourgon trop étroit
Ne put les recevoir dans ses cloisons infâmes;
Et l'on fit traverser tout Paris à ces femmes,
Bras dessus bras dessous avec les argousins.   55
Ainsi que des voleurs et que des assassins,
Les sbires les frappaient de paroles bourrues.
S'il arrivait parfois que les passants des rues,
Surpris de voir mener ces femmes en troupeau,
S'approchaient et mettaient la main à leur chapeau,   60
L'argousin leur jetait des sourires obliques,
Et les passants fuyaient, disant: filles publiques!
Et Pauline Roland disait: courage, sœurs!
L'océan au bruit rauque, aux sombres épaisseurs,
Les emporta. Durant la rude traversée,   65
L'horizon était noir, la bise était glacée,
Sans l'ami qui soutient, sans la voix qui répond,
Elles tremblaient. La nuit il pleuvait sur le pont,
Pas de lit pour dormir, pas d'abri sous l'orage,
Et Pauline Roland criait: mes sœurs, courage!   70
Et les durs matelots pleuraient en les voyant.
On atteignit l'Afrique au rivage effrayant,
Les sables, les déserts qu'un ciel d'airain calcine,
Les rocs sans une source et sans une racine;

L'Afrique, lieu d'horreur pour les plus résolus; 75
Terre au visage étrange où l'on ne se sent plus
Regardé par les yeux de la douce patrie.
Et Pauline Roland, souriante et meurtrie,
Dit aux femmes en pleurs: courage, c'est ici.
Et quand elle était seule, elle pleurait aussi. 80
Ses trois enfants! loin d'elle! Oh! quelle angoisse amère!
Un jour un des geôliers dit à la pauvre mère
Dans la casbah de Bône aux cachots étouffants:
—Voulez-vous être libre et revoir vos enfants?
Demandez grâce au prince.—Et cette femme forte 85
Dit:—J'irai les revoir lorsque je serai morte.
Alors sur la martyre, humble cœur indompté,
On épuisa la haine et la férocité.
Bagnes d'Afrique! enfers qu'a sondés Ribeyrolles!
Oh! la pitié sanglotte et manque de paroles, 90
Une femme, une mère, un esprit! ce fut là
Que malade, accablée et seule, on l'exila.
Le lit de camp, le froid et le chaud, la famine,
Le jour, l'affreux soleil, et la nuit, la vermine,
Les verroux, le travail sans repos, les affronts, 95
Rien ne plia son âme; elle disait:—Souffrons;
Souffrons comme Jésus, souffrons comme Socrate.
Captive, on la traîna sur cette terre ingrate;
Et, lasse, et quoiqu'un ciel torride l'écrasât,
On la faisait marcher à pied comme un forçat. 100
La fièvre la rongeait; sombre, pâle, amaigrie,
Le soir elle tombait sur la paille pourrie,
Et de la France aux fers murmurait le doux nom.
On jeta cetta femme au fond d'un cabanon.
Le mal brisait sa vie et grandissait son âme. 105
Grave, elle répétait:—il est bon qu'une femme,
Dans cette servitude et cette lâcheté,
Meure pour la justice et pour la liberté.—
Voyant qu'elle râlait, sachant qu'ils rendront compte,
Les bourreaux eurent peur, ne pouvant avoir honte; 110
Et l'homme de décembre abrégea son exil.
—Puisque c'est pour mourir, qu'elle rentre, dit-il.—
Elle ne savait plus ce que l'on faisait d'elle.
L'agonie à Lyon la saisit. Sa prunelle,

Comme la nuit se fait quand baisse le flambeau,　　　　115
Devint obscure et vague, et l'ombre du tombeau
Se leva lentement sur son visage blême.
Son fils, pour recueillir, à cette heure suprême,
Du moins son dernier souffle et son dernier regard,
Accourut. Pauvre mère! Il arriva trop tard.　　　　　120
Elle était morte; morte à force de souffrance,
Morte sans avoir su qu'elle voyait la France,
Et le doux ciel natal aux rayons réchauffants;
Morte dans le délire en criant: mes enfants!
On n'a pas même osé pleurer à ses obsèques;　　　　125
Elle dort sous la terre.—Et maintenant, évêques,
Debout, la mître au front, dans l'ombre du saint lieu,
Crachez vos Te Deum à la face de Dieu!

　　　　　　　　　　　　Jersey. Décembre 1852.

XII

Le plus haut attentat que puisse faire un homme,
C'est de lier la France ou de garotter Rome;
C'est, quel que soit le lieu, le pays, la cité,
D'ôter l'âme à chacun, à tous la liberté.
Dans la curie auguste entrer avec l'épée,　　　　　5
Assassiner la loi dans son temple frappée,
Mettre aux fers tout un peuple, est un crime odieux
Que Dieu calme et rêveur ne quitte pas des yeux.
Dès que ce grand forfait est commis, point de grâce;
La Peine au fond des cieux, lente, mais jamais lasse,　　10
Se met en marche, et vient; son regard est serein.
Elle tient sous son bras son fouet aux clous d'airain.

　　　　　　　　　　　　Jersey. Novembre 1852.

XIII

L'Expiation

I

Il neigeait. On était vaincu par sa conquête.
Pour la première fois l'aigle baissait la tête.
Sombres jours! l'empereur revenait lentement,
Laissant derrière lui brûler Moscou fumant.
Il neigeait. L'âpre hiver fondait en avalanche.   5
Après la plaine blanche une autre plaine blanche.
On ne connaissait plus les chefs ni le drapeau.
Hier la grande armée, et maintenant troupeau.
On ne distinguait plus les ailes ni le centre:
Il neigeait. Les blessés s'abritaient dans le ventre   10
Des chevaux morts; au seuil des bivouacs désolés
On voyait des clairons à leur poste gelés
Restés debout, en selle et muets, blancs de givre,
Collant leur bouche en pierre aux trompettes de cuivre.
Boulets, mitraille, obus, mêlés aux flocons blancs,   15
Pleuvaient; les grenadiers, surpris d'être tremblants,
Marchaient pensifs, la glace à leur moustache grise.
Il neigeait, il neigeait toujours! la froide bise
Sifflait; sur le verglas, dans des lieux inconnus,
On n'avait pas de pain et l'on allait pieds nus.   20
Ce n'étaient plus des cœurs vivants, des gens de guerre;
C'était un rêve errant dans la brume, un mystère,
Une procession d'ombres sur le ciel noir.
La solitude, vaste, épouvantable à voir,
Partout apparaissait, muette vengeresse.   25
Le ciel faisait sans bruit avec la neige épaisse
Pour cette immense armée un immense linceul;
Et, chacun se sentant mourir, on était seul.
—Sortira-t-on jamais de ce funèbre empire?
Deux ennemis! le Czar, le Nord. Le Nord est pire.   30
On jetait les canons pour brûler les affûts.

Qui se couchait, mourait. Groupe morne et confus,
Ils fuyaient; le désert dévorait le cortège.
On pouvait, à des plis qui soulevaient la neige,
Voir que des régiments s'étaient endormis là.   35
O chutes d'Annibal! Lendemains d'Attila!
Fuyards, blessés, mourants, caissons, brancards, civières,
On s'écrasait aux ponts pour passer les rivières.
On s'endormait dix mille, on se réveillait cent.
Ney, que suivait naguère une armée, à présent   40
S'évadait, disputant sa montre à trois cosaques.
Toutes les nuits, qui vive! alerte! assauts! attaques!
Ces fantômes prenaient leurs fusils, et sur eux
Ils voyaient se ruer, effrayants, ténébreux,
Avec des cris pareils aux voix des vautours chauves,   45
D'horribles escadrons, tourbillons d'hommes fauves.
Toute une armée ainsi dans la nuit se perdait.
L'empereur était là, debout, qui regardait.
Il était comme un arbre en proie à la cognée.
Sur ce géant, grandeur jusqu'alors épargnée,   50
Le malheur, bûcheron sinistre, était monté;
Et lui, chêne vivant, par la hache insulté,
Tressaillant sous le spectre aux lugubres revanches,
Il regardait tomber autour de lui ses branches.
Chefs, soldats, tous mouraient. Chacun avait son tour.   55
Tandis qu'environnant sa tente avec amour,
Voyant son ombre aller et venir sur la toile,
Ceux qui restaient, croyant toujours à son étoile,
Accusaient le destin de lèse-majesté,
Lui se sentit soudain dans l'âme épouvanté.   60
Stupéfait du désastre et ne sachant que croire,
L'empereur se tourna vers Dieu; l'homme de gloire
Trembla; Napoléon comprit qu'il expiait
Quelque chose peut-être, et, livide, inquiet,
Devant ses légions sur la neige semées: 65
—Est-ce le châtiment? dit-il, Dieu des armées?—
Alors il s'entendit appeler par son nom
Et quelqu'un qui parlait dans l'ombre lui dit: non.

II

Waterloo! Waterloo! Waterloo! morne plaine!
Comme une onde qui bout dans une urne trop pleine,   70
Dans ton cirque de bois, de coteaux, de vallons,
La pâle mort mêlait les sombres bataillons.
D'un côté c'est l'Europe et de l'autre la France.
Choc sanglant! des héros Dieu trompait l'espérance;
Tu désertais, victoire, et le sort était las.   75
O Waterloo! je pleure et je m'arrête, hélas!
Car ces derniers soldats de la dernière guerre
Furent grands; ils avaient vaincu toute la terre,
Chassé vingt rois, passé les Alpes et le Rhin,
Et leur âme chantait dans les clairons d'airain!   80

Le soir tombait; la lutte était ardente et noire.
Il avait l'offensive et presque la victoire;
Il tenait Wellington acculé sur un bois.
Sa lunette à la main, il observait parfois
Le centre du combat, point obscur où tressaille   85
La mêlée, effroyable et vivante broussaille,
Et parfois l'horizon, sombre comme la mer.
Soudain, joyeux, il dit: Grouchy!—C'était Blücher!
L'espoir changea de camp, le combat changea d'âme,
La mêlée en hurlant grandit comme une flamme.   90
La batterie anglaise écrasa nos carrés.
La plaine où frissonnaient les drapeaux déchirés,
Ne fut plus, dans les cris des mourants qu'on égorge,
Qu'un gouffre flamboyant, rouge comme une forge;
Gouffre où les régiments, comme des pans de murs,   95
Tombaient, où se couchaient comme des épis mûrs
Les hauts tambours-majors aux panaches énormes,
Où l'on entrevoyait des blessures difformes!
Carnage affreux! moment fatal! l'homme inquiet
Sentit que la bataille entre ses mains pliait.   100
Derrière un mamelon la garde était massée.
La garde, espoir suprême et suprême pensée!
—Allons! faites donner la garde, cria-t-il!—
Et Lanciers, Grenadiers aux guêtres de coutil,
Dragons que Rome eût pris pour des légionnaires,   105

Cuirassiers, Canonniers qui traînaient des tonnerres,
Portant le noir colback ou le casque poli,
Tous, ceux de Friedland et ceux de Rivoli,
Comprenant qu'ils allaient mourir dans cette fête,
Saluèrent leur dieu, debout dans la tempête.   110
Leur bouche, d'un seul cri, dit: vive l'empereur!
Puis, à pas lents, musique en tête, sans fureur,
Tranquille, souriant à la mitraille anglaise,
La garde impériale entra dans la fournaise.
Hélas! Napoléon, sur sa garde penché,   115
Regardait, et, sitôt qu'ils avaient débouché
Sous les sombres canons crachant des jets de soufre,
Voyait, l'un après l'autre, en cet horrible gouffre,
Fondre ces régiments de granit et d'acier
Comme fond une cire au souffle d'un brasier.   120
Ils allaient, l'arme au bras, front haut, graves, stoïques.
Pas un ne recula. Dormez, morts héroïques!
Le reste de l'armée hésitait sur leurs corps
Et regardait mourir la garde.—C'est alors
Qu'élevant tout à coup sa voix désespérée,   125
La Déroute, géante à la face effarée,
Qui, pâle, épouvantant les plus fiers bataillons,
Changeant subitement les drapeaux en haillons,
A de certains moments, spectre fait de fumées,
Se lève grandissante au milieu des armées,   130
La Déroute apparut au soldat qui s'émeut,
Et, se tordant les bras, cria: Sauve qui peut!
Sauve qui peut! affront! horreur! toutes les bouches
Criaient; à travers champs, fous, éperdus, farouches,
Comme si quelque souffle avait passé sur eux,   135
Parmi les lourds caissons et les fourgons poudreux,
Roulant dans les fossés, se cachant dans les seigles,
Jetant schakos, manteaux, fusils, jetant les aigles,
Sous les sabres prussiens, ces vétérans, ô deuil!
Tremblaient, hurlaient, pleuraient, couraient!—En un clin
     d'œil,   140
Comme s'envole au vent une paille enflammée,
S'évanouit ce bruit qui fut la grande armée,
Et cette plaine, hélas! où l'on rêve aujourd'hui,
Vit fuir ceux devant qui l'univers avait fui!

Quarante ans sont passés, et ce coin de la terre,   145
Waterloo, ce plateau funèbre et solitaire,
Ce champ sinistre où Dieu mêla tant de néants,
Tremble encor d'avoir vu la fuite des géants!

Napoléon les vit s'écouler comme un fleuve;
Hommes, chevaux, tambours, drapeaux; —et dans
    l'épreuve,   150
Sentant confusément revenir son remords,
Levant les mains au ciel, il dit:— mes soldats morts,
Moi vaincu! mon empire est brisé comme verre.
Est-ce le châtiment cette fois, Dieu sévère?—
Alors parmi les cris, les rumeurs, le canon,   155
Il entendit la voix qui lui répondait: non!

III

Il croula. Dieu changea la chaîne de l'Europe.

Il est, au fond des mers que la brume enveloppe,
Un roc hideux, débris des antiques volcans.
Le Destin prit des clous, un marteau, des carcans,   160
Saisit, pâle et vivant, ce voleur du tonnerre,
Et, joyeux, s'en alla sur le pic centenaire
Le clouer, excitant par son rire moqueur
Le vautour Angleterre à lui ronger le cœur.

Évanouissement d'une splendeur immense!   165
Du soleil qui se lève à la nuit qui commence,
Toujours l'isolement, l'abandon, la prison;
Un soldat rouge au seuil, la mer à l'horizon.
Des rochers nus, des bois affreux, l'ennui, l'espace,
Des voiles s'enfuyant comme l'espoir qui passe,   170
Toujours le bruit des flots, toujours le bruit des vents!
Adieu, tente de pourpre aux panaches mouvants,
Adieu, le cheval blanc que César éperonne!
Plus de tambours battant aux champs, plus de couronne,
Plus de rois prosternés dans l'ombre avec terreur,   175
Plus de manteau traînant sur eux, plus d'empereur!
Napoléon était retombé Bonaparte.

Comme un romain blessé par la flèche du Parthe,
Saignant, morne, il songeait à Moscou qui brûla.
Un caporal anglais lui disait: halte-là!   180
Son fils aux mains des rois, sa femme aux bras d'un autre!
Plus vil que le pourceau qui dans l'égout se vautre,
Son sénat qui l'avait adoré, l'insultait.
Aux bords des mers, à l'heure où la bise se tait,
Sur les escarpements croulant en noirs décombres,   185
Il marchait, seul, rêveur, captif des vagues sombres.
Sur les monts, sur les flots, sur les cieux, triste et fier,
L'œil encore ébloui des batailles d'hier,
Il laissait sa pensée errer à l'aventure.
Grandeur, gloire, ô néant! calme de la nature!   190
Des aigles qui passaient ne le connaissaient pas.
Les rois, ses guichetiers, avaient pris un compas
Et l'avaient enfermé dans un cercle inflexible.
Il expirait. La mort de plus en plus visible
Se levait dans sa nuit et croîssait à ses yeux   195
Comme le froid matin d'un jour mystérieux,
Son âme palpitait, déjà presque échappée.
Un jour enfin il mit sur son lit son épée,
Et se coucha près d'elle, et dit: c'est aujourd'hui!
On jeta le manteau de Marengo sur lui.   200
Ses batailles du Nil, du Danube, du Tibre,
Se penchaient sur sur front; il dit: me voici libre!
Je suis vainqueur! je vois mes aigles accourir!
Et comme il retournait sa tête pour mourir,
Il aperçut, un pied dans la maison déserte,   205
Hudson-Lowe guettant par la porte entrouverte.
Alors, géant broyé sous le talon des rois,
Il cria:—la mesure est comble cette fois!
Seigneur! c'est maintenant fini! Dieu que j'implore,
Vous m'avez châtié!—la voix dit: —pas encore!   210

                              IV

O noirs événements, vous fuyez dans la nuit!
L'empereur mort tomba sur l'empire détruit.
Napoléon alla s'endormir sous le saule.
Et les peuples alors, de l'un à l'autre pôle,

Oubliant le tyran, s'éprirent du héros.   215
Les poëtes, marquant au front les rois bourreaux,
Consolèrent, pensifs, cette gloire abattue.
A la colonne veuve on rendit sa statue.
Quand on levait les yeux, on le voyait debout
Au-dessus de Paris, serein, dominant tout,   220
Seul, le jour dans l'azur et la nuit dans les astres.
Panthéons, on grava son nom sur vos pilastres!
On ne regarda plus qu'un seul côté des temps;
On ne se souvint plus que des jours éclatants;
Cet homme étrange avait comme enivré l'histoire;   225
La justice à l'œil froid disparut sous sa gloire;
On ne vit plus qu'Eylau, Ulm, Arcole, Austerlitz;
Comme dans les tombeaux des romains abolis,
On se mit à fouiller dans ces grandes années;
Et vous applaudissiez, nations inclinées,   230
Chaque fois qu'on tirait de ce sol souverain
Ou le consul de marbre ou l'empereur d'airain!

V

Le nom grandit quand l'homme tombe;
Jamais rien de tel n'avait lui.
Calme, il écoutait dans sa tombe   235
La terre qui parlait de lui.

La terre disait: « la victoire
« A suivi cet homme en tous lieux.
« Jamais tu n'as vu, sombre histoire,
« Un passant plus prodigieux!   240

« Gloire au maître qui dort sous l'herbe!
« Gloire à ce grand audacieux!
« Nous l'avons vu gravir, superbe,
« Les premiers échelons des cieux!

« Il envoyait, âme acharnée,   245
« Prenant Moscou, prenant Madrid,
« Lutter contre la destinée
« Tous les rêves de son esprit.

« A chaque instant, rentrant en lice,
« Cet homme aux gigantesques pas   250
« Proposait quelque grand caprice
« A Dieu qui n'y consentait pas.

« Il n'était presque plus un homme.
« Il disait, grave et rayonnant,
« En regardant fixement Rome: 255
« C'est moi qui règne maintenant!

« Il voulait, héros et symbole,
« Pontife et roi, phare et volcan,
« Faire du Louvre un Capitole
« Et de Saint-Cloud un Vatican.   260

« César, il eût dit à Pompée:
« Sois fier d'être mon lieutenant!
« On voyait luire son épée
« Au fond d'un nuage tonnant.

« Il voulait, dans les frénésies   265
« De ses vastes ambitions,
« Faire devant ses fantaisies
« Agenouiller les nations,

« Ainsi qu'en une urne profonde,
« Mêler races, langues, esprits,   270
« Répandre Paris sur le monde,
« Enfermer le monde en Paris!

« Comme Cyrus dans Babylone,
« Il voulait sous sa large main,
« Ne faire du monde qu'un trône   275
« Et qu'un peuple du genre humain,

« Et bâtir, malgré les huées,
« Un tel empire sous son nom
« Que Jéhovah dans les nuées
« Fût jaloux de Napoléon! »   280

VI

Enfin, mort triomphant, il vit sa délivrance,
Et l'océan rendit son cercueil à la France.

L'homme, depuis douze ans, sous le dôme doré,
Reposait, par l'exil et par la mort sacré;
En paix!—quand on passait près du monument sombre,   285
On se le figurait, couronne au front, dans l'ombre,
Dans son manteau semé d'abeilles d'or, muet,
Couché sous cette voûte où rien ne remuait,
Lui, l'homme qui trouvait la terre trop étroite,
Le sceptre en sa main gauche, et l'épée en sa droite,   290
A ses pieds son grand aigle ouvrant l'œil à demi,
Et l'on disait: c'est là qu'est César endormi!

Laissant dans la clarté marcher l'immense ville,
Il dormait; il dormait confiant et tranquille.

VII

Une nuit,—c'est toujours la nuit dans le tombeau,—   295
Il s'éveilla. Luisant comme un hideux flambeau,
D'étranges visions emplissaient sa paupière;
Des rires éclataient sous son plafond de pierre;
Livide, il se dressa, la vision grandit;
O terreur! une voix qu'il reconnut, lui dit: 300

—Réveille-toi. Moscou, Waterloo, Sainte-Hélène,
L'exil, les rois geôliers, l'Angleterre hautaine
Sur ton lit accoudée à ton dernier moment,
Sire, cela n'est rien. Voici le châtiment:

La voix alors devint âpre, amère, stridente,   305
Comme le noir sarcasme et l'ironie ardente;
C'était le rire amer mordant un demi-dieu.

—Sire! on t'a retiré de ton Panthéon bleu!
Sire! on t'a descendu de ta haute colonne!
Regarde: des brigands, dont l'essaim tourbillonne,   310

D'affreux bohémiens, des vainqueurs de charnier
Te tiennent dans leurs mains et t'ont fait prisonnier.
A ton orteil d'airain leur patte infâme touche.
Ils t'ont pris. Tu mourus, comme un astre se couche,
Napoléon-le-Grand, empereur; tu renais   315
Bonaparte, écuyer du cirque Beauharnais.
Te voilà dans leurs rangs, on t'a, l'on te harnache.
Ils t'appellent tout haut grand homme, entr'eux, ganache.
Ils traînent sur Paris, qui les voit s'étaler,
Des sabres qu'au besoin ils sauraient avaler.   320
Aux passants attroupés devant leur habitacle,
Ils disent, entends-les:—Empire à grand spectacle!
Le pape est engagé dans la troupe; c'est bien,
Nous avons mieux; le czar en est; mais ce n'est rien,
Le czar n'est qu'un sergent, le pape n'est qu'un bonze.   325
Nous avons avec nous le bonhomme de bronze!
Nous sommes les neveux du grand Napoléon!—
Et Fould, Magnan, Rouher, Parieu caméléon,
Font rage. Ils vont montrant un sénat d'automates.
Ils ont pris de la paille au fond des casemates   330
Pour empailler ton aigle, ô vainqueur d'Iéna!
Il est là, mort, gisant, lui qui si haut plana,
Et du champ de bataille il tombe au champ de foire.
Sire, de ton vieux trône ils recousent la moire.
Ayant dévalisé la France au coin d'un bois,   335
Ils ont à leurs haillons du sang, comme tu vois,
Et dans son bénitier Sibour lave leur linge.
Toi, lion, tu les suis; leur maître, c'est le singe.
Ton nom leur sert de lit, Napoléon premier.
On voit sur Austerlitz un peu de leur fumier.   340
Ta gloire est un gros vin dont leur honte se grise;
Cartouche essaie et met ta redingotte grise;
On quête des liards dans le petit chapeau;
Pour tapis sur la table ils ont mis ton drapeau;
A cette table immonde où le grec devient riche,   345
Avec le paysan on boit, on joue, on triche.
Tu te mêles, compère, à ce tripot hardi,
Et ta main qui tenait l'étendard de Lodi,
Cette main qui portait la foudre, ô Bonaparte,
Aide à piper les dés et fait sauter la carte.   350

Ils te forcent à boire avec eux, et Carlier
Pousse amicalement d'un coude familier
Votre majesté, sire, et Piétri dans son antre
Vous tutoie, et Maupas vous tape sur le ventre.
Faussaires, meurtriers, escrocs, forbans, voleurs,   355
Ils savent qu'ils auront, comme toi, des malheurs;
Leur soif en attendant vide la coupe pleine,
A ta santé; Poissy trinque avec Sainte-Hélène.

Regarde! bals, sabbats, fêtes matin et soir.
La foule au bruit qu'ils font se culbute pour voir;   360
Debout sur le tréteau qu'assiége une cohue
Qui rit, bâille, applaudit, tempête, siffle, hue,
Entouré de pasquins agitant leur grelot,
—Commencer par Homère et finir par Callot!
Épopée! épopée! oh! quel dernier chapitre!—   365
Près de Troplong paillasse et de Baroche pitre,
Devant cette baraque, abject et vil bazar
Où Mandrin mal lavé se déguise en César,
Riant, l'affreux bandit, dans sa moustache épaisse,
Toi, spectre impérial, tu bats la grosse caisse.—   370

L'horrible vision s'éteignit.—L'empereur,
Désespéré, poussa dans l'ombre un cri d'horreur,
Baissant les yeux, dressant ses mains épouvantées;
Les Victoires de marbre à la porte sculptées,
Fantômes blancs debout hors du sépulcre obscur,   375
Se faisaient du doigt signe et, s'appuyant au mur,
Écoutaient le titan pleurer dans les ténèbres.
Et Lui, cria: démon aux visions funèbres,
Toi qui me suis partout, que jamais je ne vois,
Qui donc es-tu?—Je suis ton crime, dit la voix.—   380
La tombe alors s'emplit d'une lumière étrange
Semblable à la clarté de Dieu quand il se venge;
Pareils aux mots que vit resplendir Balthazar,
Deux mots dans l'ombre écrits flamboyaient sur César;
Bonaparte, tremblant comme un enfant sans mère,   385
Leva sa face pâle et lut:—Dix-huit-Brumaire!

Jersey. 30 novembre 1852.

LIVRE VI
La Stabilité est assurée

I

Napoléon III

Donc c'est fait. Dût rugir de honte le canon,
Te voilà, nain immonde, accroupi sur ce nom!
Cette gloire est ton trou, ta bauge, ta demeure!
Toi qui n'as jamais pris la fortune qu'à l'heure,
Te voilà presque assis sur ce hautain sommet!   5
Sur le chapeau d'Essling tu plantes ton plumet;
Tu mets, petit Poucet, ces bottes de sept lieues;
Tu prends Napoléon dans les régions bleues;
Tu fais travailler l'oncle, et, perroquet ravi,
Grimper à ton perchoir l'aigle de Mondovi!   10
Thersite est le neveu d'Achille Péliade!
C'est pour toi qu'on a fait toute cette Iliade!
C'est pour toi qu'on livra ces combats inouïs!
C'est pour toi que Murat, aux Russes éblouis,
Terrible, apparaissait, cravachant leur armée!   15
C'est pour toi qu'à travers la flamme et la fumée
Les grenadiers pensifs s'avançaient à pas lents!
C'est pour toi que mon père et mes oncles vaillants
Ont répandu leur sang dans ces guerres épiques!
Pour toi qu'ont fourmillé les sabres et les piques,   20
Que tout le continent trembla sous Attila,
Et que Londres frémit, et que Moscou brûla!
C'est pour toi, pour tes Deutz et pour tes Mascarilles,
Pour que tu puisses boire avec de belles filles,
Et la nuit, t'attabler dans le Louvre à l'écart,   25
C'est pour monsieur Fialin et pour monsieur Mocquart,
Que Lannes d'un boulet eut la cuisse coupée,
Que le front des soldats entr'ouvert par l'épée,
Saigna sous le schako, le casque et le colback,

Que Lassalle à Wagram, Duroc à Reichenbach,   30
Expirèrent frappés au milieu de leur route,
Que Caulaincourt tomba dans la grande redoute,
Et que la vieille garde est morte à Waterloo!
C'est pour toi qu'agitant le pin et le bouleau,
Le vent fait aujourd'hui, sous ses âpres haleines,   35
Blanchir tant d'ossements, hélas! dans tant de plaines!
Faquin!—Tu t'es soudé, chargé d'un vil butin,
Toi, l'homme du hasard, à l'homme du destin!
Tu fourres, impudent, ton front dans ses couronnes!
Nous entendons claquer dans tes mains fanfaronnes   40
Ce fouet prodigieux qui conduisait les rois;
Et tranquille, attelant à ton numéro trois
Austerlitz, Marengo, Rivoli, Saint-Jean-d'Acre,
Aux chevaux du soleil tu fais traîner ton fiacre!

Jersey. Décembre 1852.

II

Les Martyres

Ces femmes qu'on envoie aux lointaines bastilles,
Peuple, ce sont tes sœurs, tes mères et tes filles!
O peuple, leur forfait, c'est de t'avoir aimé!
Paris sanglant, courbé, sinistre, inanimé,
Voit ces horreurs et garde un silence farouche.   5

Celle-ci, qu'on amène un bâillon dans la bouche,
Cria:—(c'est là son crime)—à bas la trahison!
Ces femmes sont la foi, la vertu, la raison,
L'équité, la pudeur, la fierté, la justice.
Saint-Lazare—il faudra broyer cette bâtisse!   10
Il n'en restera pas pierre sur pierre un jour!—
Les reçoit, les dévore, et, quand revient leur tour,
S'ouvre, et les revomit par son horrible porte,
Et les jette au fourgon hideux qui les emporte.
Où vont-elles? L'oubli le sait, et le tombeau   15
Le raconte au cyprès et le dit au corbeau.

Une d'elles était une mère sacrée.
Le jour qu'on l'entraîna vers l'Afrique abhorrée,
Ses enfants étaient là qui voulaient l'embrasser;
On les chassa. La mère en deuil les vit chasser   20
Et dit:—partons!—Le peuple en larmes criait grâce.
La porte du fourgon étant étroite et basse,
Un argousin joyeux, raillant son embonpoint,
La fit entrer de force en la poussant du poing.

Elles s'en vont ainsi, malades, verrouillées,   25
Dans le noir chariot aux cellules souillées
Où le captif, sans air, sans jour, sans pleurs dans l'œil,
N'est plus qu'un mort vivant assis dans son cercueil.
Dans la route on entend leurs voix désespérées.
Le peuple hébêté voit passer ces torturées.   30
A Toulon, le fourgon les quitte, le ponton
Les prend; sans vêtements, sans pain, sous le bâton,
Elles passent la mer, veuves, seules au monde,
Mangeant avec les doigts dans la gamelle immonde.

Bruxelles. Juillet 1852.

III

Hymne des Transportés

Prions! voici l'ombre sereine.
Vers toi, grand Dieu, nos yeux et nos bras sont levés.
Ceux qui t'offrent ici leurs larmes et leur chaîne
Sont les plus douloureux parmi les éprouvés.
Ils ont le plus d'honneur ayant le plus de peine.   5

Souffrons! le crime aura son tour.
Oiseaux qui passez, nos chaumières,
Vents qui passez, nos sœurs, nos mères,
Sont là-bas, pleurant nuit et jour.
Oiseaux, dites-leur nos misères!   10
O vents, portez-leur notre amour!

Nous t'envoyons notre pensée,
Dieu! nous te demandons d'oublier les proscrits,

Mais de rendre sa gloire à la France abaissée;
Et laisse-nous mourir, nous brisés et meurtris,   15
Nous que le jour brûlant livre à la nuit glacée!

    Souffrons! le crime—

    Comme un archer frappe une cible,
L'implacable soleil nous perce de ses traits;
Après le dur labeur, le sommeil impossible;   20
Cette chauve-souris qui sort des noirs marais,
La fièvre bat nos fronts de son aile invisible.

    Souffrons! le crime—

    On a soif, l'eau brûle la bouche;
On a faim, du pain noir; travaillez, malheureux!   25
A chaque coup de pioche en ce désert farouche
La mort sort de la terre avec son rire affreux,
Prend l'homme dans ses bras, l'étreint et se recouche.

    Souffrons! le crime—

      Mais qu'importe! rien ne nous dompte;   30
Nous sommes torturés et nous sommes contents.
Nous remercions Dieu vers qui notre hymne monte
De nous avoir choisis pour souffrir dans ce temps
Où tous ceux qui n'ont pas la souffrance ont la honte.

    Souffrons! le crime—   35

    Vive la grande République!
Paix à l'immensité du soir mystérieux!
Paix aux morts endormis dans la tombe stoïque!
Paix au sombre océan qui mêle sous les cieux
La plainte de Cayenne au sanglot de l'Afrique!   40

    Souffrons! le crime aura son tour.
Oiseaux qui passez, nos chaumières,
Vents qui passez, nos sœurs, nos mères
Sont là-bas, pleurant nuit et jour;
Oiseaux, dites-leur nos misères!   45
O vents, portez-leur notre amour!

                    Jersey. Juillet 1853.

IV

Chanson

Nous nous promenions parmi les décombres,
  A Rozel Tower,
Et nous écoutions les paroles sombres
  Que disait la mer.   4

L'énorme océan,—car nous entendîmes
  Ses vagues chansons,—
Disait: « Paraissez, vérités sublimes,
  « Et bleus horizons!   8

« Le monde captif, sans lois et sans règles,
  « Est aux oppresseurs;
« Volez dans les cieux, ailes des grands aigles,
  « Esprits des penseurs!   12

« Naissez, levez-vous sur les flots sonores,
  « Sur les flots vermeils,
« Faites dans la nuit poindre vos aurores,
  « Peuples et soleils!   16

« Vous,—laissez passer la foudre et la brume,
  « Les vents et les cris,
« Affrontez l'orage, affrontez l'écume,
  « Rochers et proscrits!»   20

Jersey. Octobre 1852.

V

Éblouissements

O temps miraculeux! ô gaîtés homériques!
O rires de l'Europe et des deux Amériques!
Croûtes qui larmoyez! bons Dieux mal accrochés

Qui saignez dans vos coins! madones qui louchez!
Phénomènes vivants! ô choses inouies!   5
Candeurs! énormités au jour épanouies!
Le goudron déclaré fétide par le suif,
Judas flairant Shylock et criant: c'est un juif!
L'arsenic indigné dénonçant la morphine,
La hotte injuriant la borne, Messaline   10
Reprochant à Goton son regard effronté,
Et Dupin accusant Sauzet de lâcheté!

Oui, le vide-gousset flétrit le tire-laine,
Falstaff montre du doigt le ventre de Silène,
Lacenaire, pudique et de rougeur atteint,   15
Dit en baissant les yeux: j'ai vu passer Castaing!

Je contemple nos temps: j'en ai le droit, je pense.
Souffrir étant mon lot, rire est ma récompense.
Je ne sais pas comment cette pauvre Clio
Fera pour se tirer de cet imbroglio.   20
Ma rêverie au fond de ce règne pénètre,
Quand, ne pouvant dormir, la nuit, à ma fenêtre,
Je songe, et que là-bas, dans l'ombre, à travers l'eau,
Je vois briller le phare auprès de Saint-Malo.

Donc ce moment existe! il est! Stupeur risible!   25
On le voit; c'est réel, et ce n'est pas possible.
L'empire est là, refait par quelques sacripans.
Bonaparte-le-grand dormait. Quel guet-apens!
Il dormait dans sa tombe, absous par la patrie.
Tout à coup des brigands firent une tuerie   30
Qui dura tout un jour et du soir au matin;
Napoléon-le-Nain en sortit. Le destin,
De l'expiation implacable ministre,
Dans tout ce sang versé trempa son doigt sinistre
Pour barbouiller, affront à la gloire en lambeau,   35
Cette caricature au mur de ce tombeau.

Ce monde-là prospère. Il prospère, vous dis-je!
Embonpoint de la honte! époque callipyge!
Il trône, ce cockney d'Eglinton et d'Epsom

Qui, la main sur son cœur, dit : je mens, ergo sum.   40
Les jours, les mois, les ans passent ; ce flegmatique,
Ce somnambule obscur, brusquement frénétique,
Que Schœlcher a nommé le président Obus,
Règne, continuant ses crimes en abus.
O spectacle ! en plein jour, il marche et se promène,   45
Cet être horrible, insulte à la figure humaine !
Il s'étale effroyable, ayant tout un troupeau
De Suins et de Fortouls qui vivent sur sa peau,
Montrant ses nudités, cynique, infâme, indigne,
Sans mettre à son Baroche une feuille de vigne !   50
Il rit de voir à terre et montre à Machiavel
Sa parole d'honneur qu'il a tuée en duel.
Il sème l'or ;—venez !—et sa largesse éclate.
Magnan ouvre sa griffe et Troplong tend sa patte.
Tout va. Les sous-coquins aident le drôle en chef.   55
Tout est beau, tout est bon, et tout est juste ; bref,
L'église le soutient, l'opéra le constate.
Il vola : Te Deum. Il égorgea : Cantate.

Lois, mœurs, maître, valets, tout est à l'avenant.
C'est un bivouac de gueux, splendide et rayonnant.   60
Le mépris bat des mains, admire, et dit : courage !
C'est hideux. L'entouré ressemble à l'entourage.
Quelle collection ! quel choix ! quel Œil-de-bœuf !
L'un vient de Loyola, l'autre vient de Babeuf.
Jamais vénitiens, romains et bergamasques   65
N'ont sous plus de sifflets vu passer plus de masques.
La société va sans but, sans jour, sans droit,
Et l'envers de l'habit est devenu l'endroit.
L'immondice au sommet de l'État se déploie.
Les chiffonniers, la nuit, courbés, flairant leur proie,   70
Allongent leur crochet du côté du sénat.
Voyez-moi ce coquin, normand, corse, auvergnat ;
C'était fait pour vieillir bélître et mourir cuistre ;
C'est premier président, c'est préfet, c'est ministre.
Ce truand catholique au temps jadis vivait   75
Maigre, chez Flicoteaux plutôt que chez Chevet ;
Il habitait au fond d'un bouge à tabatière
Un lit fait et défait, hélas, par sa portière,

Et griffonnait dès l'aube, amer, affreux, souillé,
Exhalant dans son trou l'odeur d'un chien mouillé.   80
Il conseille l'État pour vingt-cinq mille livres
Par an. Ce petit homme, étant teneur de livres
Dans la blonde Marseille, au pays du mistral,
Fit des faux. Le voici procureur-général.
Celui-là, qui courait la foire avec un singe,   85
Est député; cet autre, ayant fort peu de linge,
Sur la pointe du pied entrait dans les logis
Où bâillait quelque armoire aux tiroirs élargis,
Et du bourgeois absent empruntait la tunique;
Nul mortel n'a jamais, de façon plus cynique,   90
Assouvi le désir des chemises d'autrui;
Il était grinche hier, il est juge aujourd'hui.
Ceux-ci, quand il leur plaît, chapelains de la clique,
Au saint-père accroupi font pondre une encyclique;
Ce sont des gazetiers fort puissants en haut lieu,   95
Car ils sont les amis particuliers de Dieu;
Sachez que ces béats, quand ils parlent du temple
Comme de leur maison, n'ont pas tort; par exemple,
J'ai toujours applaudi quand ils ont affecté
Avec les saints du ciel des airs d'intimité;   100
Veuillot, certe, aurait pu vivre avec saint Antoine.
Cet autre est général comme on serait chanoine,
Parce qu'il est très-gras et qu'il a trois mentons.
Cet autre fut escroc. Cet autre eut vingt bâtons
Cassés sur lui. Cet autre, admirable canaille,   105
Quand la bise, en janvier, nous pince et nous tenaille,
D'une savate oblique écrasant les talons,
Pour se garer du froid mettait deux pantalons
Dont les trous par bonheur n'étaient pas l'un sur l'autre.
Aujourd'hui, sénateur, dans l'empire il se vautre.   110
Je regrette le temps que c'était dans l'égout.
Ce ventre a nom d'Hautpoul, ce nez a nom d'Argout;
Ce prêtre, c'est la honte à l'état de prodige.
Passons vite. L'histoire abrège, elle rédige
Royer d'un coup de fouet, Mongis d'un coup de pied,   115
Et fuit. Royer se frotte et Mongis se rassied;
Tout est dit. Que leur fait l'affront? l'opprobre engraisse.
Quant au maître qui hait les curieux, la presse,

La tribune, et ne veut pour son règne éclatant
Ni regards, ni témoins, il doit être content;   120
Il a plus de succès encor qu'il n'en exige:
César, devant sa cour, son pouvoir, son quadrige,
Ses lois, ses serviteurs brodés et galonnés,
Veut qu'on ferme les yeux; on se bouche le nez.

Prenez ce Beauharnais et prenez une loupe;   125
Penchez-vous, regardez l'homme et scrutez la troupe;
Vous n'y trouverez pas l'ombre d'un bon instinct.
C'est vil et c'est féroce. En eux l'homme est éteint;
Et ce qui plonge l'âme en des stupeurs profondes,
C'est la perfection de ces gredins immondes.   130

A ce ramas se joint un tas d'affreux poussahs,
Un tas de Triboulets et de Sancho-Panças.
Sous vingt gouvernements ils ont palpé des sommes.
Aucune indignité ne manque à ces bonshommes;
Rufins poussifs, Verrès goutteux, Séjans fourbus,   135
Selles à tout tyran, sénateurs omnibus.
On est l'ancien soudard, on est l'ancien bourgmestre;
On tua Louis seize, on vote avec de Maistre;
Ils ont eu leur fauteuil dans tous les Luxembourgs;
Ayant vu les Maurys, ils sont faits aux Sibours;   140
Ils sont gais et, contant leurs antiques bamboches,
Branlent leurs vieux gazons sur leurs vieilles caboches.
Ayant été, du temps qu'ils avaient un cheveu,
Lâches sous l'oncle, ils sont abjects sous le neveu.
Gros mandarins chinois adorant le tartare,   145
Ils apportent leur cœur, leur vertu, leur catarrhe,
Et prosternent, cagneux, devant sa majesté
Leur bassesse avachie en imbécilité.

Cette bande s'embrasse et se livre à des joies.
Bon ménage touchant des vautours et des oies!   150

Noirs empereurs romains couchés dans les tombeaux,
Qui faisiez aux sénats discuter les turbots,
Toi, dernière Lagide, ô reine au cou de cygne,
Prêtre Alexandre-Six qui rêves dans ta vigne,

Despotes d'Allemagne, éclos dans le Rœmer,   155
Nemrod qui hais le ciel, Xercès qui bats la mer,
Caïphe qui tressas la couronne d'épine,
Claude après Messaline épousant Agrippine,
Caïus qu'on fit César, Commode qu'on fit Dieu,
Iturbide, Rosas, Mazarin, Richelieu,   160
Moines qui chassez Dante et brisez Galilée,
Saint-office, conseil des dix, chambre étoilée,
Parlements tout noircis de décrets et d'olims,
Vous sultans, les Mourads, les Achmets, les Sélims,
Rois qu'on montre aux enfants dans les syllabaires,   165
Papes, ducs, empereurs, princes, tas de Tibères!
Bourreaux toujours sanglants, toujours divinisés,
Tyrans! enseignez-moi, si vous le connaissez,
Enseignez-moi le lieu, le point, la borne où cesse
La lâcheté publique et l'humaine bassesse!   170

Et l'archet frémissant fait bondir tout cela!
Bal à l'hôtel-de-ville, au Luxembourg gala.
Allons, juges, dansez la danse de l'épée!
Gambade, ô Dombidau, pour l'onomatopée!
Polkez, Fould et Maupas, avec votre écriteau,   175
Toi, Persil-Guillotine, au profil de couteau!
Ours que Boustrapa montre et qu'il tient par la sangle,
Valsez, Billault, Parieu, Drouyn, Lebœuf, Delangle!
Danse, Dupin! dansez, l'horrible et le bouffon!
Hyènes, loups, chacals, non prévus par Buffon,   180
Leroy, Forey, tueurs au fer rongé de rouilles,
Dansez! dansez, Berger, d'Hautpoul, Murat, citrouilles!

Et l'on râle en exil, à Cayenne, à Blidah!
Et sur le Duguesclin, et sur le Canada,
Des enfants de dix ans, brigands qu'on extermine,   185
Agonisent, brûlés de fièvre et de vermine!
Et les mères, pleurant sous l'homme triomphant,
Ne savent même pas où se meurt leur enfant!
Et Samson reparaît, et sort de ses retraites!
Et le soir, on entend, sur d'horribles charrettes   190
Qui traversent la ville et qu'on suit à pas lents,
Quelque chose sauter dans des paniers sanglants!

Oh! laissez! laissez-moi m'enfuir sur le rivage!
Laissez-moi respirer l'odeur du flot sauvage!
Jersey rit, terre libre, au sein des sombres mers;   195
Les genêts sont en fleur, l'agneau paît les prés verts;
L'écume jette aux rocs ses blanches mousselines;
Par moments apparaît, au sommet des collines,
Livrant ses crins épars au vent âpre et joyeux,
Un cheval effaré qui hennit dans les cieux.   200

Jersey. Mai 1853.

VI

A ceux qui dorment

Réveillez-vous, assez de honte!
Bravez boulets et biscayens.
Il est temps qu'enfin le flot monte,
Assez de honte, citoyens!
Troussez les manches de la blouse;   5
Les hommes de quatre-vingt-douze
Affrontaient vingt rois combattants.
Brisez vos fers, forcez vos geôles!
Quoi! vous avez peur de ces drôles;
Vos pères bravaient les Titans!   10

Levez-vous! foudroyez et la horde et le maître!
Vous avez Dieu pour vous et contre vous le prêtre;
        Dieu seul est souverain.
Devant lui nul n'est fort et tous sont périssables.
Il chasse comme un chien le grand tigre des sables   15
        Et le dragon marin;
Rien qu'en soufflant dessus, comme un oiseau d'un arbre,
Il peut faire envoler de leur temple de marbre
        Les idoles d'airain.

        Vous n'êtes pas armés? qu'importe!   20
        Prends ta fourche, prends ton marteau!
        Arrache le gond de ta porte,

Emplis de pierres ton manteau !
Et poussez le cri d'espérance !
Redevenez la grande France !   25
Redevenez le grand Paris !
Délivrez, frémissant de rage,
Votre pays de l'esclavage,
Votre mémoire du mépris !

Quoi ! faut-il vous citer les royalistes même ?   30
On était grand aux jours de la lutte suprême !
    Alors, que voyait-on ?
La bravoure, ajoutant à l'homme une coudée,
Était dans les deux camps. N'est-il pas vrai, Vendée,
    O dur pays breton ?   35
Pour vaincre un bastion, pour rompre une muraille,
Pour prendre cent canons vomissant la mitraille,
    Il suffit d'un bâton !

Si dans ce cloaque on demeure,
Si cela dure encore un jour,   40
Si cela dure encore une heure,
Je brise clairon et tambour,
Je flétris ces pusillanimes ;
O vieux peuple des jours sublimes,
Géants à qui nous les mêlions,   45
Je les laisse trembler leurs fièvres,
Et je déclare que ces lièvres
Ne sont pas vos fils, ô lions !

              Jersey. Septembre 1853.

VII

Luna

O France, quoique tu sommeilles,
Nous t'appelons, nous, les proscrits !
Les ténèbres ont des oreilles,
Et les profondeurs ont des cris.   4

Le despotisme âpre et sans gloire
Sur les peuples découragés
Ferme la grille épaisse et noire
Des erreurs et des préjugés ;   8

Il tient sous clef l'essaim fidèle
Des fermes penseurs, des héros,
Mais l'Idée avec un coup d'aile
Écartera les durs barreaux,   12

Et, comme en l'an quatre-vingt-onze,
Reprendra son vol souverain,
Car briser la cage de bronze
C'est facile à l'oiseau d'airain.   16

L'obscurité couvre le monde,
Mais l'Idée illumine et luit,
De sa clarté blanche elle inonde
Les sombres azurs de la nuit.   20

Elle est le fanal solitaire,
Le rayon providentiel ;
Elle est la lampe de la terre
Qui ne peut s'allumer qu'au ciel.   24

Elle apaise l'âme qui souffre,
Guide la vie, endort la mort ;
Elle montre aux méchants le gouffre,
Elle montre aux justes le port.   28

En voyant dans la brume obscure,
L'Idée, amour des tristes yeux,
Monter calme, sinistre et pure,
Sur l'horizon mystérieux,   32

Les fanatismes et les haines
Rugissent devant chaque seuil,
Comme hurlent les chiens obscènes
Quand apparaît la lune en deuil.   36

Oh! contemplez l'Idée altière,
Nations! son front surhumain
A, dès à présent, la lumière
Qui vous éclairera demain! 40

Jersey. Juillet 1853.

VIII

Aux Femmes

Quand tout se fait petit, femmes, vous restez grandes.
En vain, aux murs sanglants accrochant des guirlandes,
Ils ont ouvert le bal et la danse; ô nos sœurs,
Devant ces scélérats transformés en valseurs,
Vous haussez,—châtiment!—vos charmantes épaules. 5
Votre divin sourire extermine ces drôles.
En vain leur frac brodé scintille, en vain, brigands,
Pour vous plaire ils ont mis à leurs griffes des gants,
Et de leur vil tricorne ils ont doré les ganses;
Vous bafouez ces gants, ces fracs, ces élégances, 10
Cet empire tout neuf et déjà vermoulu.
Dieu vous a tout donné, femmes; il a voulu
Que les seuls alcyons tinssent tête à l'orage,
Et qu'étant la beauté, vous fussiez le courage.

Les femmes ici-bas et là-haut les aïeux, 15
Voilà ce qui nous reste!

Abjection! nos yeux

Plongent dans une nuit toujours plus épaissie.
Oui, le peuple français, oui, le peuple messie,
Oui, ce grand forgeron du droit universel
Dont, depuis soixante ans, l'enclume sous le ciel 20
Luit et sonne, dont l'âtre incessamment pétille,
Qui fit voler au vent les tours de la Bastille,
Qui broya, se dressant tout à coup Souverain,
Mille ans de royauté sous son talon d'airain,
Ce peuple dont le souffle, ainsi que des fumées 25

Faisait tourbillonner les rois et les armées,
Qui, lorsqu'il se fâchait, brisait sous son bâton
Le géant Robespierre et le titan Danton,
Oui, ce peuple invincible, oui, ce peuple superbe
Tremble aujourd'hui, pâlit, frissonne comme l'herbe,   30
Claque des dents, se cache et n'ose dire un mot
Devant Magnan, ce reître, et Troplong, ce grimaud!
Oui, nous voyons cela! Nous tenant dans leurs serres,
Mangeant les millions en face des misères,
Les Fortoul, les Rouher, êtres stupéfiants,   35
S'étalent; on se tait. Nos maîtres ruffians
A Cayenne, en un bagne, abîme d'agonie,
Accouplent l'héroïsme avec l'ignominie;
On se tait. Les pontons râlent; que dit-on? rien.
Des enfants sont forçats en Afrique; c'est bien.   40
Si vous pleurez, tenez votre larme secrète.
Le bourreau, noir faucheur, debout dans sa charrette,
Revient de la moisson avec son panier plein;
Pas un souffle. Il est là, ce Tibère-Ezzelin
Qui se croit scorpion et n'est que scolopendre,   45
Fusillant, et jaloux de Haynau qui peut pendre;
Éclaboussé de sang, le prêtre l'applaudit;
Il est là, ce César chauve-souris qui dit
Aux rois: voyez mon sceptre; aux gueux: voyez mon crime;
Ce vainqueur qui, béni, lavé, sacré, sublime,   50
De deux pourpres vêtu, dans l'histoire s'assied,
Le globe dans sa main, un boulet à son pied;
Il nous crache au visage, il règne! nul ne bouge.

Et c'est à votre front qu'on voit monter le rouge,
C'est vous qui vous levez et qui vous indignez,   55
Femmes, le sein gonflé, les yeux de pleurs baignés,
Vous huez le tyran, vous consolez les tombes,
Et le vautour frémit sous le bec des colombes!

Et moi, proscrit pensif, je vous dis: Gloire à vous!
Oh oui, vous êtes bien le sexe fier et doux,   60
Ardent au dévoûment, ardent à la souffrance,
Toujours prêt à la lutte, à Béthulie, en France,
Dont l'âme à la hauteur des héros s'élargit,

D'où se lève Judith, d'où Charlotte surgit!
Vous mêlez la bravoure à la mélancolie.   65
Vous êtes Porcia, vous êtes Cornélie,
Vous êtes Arria qui saigne et qui sourit;
Oui, vous avez toujours en vous ce même esprit
Qui relève et soutient les nations tombées,
Qui suscite la Juive et les sept Macchabées,   70
Qui dans toi, Jeanne d'Arc, fait revivre Amadis;
Et qui, sur le chemin des tyrans interdits
Pour les épouvanter dans leur gloire éphémère,
Met tantôt une vierge et tantôt une mère!

Si bien que, par moments, lorsqu'en nos visions   75
Nous voyons, secouant un glaive de rayons,
Dans les cieux apparaître une figure ailée,
Saint-Michel sous ses pieds foulant l'hydre écaillée,
Nous disons: c'est la Gloire et c'est la Liberté!
Et nous croyons, devant sa grâce et sa beauté,   80
Quand nous cherchons le nom dont il faut qu'on le nomme,
Que l'archange est plutôt une femme qu'un homme!

Jersey. Mai 1853.

IX

Au Peuple

Il te ressemble; il est terrible et pacifique.
Il est sous l'infini le niveau magnifique;
Il a le mouvement, il a l'immensité.
Apaisé d'un rayon et d'un souffle agité,
Tantôt c'est l'harmonie et tantôt le cri rauque.   5
Les monstres sont à l'aise en sa profondeur glauque;
La trombe y germe; il a des gouffres inconnus
D'où ceux qui l'ont bravé ne sont pas revenus;
Sur son énormité le colosse chavire;
Comme toi le despote, il brise le navire;   10
Le fanal est sur lui comme l'esprit sur toi;
Il foudroie, il caresse, et Dieu seul sait pourquoi;

Sa vague, où l'on entend comme des chocs d'armures,
Emplit la sombre nuit de monstrueux murmures,
Et l'on sent que ce flot, comme toi, gouffre humain,   15
Ayant rugi ce soir, dévorera demain.
Son onde est une lame aussi bien que le glaive;
Il chante un hymne immense à Vénus qui se lève;
Sa rondeur formidable, azur universel,
Accepte en son miroir tous les astres du ciel;   20
Il a la force rude et la grâce superbe;
Il déracine un roc, il épargne un brin d'herbe;
Il jette comme toi l'écume aux fiers sommets,
O Peuple; seulement, lui, ne trompe jamais
Quand, l'œil fixe, et debout sur sa grève sacrée,   25
Et pensif, on attend l'heure de sa marée.

Au bord de l'Océan. Juillet 1853.

X

Apportez vos chaudrons, sorcières de Schakspeare;
Sorcières de Macbeth, prenez-moi tout l'empire,
L'ancien et le nouveau; sur le même réchaud
Mettez le gros Berger et le comte Frochot,
Maupas avec Réal, Hullin sur Espinasse,   5
La Saint-Napoléon avec la Saint-Ignace,
Fould et Maret, Fouché gâté, Troplong pourri,
Retirez Austerlitz, ajoutez Satory,
Penchez-vous, crins épars, œil ardent, gorge nue.
Soufflez à pleins poumons le feu sous la cornue;   10
Regardez le petit se dégager du grand,
Faites évaporer Baroche et Talleyrand,
Le neveu qui descend pendant que l'oncle monte;
Que reste-t-il au fond de l'alambic? la honte.

Jersey. Avril 1853.

XI
Le Parti du Crime

« Amis et Frères! en présence de ce gouvernement infâme, négation de
« toute morale, obstacle à tout progrès social, en présence de ce gouverne-
« ment meurtrier du peuple et violateur des lois, de ce gouvernement né
« de la force, et qui doit périr par la force, de ce gouvernement élevé par
« le crime et qui doit être terrassé par le droit, le Français, digne du nom
« de citoyen ne sait pas, ne veut pas savoir s'il y a quelque part des
« semblants de scrutin, des comédies de suffrage universel et des parodies
« d'appel à la nation; il ne s'informe pas s'il y a des hommes qui votent et
« des hommes qui font voter, s'il y a un troupeau qu'on appelle le sénat et
« qui délibère et un autre troupeau qu'on appelle le peuple et qui obéit;
« il ne s'informe pas si le pape va sacrer au maître-autel de Notre-Dame
« l'homme qui—n'en doutez pas, ceci est l'avenir inévitable—sera ferré
« au poteau par le bourreau;—en présence de M. Bonaparte et de son
« gouvernement, le citoyen, digne de ce nom, ne fait qu'une chose et
« n'a qu'une chose à faire: charger son fusil et attendre l'heure.

«Jersey, 31 octobre 1852»

(Déclaration des proscrits républicains de Jersey, à propos de l'empire,
publiée par le *Moniteur*, signée pour copie conforme:

VICTOR HUGO, FAURE, FOMBERTAUX.)

«Nous flétrissons de l'énergie la plus vigoureuse de notre âme les
«ignobles et coupables manifestes du PARTI DU CRIME.»
(Riancey. Journal *l'Union*, 22 novembre.)

«LE PARTI DU CRIME relève la tête.»
(*Tous les journaux élyséens en chœur.*)

Ainsi ce gouvernant dont l'ongle est une griffe,
Ce masque impérial, Bonaparte apocryphe,
A coup sûr Beauharnais, peut-être Verhuell,
Qui, pour la mettre en croix, livra, sbire cruel,
Rome républicaine à Rome catholique,   5
Cet homme, l'assassin de la chose publique,
Ce parvenu, choisi par le destin sans yeux,
Ainsi, lui, ce glouton singeant l'ambitieux,
Cette altesse quelconque habile aux catastrophes,
Ce loup sur qui je lâche une meute de strophes,   10

Ainsi ce boucanier, ainsi ce chourineur
A fait d'un jour d'orgueil un jour de déshonneur,
Mis sur la gloire un crime et souillé la victoire;
Il a volé, l'infâme, Austerlitz à l'histoire;
Brigand, dans ce trophée il a pris un poignard;   15
Il a broyé bourgeois, ouvrier, campagnard;
Il a fait de corps morts une horrible étagère
Derrière les barreaux de la cité Bergère;
Il s'est, le sabre en main, rué sur son serment;
Il a tué les lois et le gouvernement,   20
La justice, l'honneur, tout, jusqu'à l'espérance;
Il a rougi de sang, de ton sang pur, ô France,
Tous nos fleuves, depuis la Seine jusqu'au Var;
Il a conquis le Louvre en méritant Clamar;
Et maintenant il règne, appuyant, ô patrie,   25
Son vil talon fangeux sur ta bouche meurtrie;
Voilà ce qu'il a fait; je n'exagère rien;
Et quand, nous indignant de ce galérien
Et de tous les escrocs de cette dictature,
Croyant rêver devant cette affreuse aventure,   30
Nous disons, de dégoût et d'horreur soulevés:
—Citoyens, marchons! Peuple, aux armes, aux pavés!
A bas ce sabre abject qui n'est pas même un glaive!
Que le jour reparaisse et que le droit se lève!—
C'est nous, proscrits frappés par ces coquins hardis,   35
Nous, les assassinés, qui sommes les bandits!
Nous qui voulons le meurtre et les guerres civiles!
Nous qui mettons la torche aux quatre coins des villes!

Donc trôner par la mort, fouler aux pieds le droit:
Être fourbe, impudent, cynique, atroce, adroit;   40
Dire: je suis César, et n'être qu'un marouffle;
Étouffer la pensée et la vie et le souffle;
Forcer quatre-vingt-neuf qui marche à reculer;
Supprimer lois, tribune et presse; museler
La grande nation comme une bête fauve;   45
Régner par la caserne et du fond d'une alcôve;
Restaurer les abus au profit des félons;
Livrer ce pauvre peuple aux voraces Troplongs,
Sous prétexte qu'il fut, loin des temps où nous sommes,

Dévoré par les rois et par les gentilshommes; 50
Faire manger aux chiens ce reste des lions;
Prendre gaîment pour soi palais et millions,
S'afficher tout crûment satrape, et, sans sourdines,
Mener joyeuse vie avec des gourgandines;
Torturer des héros dans le bagne exécré; 55
Bannir quiconque est ferme et fier; vivre entouré
De grecs, comme à Byzance autrefois le despote;
Être le bras qui tue et la main qui tripote;
Ceci, c'est la justice, ô peuple, et la vertu!
Et confesser le droit par le meurtre abattu; 60
Dans l'exil, à travers l'encens et les fumées,
Dire en face aux tyrans, dire en face aux armées:
—Violence, injustice et force sont vos noms;
Vous êtes les soldats, vous êtes les canons;
La terre est sous vos pieds comme votre royaume; 65
Vous êtes le colosse et nous sommes l'atôme;
Eh bien! guerre! et luttons, c'est notre volonté.
Vous, pour l'oppression, nous, pour la liberté!—
Montrer les noirs pontons, montrer les catacombes,
Et s'écrier, debout sur la pierre des tombes: 70
—Français! craignez d'avoir un jour pour repentirs
Les pleurs des innocents et les os des martyrs!
Brise l'homme-sépulcre, ô France! ressuscite!
Arrache de ton flanc ce Néron parasite!
Sors de terre sanglante et belle, et dresse-toi 75
Dans une main le glaive et dans l'autre la loi!—
Jeter ce cri du fond de son âme proscrite,
Attaquer le forban, démasquer l'hypocrite
Parce que l'honneur parle et parce qu'il le faut,
C'est le crime, cela!—Tu l'entends, toi, là-haut! 80
Oui, voilà ce qu'on dit, mon Dieu, devant ta face!
Témoin toujours présent qu'aucune ombre n'efface,
Voilà ce qu'on étale à tes yeux éternels!

Quoi! le sang fume aux mains de tous ces criminels!
Quoi! les morts, vierge, enfant, vieillards et femmes grosses, 85
Ont à peine eu le temps de pourrir dans leurs fosses!
Quoi! Paris saigne encor! quoi, devant tous les yeux,
Son faux serment est là qui plane dans les cieux!

Et voilà comme parle un tas d'êtres immondes!
O noirs bouillonnements des colères profondes! 90

Et maint vivant, gavé, triomphant et vermeil,
Reprend:—ce bruit qu'on fait dérange mon sommeil.
Tout va bien. Les marchands triplent leurs clientelles,
Et nos femmes ne sont que fleurs et que dentelles!
—De quoi donc se plaint-on? crie un autre quidam. 95
En flânant sur l'asphalte et sur le macadam,
Je gagne tous les jours trois cents francs à la bourse.
L'argent coule aujourd'hui comme l'eau d'une source;
Les ouvriers maçons ont trois livres dix sous,
C'est superbe; Paris est sens dessus dessous. 100
Il paraît qu'on a mis dehors les démagogues.
Tant mieux. Moi j'applaudis les bals et les églogues
Du prince qu'autrefois à tort je reniais.
Que m'importe qu'on ait chassé quelques niais?
Quant aux morts, ils sont morts! paix à ces imbéciles! 105
Vivent les gens d'esprit! vivent ces temps faciles
Où l'on peut à son choix prendre pour nourricier
Le crédit mobilier ou le crédit foncier!
La république rouge aboie en ses cavernes,
C'est affreux! liberté, droits, progrès, balivernes! 110
Hier encor j'empochais une prime d'un franc;
Et moi, je sens fort peu, j'en conviens, je suis franc,
Les déclamations m'étant indifférentes,
La baisse de l'honneur dans la hausse des rentes.

O langage hideux! on le tient! on l'entend! 115
Eh bien, sachez-le donc, repus au cœur content,
Que nous vous le disions bien une fois pour toutes,
Oui, nous, les vagabonds dispersés sur les routes,
Errant sans passeport, sans nom et sans foyer,
Nous autres, les proscrits qu'on ne fait pas ployer, 120
Nous qui n'acceptons point qu'un peuple s'abrutisse,
Qui d'ailleurs, ne voulons, tout en voulant justice,
D'aucune représaille et d'aucun échafaud,
Nous, dis-je, les vaincus sur qui Mandrin prévaut,
Pour que la liberté revive, et que la honte 125
Meure, et qu'à tous les fronts l'honneur serein remonte,

Pour affranchir Romains, Lombards, Germains, Hongrois,
Pour faire rayonner, soleil de tous les droits,
La République mère au centre de l'Europe,
Pour réconcilier le palais et l'échoppe,   130
Pour faire refleurir la fleur Fraternité,
Pour fonder du travail le droit incontesté,
Pour tirer les martyrs de ces bagnes infâmes,
Pour rendre aux fils le père et les maris aux femmes,
Pour qu'enfin ce grand siècle et cette nation   135
Sortent du Bonaparte et de l'abjection,
Pour atteindre à ce but où notre âme s'élance,
Nous nous ceignons les reins dans l'ombre et le silence;
Nous nous déclarons prêts,—prêts, entendez-vous bien?—
Le sacrifice est tout, la souffrance n'est rien,—   140
Prêts, quand Dieu fera signe, à donner notre vie;
Car, à voir ce qui vit, la mort nous fait envie,
Car nous sommes tous mal sous ce drôle effronté
Vivant, nous sans patrie, et vous sans liberté!

Oui, sachez-le, vous tous que l'air libre importune   145
Et qui dans ce fumier plantez votre fortune,
Nous ne laisserons pas le peuple s'assoupir;
Oui, nous appellerons, jusqu'au dernier soupir,
Au secours de la France aux fers et presque éteinte,
Comme nos grands aïeux, l'insurrection sainte;   150
Nous convierons Dieu même à foudroyer ceci;
Et c'est notre pensée et nous sommes ainsi,
Aimant mieux, dût le sort nous broyer sous sa roue,
Voir couler notre sang que croupir votre boue.

Jersey. Novembre 1852.

XII

On dit:—soyez prudents.—Puis vient ce dithyrambe:
      «— . . . Qui veut frapper Néron
«Rampe, et ne se fait pas précéder d'un ïambe
«Soufflant dans un clairon.

4

«Souviens-toi d'Ettenheim et des piéges célèbres;
  «Attends le jour marqué.
«Sois comme Chéréas qui vient dans les ténèbres,
  «Seul, muet et masqué.   8

«La prudence conduit au but qui sait la suivre.
  «Marche d'ombre vêtu . . .»
C'est bien; je laisse à ceux qui veulent longtemps vivre
  Cette lâche vertu.   12

Jersey. Août, 1853.

XIII

A Juvénal

I

Retournons à l'école, ô mon vieux Juvénal.
Homme d'ivoire et d'or, descends du tribunal
Où depuis deux mille ans tes vers superbes tonnent.
Il paraît, vois-tu bien, ces choses nous étonnent,
Mais c'est la vérité selon monsieur Riancey,   5
Que lorsqu'un peu de temps sur le sang a passé,
Après un an ou deux, c'est une découverte,
Quoi qu'en disent les morts avec leur bouche verte,
Le meurtre n'est plus meurtre et le vol n'est plus vol.
Monsieur Veuillot, qui tient d'Ignace et d'Auriol,   10
Nous l'affirme, quand l'heure a tourné sur l'horloge,
De notre entendement ceci fait peu l'éloge,
Pourvu qu'à Notre-Dame on brûle de l'encens,
Et que l'abonné vienne aux journaux bien pensants,
Il paraît que, sortant de son hideux suaire,   15
Joyeux, en panthéon changeant son ossuaire,
Dans l'opération par monsieur Fould aidé,
Par les juges lavé, par les filles fardé,
O miracle! entouré de croyants et d'apôtres,
En dépit des rêveurs, en dépit de nous autres   20
Noirs poëtes bourrus qui n'y comprenons rien,
Le mal prend tout à coup la figure du bien.

II

Il est l'appui de l'ordre; il est bon catholique;
Il signe hardiment: prospérité publique.
La trahison s'habille en général français;   25
L'archevêque ébloui bénit le dieu Succès;
C'était crime jeudi, mais c'est haut fait dimanche.
Du pourpoint Probité l'on retourne la manche.
Tout est dit. La vertu tombe dans l'arriéré.
L'honneur est un vieux fou dans sa cave muré.   30
O grand penseur de bronze, en nos dures cervelles
Faisons entrer un peu ces morales nouvelles,
Lorsque sur la Grand'Combe ou sur le blanc de zinc,
On a revendu vingt ce qu'on a payé cinq,
Sache qu'un guet-apens par où nous triomphâmes   35
Est juste, honnête et bon; tout au rebours des femmes,
Sache qu'en vieillissant le crime devient beau.
Il plane cygne après s'être envolé corbeau.
Oui, tout cadavre utile exhale une odeur d'ambre.
Que vient-on nous parler d'un crime de décembre   40
Quand nous sommes en juin! l'herbe a poussé dessus.
Toute la question, la voici: fils, tissus,
Cotons et sucres bruts prospèrent; le temps passe.
Le parjure difforme et la trahison basse
En avançant en âge ont la propriété   45
De perdre leur bassesse et leur difformité;
Et l'assassinat louche et tout souillé de fange,
Change son front de spectre en un visage d'ange.

III

Et comme, en même temps, dans ce travail normal,
La vertu devient faute et le bien devient mal,   50
Apprends que, quand Saturne a soufflé sur leur rôle,
Néron est un sauveur et Spartacus un drôle.
La raison obstinée a beau faire du bruit;
La justice, ombre pâle, a beau, dans notre nuit,
Murmurer comme un souffle à toutes les oreilles;   55
On laisse dans leur coin bougonner ces deux vieilles.
Narcisse gazetier lapide Scevola.

Accoutumons nos yeux à ces lumières-là
Qui font qu'on aperçoit tout sous un nouvel angle,
Et qu'on voit Malesherbe en regardant Delangle.　　60
Sachons dire; Lebœuf est grand, Persil est beau;
Et laissons la pudeur au fond du lavabo.

IV

Le bon, le sûr, le vrai, c'est l'or dans notre caisse.
L'homme est extravagant qui, lorsque tout s'affaisse,
Proteste seul debout dans une nation,　　65
Et porte à bras tendu son indignation.
Que diable! il faut pourtant vivre de l'air des rues,
Et ne pas s'entêter aux choses disparues.
Quoi! tout meurt ici-bas, l'aigle comme le ver,
Le charançon périt sous la neige l'hiver,　　70
Quoi! le Pont-Neuf fléchit lorsque les eaux sont grosses,
Quoi, mon coude est troué, quoi! je perce mes chausses,
Quoi! mon feutre était neuf et s'est usé depuis,
Et la Vérité, maître, aurait, dans son vieux puits,
Cette prétention rare d'être éternelle!　　75
De ne pas se mouiller quand il pleut, d'être belle
A jamais, d'être reine en n'ayant pas le sou,
Et de ne pas mourir quand on lui tord le cou!
Allons donc! citoyens, c'est au fait qu'il faut croire!

V

Sur ce, les charlatans prêchent leur auditoire　　80
D'idiots, de mouchards, de grecs, de philistins,
Et de gens pleins d'esprit détroussant les crétins:
La bourse rit; la hausse offre aux badauds ses prismes;
La douce hypocrisie éclate en aphorismes;
C'est bien, nous gagnons gros et nous sommes contents;　　85
Et ce sont, Juvénal, les maximes du temps.
Quelque sous-diacre, éclos dans je ne sais quel bouge,
Trouva ces vérités en balayant Montrouge,
Si bien qu'aujourd'hui, fiers et rois des temps nouveaux,
Messieurs les aigrefins et messieurs les dévots　　90

Déclarent, s'éclairant aux lueurs de leur cierge,
Jeanne d'Arc courtisane et Messaline vierge.

Voilà ce que curés, évêques, talapoins,
Au nom du Dieu vivant, démontrent en trois points,
Et ce que le filou qui fouille dans ma poche   95
Prouve par A plus B, par Argout plus Baroche.

VI

Maître! voilà-t-il pas de quoi nous indigner?
A quoi bon s'exclamer? à quoi bon trépigner?
Nous avons l'habitude, en songeurs que nous sommes,
De contempler les nains bien moins que les grands hommes;   100
Même toi satirique, et moi tribun amer,
Nous regardons en haut, le bourgeois dit: en l'air;
C'est notre infirmité. Nous fuyons la rencontre
Des sots et des méchants. Quand le Dombidau montre
Son crâne et que le Fould avance son menton,   105
J'aime mieux Jacques Cœur, tu préfères Caton;
La gloire des héros, des sages que Dieu crée,
Est notre vision éternelle et sacrée;
Éblouis, l'œil noyé des clartés de l'azur,
Nous passons notre vie à voir dans l'Éther pur   110
Resplendir les géants, penseurs ou capitaines;
Nous regardons, au bruit des fanfares lointaines,
Au-dessus de ce monde où l'ombre règne encor,
Mêlant dans les rayons leurs vagues poitrails d'or,
Une foule de chars voler dans les nuées;   115
Aussi l'essaim des gueux et des prostituées,
Quand il se heurte à nous, blesse nos yeux pensifs.

Soit, Mais réfléchissons. Soyons moins exclusifs.
Je hais les cœurs abjects, et toi, tu t'en défies;
Mais laissons-les en paix dans leurs philosophies.   120

VII

Et puis, même en dehors de tout ceci, vraiment,
Peut-on blâmer l'instinct et le tempérament?

Ne doit-on pas se faire aux natures des êtres ?
La fange a ses amants et l'ordure a ses prêtres ;
De la cité bourbier le vice est citoyen ;   125
Où l'un se trouve mal l'autre se trouve bien ;
J'en atteste Minos et j'en fais juge Éaque,
Le paradis du porc, n'est-ce pas le cloaque ?
Voyons, en quoi, réponds, génie âpre et subtil,
Cela nous touche-t-il et nous regarde-t-il,   130
Quand l'homme du serment dans le meurtre patauge,
Quand monsieur Beauharnais fait du pouvoir une auge,
Si quelque évêque arrive et chante alleluia,
Si Saint-Arnaud bénit la main qui le paya,
Si tel ou tel bourgeois le célèbre et le loue,   135
S'il est des estomacs qui digèrent la boue ?
Quoi ! quand la France tremble au vent des trahisons,
Stupéfaits et naïfs, nous nous ébahissons,
Si Parieu vient manger des glands sous ce grand chêne !
Nous trouvons surprenant que l'eau coule à la Seine,   140
Nous trouvons merveilleux que Troplong soit Scapin,
Nous trouvons inouï que Dupin soit Dupin !

VIII

Un vieux penchant humain mène à la turpitude.
L'opprobre est un logis, un centre, une habitude,
Un toit, un oreiller, un lit tiède et charmant,   145
Un bon manteau bien ample où l'on est chaudement,
L'opprobre est le milieu respirable aux immondes.
Quoi ! nous nous étonnons d'ouïr dans les deux mondes
Les dupes faisant chœur avec les chenapans,
Les gredins, les niais vanter ce guet-apens.   150
Mais ce sont là les lois de la mère nature.
C'est de l'antique instinct l'éternelle aventure.
Par le point qui séduit ses appétits flattés
Chaque bête se plaît aux monstruosités.
Quoi ! ce crime est hideux ! quoi ! ce crime est stupide !   155
N'est-il plus d'animaux pour l'admirer ? Le vide
S'est-il fait ? N'est-il plus d'êtres vils et rampants ?
N'est-il plus de chacals ? n'est-il plus de serpents ?
Quoi ! les baudets ont-ils pris tout à coup des ailes,

Et se sont-ils enfuis aux voûtes éternelles ?   160
De la création l'âne a-t-il disparu ?
Quand Cyrus, Annibal, César, montaient à cru
Cet effrayant cheval qu'on appelle la gloire,
Quand, ailés, effarés de joie et de victoire,
Ils passaient flamboyants au fond des cieux vermeils,   165
Les aigles leur criaient: vous êtes nos pareils!
Les aigles leur criaient: vous portez le tonnerre!
Aujourd'hui les hiboux acclament Lacenaire.
Eh bien! je trouve bon que cela soit ainsi.
J'applaudis les hiboux et je leur dis: merci.   170
La sottise se mêle à ce concert sinistre,
Tant mieux. Dans sa gazette, ô Juvénal, tel cuistre
Déclare, avec messieurs d'Arras et de Beauvais,
Mandrin très-bon, et dit l'honnête homme mauvais,
Foule aux pieds les héros et vante les infâmes,   175
C'est tout simple; et vraiment, nous serions bonnes âmes
De nous émerveiller lorsque nous entendons
Les Veuillots aux lauriers préférer les chardons!

IX

Donc laissons aboyer la conscience humaine
Comme un chien qui s'agite et qui tire sa chaîne.   180
Guerre aux justes proscrits! gloire aux coquins fêtés!
Et faisons bonne mine à ces réalités.
Acceptons cet empire unique et véritable.
Saluons sans broncher Trestaillon connétable,
Mingrat grand-aumônier, Bosco grand-électeur;   185
Et ne nous fâchons pas s'il advient qu'un rhéteur,
Un homme du sénat, un homme du conclave,
Un eunuque, un cagot, un sophiste, un esclave,
Esprit sauteur prenant la phrase pour tremplin,
Après avoir chanté César de grandeur plein,   190
Et ses perfections et ses mansuétudes,
Insulte les bannis jetés aux solitudes,
Ces brigands qu'a vaincus Tibère Amphitryon.
Vois-tu, c'est un talent de plus dans l'histrion;
C'est de l'art de flatter le plus exquis peut-être;   195
On chatouille moins bien Henri-huit, le bon maître,

En louant Henri-huit qu'en déchirant Morus.
Les dictateurs d'esprit, bourrés d'éloges crus,
Sont friands, dans leur gloire et dans leurs arrogances,
De ces raffinements et de ces élégances.   200
Poëte, c'est ainsi que les despotes sont.
Le pouvoir, les honneurs sont plus doux quand ils ont
Sur l'échafaud du juste une fenêtre ouverte.
Les exilés, pleurant près de la mer déserte,
Les sages torturés, les martyrs expirants   205
Sont l'assaisonnement du bonheur des tyrans.
Juvénal, Juvénal, mon vieux lion classique,
Notre vin de Champagne et ton vin de Massique,
Les festins, les palais et le luxe effréné,
L'adhésion du prêtre et l'amour de Phryné,   210
Les triomphes, l'orgueil, les respects, les caresses,
Toutes les voluptés et toutes les ivresses
Dont s'abreuvait Séjan, dont se gorgeait Rufin,
Sont meilleures à boire, ont un goût bien plus fin,
Si l'on n'est pas un sot à cervelle exiguë,   215
Dans la coupe où Socrate hier but la ciguë!

                                        Jersey. Novembre 1852.

XIV

Floréal

Au retour des beaux jours, dans ce vert floréal
Où meurent les Danton trahis par les Réal,
Quand l'étable s'agite au fond des métairies,
Quand l'eau vive au soleil se change en pierreries,
Quand la grisette assise, une aiguille à la main,   5
Soupire, et de côté regardant le chemin,
Voudrait aller cueillir des fleurs au lieu de coudre,
Quand les nids font l'amour, quand le pommier se poudre
Pour le printemps ainsi qu'un marquis pour le bal,
Quand, par mai réveillés, Charles-douze, Annibal,   10
Disent: c'est l'heure! et font vers les sanglants tumultes
Rouler, l'un les canons, l'autre les catapultes;

Moi, je crie: ô soleil! salut! parmi les fleurs
J'entends les gais pinsons et les merles siffleurs;
L'arbre chante; j'accours; ô printemps! on vit double;   15
Gallus entraîne au bois Lycoris qui se trouble;
Tout rayonne; et le ciel, couvant l'homme enchanté,
N'est plus qu'un grand regard plein de sérénité!
Alors l'herbe m'invite et le pré me convie;
Alors j'absous le sort, je pardonne à la vie,   20
Et je dis: pourquoi faire autre chose qu'aimer?
Je sens, comme au dehors, tout en moi s'animer,
Et je dis aux oiseaux: petits oiseaux, vous n'êtes
Que des chardonnerets et des bergeronnettes,
Vous ne me connaissez pas même, vous allez   25
Au hasard dans les champs, dans les bois, dans les blés,
Pêle-mêle, pluviers, grimpereaux, hochequeues,
Dressant vos huppes d'or, lissant vos plumes bleues;
Vous êtes, quoique beaux, très-bêtes: votre loi
C'est d'errer; vous chantez en l'air sans savoir quoi;   30
Eh bien, vous m'inondez d'émotions sacrées!
Et quand je vous entends sur les branches dorées,
Oiseaux, mon aile s'ouvre, et mon cœur rajeuni
Boit à l'amour sans fond et s'emplit d'infini.—
Et je me laisse aller aux longues rêveries.   35
O feuilles d'arbre! oubli! bœufs mugissants! prairies!
Mais dans ces moments-là, tu le sais, Juvénal,
Qu'il sorte par hasard de ma poche un journal,
Et que mon œil distrait, qui vers les cieux remonte,
Heurte l'un de ces noms qui veulent dire: honte,   40
Alors toute l'horreur revient; dans les bois verts
Némésis m'apparaît, et me montre, à travers
Les rameaux et les fleurs, sa gorge de furie.

C'est que tu veux tout l'homme, ô devoir! ô patrie!
C'est que, lorsque ton flanc saigne, ô France, tu veux   45
Que l'angoisse nous tienne et dresse nos cheveux,
Que nous ne regardions plus autre chose au monde,
Et que notre œil, noyé dans la pitié profonde,
Cesse de voir les cieux pour ne voir que ton sang!

Et je me lève, et tout s'efface, et, frémissant,   50

Je n'ai plus sous les yeux qu'un peuple à la torture,
Crimes sans châtiment, griefs sans sépulture,
Les géants garottés livrés aux avortons,
Femmes dans les cachots, enfants dans les pontons,
Bagnes, sénats, proscrits, cadavres, gémonies;   55
Alors, foulant aux pieds toutes les fleurs ternies,
Je m'enfuis, et je dis à ce soleil si doux:
Je veux l'ombre! et je dis aux oiseaux: taisez-vous!

Et je pleure! et la strophe, éclose de ma bouche,
Bat mon front orageux de son aile farouche.   60

Ainsi pas de printemps! ainsi pas de ciel bleu!
O bandits, et toi, fils d'Hortense de Saint-Leu,
Soyez maudits, d'abord d'être ce que vous êtes,
Et puis soyez maudits d'obséder les poëtes!
Soyez maudits, Troplong, Fould, Magnan, Faustin deux,   65
De faire au penseur triste un cortége hideux,
De le suivre au désert, dans les champs, sous les ormes,
De mêler aux forêts vos figures difformes!
Soyez maudits, bourreaux qui lui masquez le jour,
D'emplir de haine un cœur qui déborde d'amour!   70

                                        Jersey. Mai 1853.

XV

Stella

Je m'étais endormi la nuit près de la grève.
Un vent frais m'éveilla, je sortis de mon rêve,
J'ouvris les yeux, je vis l'étoile du matin.
Elle resplendissait au fond du ciel lointain
Dans une blancheur molle, infinie et charmante.   5
Aquilon s'enfuyait emportant la tourmente.
L'astre éclatant changeait la nuée en duvet.
C'était une clarté qui pensait, qui vivait;
Elle apaisait l'écueil où la vague déferle;
On croyait voir une âme à travers une perle.   10

Il faisait nuit encor, l'ombre régnait en vain,
Le ciel s'illuminait d'un sourire divin.
La lueur argentait le haut du mât qui penche;
Le navire était noir, mais la voile était blanche;
Des goëlands debout sur un escarpement,   15
Attentifs, contemplaient l'étoile gravement
Comme un oiseau céleste et fait d'une étincelle;
L'océan, qui ressemble au peuple, allait vers elle,
Et, rugissant tout bas, la regardait briller,
Et semblait avoir peur de la faire envoler.   20
Un ineffable amour emplissait l'étendue.
L'herbe verte à mes pieds frissonnait éperdue,
Les oiseaux se parlaient dans les nids; une fleur
Qui s'éveillait me dit: C'est l'étoile ma sœur.
Et pendant qu'à longs plis l'ombre levait son voile,   25
J'entendis une voix qui venait de l'étoile
Et qui disait:—Je suis l'astre qui vient d'abord.
Je suis celle qu'on croit dans la tombe et qui sort.
J'ai lui sur le Sina, j'ai lui sur le Taygète;
Je suis le caillou d'or et de feu que Dieu jette,   30
Comme avec une fronde, au front noir de la nuit.
Je suis ce qui renaît quand un monde est détruit.
O nations! je suis la Poésie ardente.
J'ai brillé sur Moïse et j'ai brillé sur Dante.
Le lion Océan est amoureux de moi.   35
J'arrive. Levez-vous, vertu, courage, foi!
Penseurs, esprits! montez sur la tour, sentinelles!
Paupières, ouvrez-vous! allumez-vous, prunelles!
Terre, émeus le sillon; vie, éveille le bruit;
Debout, vous qui dormez;—car celui qui me suit,   40
Car celui qui m'envoie en avant la première,
C'est l'ange Liberté, c'est le géant Lumière.

Jersey. Juillet 1853.

XVI

Applaudissement

O grande nation, vous avez à cette heure,
Tandis qu'en bas dans l'ombre on souffre, on râle, on pleure,
Un empire qui fait sonner ses étriers,
Les éblouissements des panaches guerriers,
Une cour où pourrait trôner le roi de Thune,   5
Une bourse où l'on peut faire en huit jours fortune,
Des rosières jetant aux soldats leurs bouquets;
Vous avez des abbés, des juges, des laquais,
Dansant sur des sacs d'or une danse macabre,
La banque à deux genoux qui harangue le sabre,   10
Des boulets qu'on empile au fond des arsenaux,
Un sénat, les sermons remplaçant les journaux,
Des maréchaux dorés sur toutes les coutures,
Un Paris qu'on refait tout à neuf, des voitures
A huit chevaux, entrant dans le Louvre à grand bruit,   15
Des fêtes tout le jour, des bals toute la nuit,
Des lampions, des jeux, des spectacles; en somme,
Tu t'es prostituée à ce misérable homme!

Tout ce que tu conquis est tombé de tes mains;
On dit les vieux Français comme les vieux Romains,   20
Et leur nom fait songer leurs fils rouges de honte;
Le monde aimait ta gloire et t'en demande compte,
Car il se réveillait au bruit de ton clairon.
Tu contemples d'un œil abruti ton Néron
Qu'entourent des Romieux déguisés en Sénèques,   25
Tu te complais à voir brailler ce tas d'évêques
Qui, sous la croix où pend le Dieu de Bethléem,
Entonnent leur Salvum fac imperatorem.
(Au fait, faquin devait se trouver dans la phrase.)
Ton âme est comme un chien sous le pied qui l'écrase;   30
Ton fier quatre-vingt-neuf reçoit des coups de fouet
D'un gueux qu'hier encor l'Europe bafouait;
Tes propres souvenirs, folle, tu les lapides.
La Marseillaise est morte à tes lèvres stupides.

Ton Champ-de-Mars subit ces vainqueurs répugnants,   35
Ces Maupas, ces Fortouls, ces Bertrands, ces Magnans,
Tous ces tueurs portant le tricorne en équerre,
Et Korte, et Carrelet, et Canrobert Macaire.
Tu n'es plus rien; c'est dit, c'est fait, c'est établi.
Tu ne sais même plus, dans ce lugubre oubli,   40
Quelle est la nation qui brisa la Bastille.
On te voit le dimanche aller à la Courtille,
Riant, sautant, buvant, sans un instinct moral,
Comme une drôlesse ivre au bras d'un caporal.
Des soufflets qu'il te donne on ne sait plus le nombre.   45
Et, tout en revenant sur ce boulevard sombre
Où le meurtre a rempli tant de noirs corbillards,
Où bourgeois et passants, femmes, enfants, vieillards,
Tombèrent effarés d'une attaque soudaine,
Tu chantes Turlurette et la Faridondaine!   50

C'est bien, descends encore et je m'en réjouis,
Car ceci nous promet des retours inouïs,
Car, France, c'est ta loi de ressaisir l'espace,
Car tu seras bien grande ayant été si basse!
L'avenir a besoin d'un gigantesque effort.   55
Va, traîne l'affreux char d'un satrape ivre-mort,
Toi, qui de la victoire as conduit les quadriges.
J'applaudis. Te voilà condamnée aux prodiges.
Le monde, au jour marqué, te verra brusquement
Égaler la revanche à l'avilissement,   60
O Patrie, et sortir, changeant soudain de forme,
Par un immense éclat de cet opprobre énorme!
Oui, nous verrons, ainsi va le progrès humain,
De ce vil aujourd'hui naître un fier lendemain,
Et tu rachèteras, ô prêtresse, ô guerrière,   65
Par cent pas en avant chaque pas en arrière!
Donc recule et descends! tombe, ceci me plaît!
Flatte le pied du maître et le pied du valet!
Plus bas! baise Troplong! plus bas! lèche Baroche!
Descends, car le jour vient, descends, car l'heure approche,   70
Car tu vas t'élancer, ô grand peuple courbé,
Et, comme le jaguar dans un piége tombé,
Tu donnes pour mesure, en tes ardentes luttes,

A la hauteur des bonds la profondeur des chutes !

Oui, je me réjouis; oui, j'ai la foi; je sais   75
Qu'il faudra bien qu'enfin tu dises : c'est assez !
Tout passe à travers toi comme à travers le crible,
Mais tu t'éveilleras bientôt, pâle et terrible,
Peuple, et tu deviendras superbe tout à coup.
De cet empire abject, bourbier, cloaque, égout,   80
Tu sortiras splendide, et ton aile profonde
En secouant la fange éblouira le monde !
Et les couronnes d'or fondront au front des rois,
Et le pape, arrachant sa tiare et sa croix,
Tremblant, se cachera comme un loup sous sa chaire,   85
Et la Thémis aux bras sanglants, cette bouchère,
S'enfuira vers la nuit, vieux monstre épouvanté,
Et tous les yeux humains s'empliront de clarté,
Et l'on battra des mains de l'un à l'autre pôle,
Et tous les opprimés, redressant leur épaule,   90
Se sentiront vainqueurs, délivrés et vivants,
Rien qu'à te voir jeter ta honte aux quatre vents !

                                          Jersey. Septembre 1853.

LIVRE VII

Les Sauveurs se sauveront

I

Sonnez, sonnez toujours, clairons de la pensée.

Quand Josué rêveur, la tête aux cieux dressée,
Suivi des siens, marchait, et, prophète irrité,
Sonnait de la trompette autour de la cité,
Au premier tour qu'il fit le roi se mit à rire;   5
Au second tour, riant toujours, il lui fit dire:
—Crois-tu donc renverser ma ville avec du vent?
A la troisième fois, l'arche allait en avant,
Puis les trompettes, puis toute l'armée en marche,
Et les petits enfants, venaient cracher sur l'arche,   10
Et, soufflant dans leur trompe, imitaient le clairon;
Au quatrième tour, bravant les fils d'Aaron,
Entre les vieux créneaux tout brunis par la rouille,
Les femmes s'asseyaient en filant leur quenouille,
Et se moquaient jetant des pierres aux Hébreux;   15
A la cinquième fois, sur ces murs ténébreux,
Aveugles et boîteux vinrent, et leurs huées
Raillaient le noir clairon sonnant sous les nuées;
A la sixième fois, sur sa tour de granit
Si haute qu'au sommet l'aigle faisait son nid,   20
Si dure que l'éclair l'eût en vain foudroyée,
Le roi revint, riant à gorge déployée,
Et cria:—ces Hébreux sont bons musiciens!—
Autour du roi joyeux, riaient tous les anciens
Qui le soir sont assis au temple et délibèrent.   25

A la septième fois, les murailles tombèrent.

Jersey. Septembre 1853.

II

La Reculade

I

Je disais:—ces soldats ont la tête trop basse.
    Il va leur ouvrir des chemins.
Le peuple aime la poudre, et quand le clairon passe
    La France chante et bat des mains.
La guerre est une pourpre où le meurtre se drape;   5
    Il va crier son: quos ego!
Un beau jour, de son crime, ainsi que d'une trappe,
    Nous verrons sortir Marengo.
Il faut bien qu'il leur jette enfin un peu de gloire
    Après tant de honte et d'horreur!   10
Que, vainqueur, il défile avec tout son prétoire
    Devant Troplong le procureur;
Qu'il tâche de cacher son carcan à l'histoire,
    Et qu'il fasse par le doreur
Ajuster sa sellette au vieux char de victoire   15
    Où monta le grand empereur.
Il voudra devenir César, frapper, dissoudre
    Les anciens états ébranlés,
Et, calme, à l'univers montrer, tenant la foudre,
    La main qui fit des fausses clefs.   20
Il fera du vieux monde éclater la machine;
    Il voudra vaincre et surnager!
Hudson Lowe, Blücher, Wellington, Rostopschine,
    Que de souvenirs à venger!
L'occasion abonde à l'époque où nous sommes.   25
    Il saura saisir le moment.
On ne peut pas rester avec cinq cent mille hommes
    Dans la fange éternellement.
Il ne peut les laisser courbés sous leur sentence;
    Il leur faut les hauts faits lointains;   30
A la meute guerrière il faut une pitance
    De lauriers et de bulletins.
Ces soldats, que Décembre orne comme une dartre,
    Ne peuvent pas, chiens avilis,

Ronger à tout jamais le boulevard Montmartre   35
  Quand leurs pères ont Austerlitz!—

II

Eh bien non! je rêvais. Illusion détruite!
  Gloire! songe, néant, vapeur!
O soldats! quel réveil! l'empire, c'est la fuite.
  Soldats! l'empire, c'est la peur.   40
Ce Mandrin de la paix est plein d'instincts placides;
  Ce Schinderhannes craint les coups.
O châtiment! pour lui vous fûtes parricides,
  Soldats, il est poltron pour vous.
Votre gloire a péri sous ce hideux incube   45
  Aux doigts de fange, au cœur d'airain.
Ah! frémissez! le czar marche sur le Danube,
  Vous ne marchez pas sur le Rhin!

III

O nos pauvres enfants! soldats de notre France!
  O triste armée à l'œil terni!   50
Adieu la tente! adieu les camps! plus d'espérance!
  Soldats! soldats! tout est fini!
N'espérez plus laver dans les combats le crime
  Dont vous êtes éclaboussés.
Pour nous ce fut le piége et pour vous c'est l'abîme.   55
  Cartouche règne; c'est assez.
Oui, Décembre à jamais vous tient, hordes trompées!
  Oui, vous êtes ses vils troupeaux!
Oui, gardez sur vos mains, gardez sur vos épées,
  Hélas! gardez sur vos drapeaux   60
Ces souillures qui font horreur à vos familles
  Et qui font sourire Dracon,
Et que ne voudrait pas avoir sur ses guenilles
  L'équarisseur de Montfaucon!
Gardez le deuil, gardez le sang, gardez la boue!   65
  Votre maître hait le danger,

Il vous fait reculer; gardez sur votre joue
    L'âpre soufflet de l'étranger!
Ce nain à sa stature a rabaissé vos tailles.
    Ce n'est qu'au vol qu'il est hardi.   70
Adieu la grande guerre et les grandes batailles!
    Adieu Wagram! adieu Lodi!
Dans cette horrible glu votre aile est prisonnière.
    Derrière un crime il faut marcher.
C'est fini. Désormais vous avez pour bannière   75
    Le tablier de ce boucher!
Renoncez aux combats, au nom de Grande Armée,
    Au vieil orgueil des trois couleurs;
Renoncez à l'immense et superbe fumée,
    Aux femmes vous jetant des fleurs,   80
A l'encens, aux grands arcs triomphaux que fréquentent
    Les ombres des héros le soir;
Hélas! contentez-vous de ces prêtres qui chantent
    Des Te Deum dans l'abattoir!
Vous ne conquerrez point la palme expiatoire,   85
    La palme des exploits nouveaux,
Et vous ne verrez pas se dorer dans la gloire
    La crinière de vos chevaux!

IV

Donc l'épopée échoue avant qu'elle commence!
    Annibal a pris un calmant;   90
L'Europe admire, et mêle une huée immense
    A cet immense avortement.
Donc ce neveu s'en va par la porte bâtarde!
    Donc ce sabreur, ce pourfendeur,
Ce masque moustachu dont la bouche vantarde   95
    S'ouvrait dans toute sa grandeur,
Ce César qu'un valet tous les matins harnache
    Pour s'en aller dans les combats,
Cet ogre galonné dont le hautain panache
    Faisait oublier le front bas,   100
Le tueur qui semblait l'homme que rien n'étonne,
    Qui jouait, dans les hosanna,

Tout barbouillé du sang du ruisseau Tiquetonne,
    La pantomime d'Iéna,
Ce héros que Dieu fit général des jésuites,   105
    Ce vainqueur qui s'est dit absous,
Montre à Clio son nez meurtri de pommes cuites,
    Son œil éborgné de gros sous!
Et notre armée, hélas! sa dupe et sa complice,
    Baisse un front lugubre et puni,   110
Et voit sous les sifflets s'enfuir dans la coulisse
    Cet écuyer de Franconi!
Cet histrion, qu'on cingle à grands coups de lanière,
    A le crime pour seul talent;
Les Saint-Barthélemy vont mieux à sa manière   115
    Qu'Aboukir et que Friedland.
Le Cosaque stupide arrache à ce superbe
    Sa redingotte à brandebourgs;
L'âne russe a brouté ce Bonaparte en herbe.
    Sonnez, clairons! battez, tambours!   120
Tranchemontagne, ainsi que Basile, a la fièvre;
    La colique empoigne Agramant;
Sur le crâne du loup les oreilles du lièvre
    Se dressent lamentablement.
    Le fier-à-bras tremblant se blottit dans son antre;   125
    Le grand sabre a peur de briller;
La fanfare bégaie et meurt; la flotte rentre
    Au port, et l'aigle au poulailler!

V

Et tous ces capitans dont l'épaulette brille
    Dans les Louvres et les châteaux   130
Disent:—mangeons la France et le peuple en famille.
    Sire, les boulets sont brutaux.
Et Forey va criant:—majesté, prenez garde.
    Reybell dit:—morbleu, sacrebleu!
Tenons-nous coi. Le czar fait manœuvrer sa garde.   135
    Ne jouons pas avec le feu.
Espinasse reprend:—César, gardez la chambre.
    Ces Kalmoucks ne sont pas manchots.

—Coiffez-vous, dit Leroy, du laurier de décembre,
  Prince, et tenez-vous les pieds chauds.   140
Et Magnan dit:—buvons et faisons l'amour, sire!
  Les rêves s'en vont à vau l'eau.
Et dans sa sombre plaine, ô douleur, j'entends rire
  Le noir lion de Waterloo!

                                    Jersey. Juillet 1853.

                    III

              Le Chasseur Noir

      —Qu'es-tu, passant? le bois est sombre,
      Les corbeaux volent en grand nombre,
          Il va pleuvoir.
      —Je suis celui qui va dans l'ombre,
          Le Chasseur Noir!   5

  Les feuilles des bois, du vent remuées,
      Sifflent ... on dirait
  Qu'un sabbat nocturne emplit de huées
      Toute la forêt;
  Dans une clairière au sein des nuées,   10
      La lune apparaît.

      Chasse le daim, chasse la biche,
      Cours dans les bois, cours dans la friche,
          Voici le soir.
      Chasse le czar, chasse l'Autriche,   15
          O Chasseur Noir!

  Les feuilles des bois—

      Souffle en ton cor, boucle ta guêtre,
      Chasse les cerfs qui viennent paître
          Près du manoir.
      Chasse le roi, chasse le prêtre,   20
          O Chasseur Noir!

  Les feuilles des bois—

Il tonne, il pleut, c'est le déluge.
Le renard fuit, pas de refuge
  Et pas d'espoir!
Chasse l'espion, chasse le juge,   25
  O Chasseur Noir!

Les feuilles des bois—

Tous les démons de Saint-Antoine
Bondissent dans la folle avoine
  Sans t'émouvoir;
Chasse l'abbé, chasse le moine,   30
  O Chasseur Noir!

Les feuilles des bois—

Chasse les ours! ta meute jappe.
Que pas un sanglier n'échappe!
  Fais ton devoir!
Chasse César, chasse le pape,   35
  O Chasseur Noir!

Les feuilles des bois—

Le loup de ton sentier s'écarte.
Que ta meute à sa suite parte!
  Cours! fais-le choir!
Chasse le brigand Bonaparte,   40
  O Chasseur Noir!

Les feuilles des bois, du vent remuées,
  Tombent ... on dirait
Que le sabbat sombre aux rauques huées
  A fui la forêt;   45
Le clair chant du coq perce les nuées;
  Ciel! l'aube apparaît!

Tout reprend sa force première,
Tu redeviens la France altière
  Si belle à voir,   50
L'Ange blanc vêtu de lumière,
  O Chasseur Noir!

Les feuilles des bois, du vent remuées,
    Tombent . . . on dirait
Que le sabbat sombre aux rauques huées   55
    A fui la forêt;
Le clair chant du coq perce les nuées,
    Ciel! l'aube apparaît!

Jersey. Septembre 1853.

IV

L'Égout de Rome

Voici le trou. Voici l'échelle. Descendez.
Tandis qu'au corps-de-garde en face, on joue aux dés
En riant sous le nez des matrones bourrues;
Laissez le crieur rauque, assourdissant les rues,
Proclamer le Numide ou le Dace aux abois,   5
Et, groupés sous l'auvent des échoppes de bois,
Les savetiers romains et les marchandes d'herbes
De la Minerve étrusque échanger les proverbes;
Descendez.

      Vous voilà dans un lieu monstrueux,
Enfer d'ombre et de boue aux porches tortueux,   10
Où les murs ont la lèpre, où, parmi les pustules,
Glissent les scorpions mêlés aux tarentules.
Morne abîme!

      Au-dessus de ce plafond fangeux,
Dans les cieux, dans le cirque immense et plein de jeux,
Sur les pavés sabins, dallages centenaires,   15
Roulent les chars, les bruits, les vents et les tonnerres;
Le peuple gronde et rit dans le forum sacré;
Le navire d'Ostie au port est amarré,
L'arc triomphal rayonne, et sur la borne agraire,
Tettent, nus et divins, Rémus avec son frère   20
Romulus, louveteaux de la louve d'airain;

Non loin, le fleuve Tibre épand son flot serein,
Et la vache au flanc roux y vient boire, et les buffles
Laissent en fils d'argent l'eau tomber de leurs muffles.

Le hideux souterrain s'étend dans tous les sens;   25
Il ouvre par endroits sous les pieds des passants
Ses soupiraux infects et flairés par les truies;
Cette cave se change en fleuve au temps des pluies;
Vers midi, tout au bord du soupirail vermeil,
Les durs barreaux de fer découpent le soleil,   30
Et le mur apparaît semblable au dos des zèbres;
Tout le reste est miasme, obscurité, ténèbres.
Par places le pavé, comme chez les tueurs,
Paraît sanglant; la pierre a d'affreuses sueurs;
Ici, l'oubli, la peste et la nuit font leurs œuvres.   35
Le rat heurte en courant la taupe; les couleuvres
Serpentent sur le mur comme de noirs éclairs;
Les tessons, les haillons, les piliers aux pieds verts,
Les reptiles laissant des traces de salives,
La toile d'araignée accrochée aux solives,   40
Des mares dans des coins, effroyables miroirs,
Où nagent on ne sait quels êtres lents et noirs,
Font un fourmillement horrible dans ces ombres.
La vieille hydre chaos rampe sous ces décombres.
On voit des animaux accroupis et mangeant;   45
La moisissure rose aux écailles d'argent
Fait sur l'obscur bourbier luire ses mosaïques,
L'odeur du lieu mettrait en fuite des stoïques,
Le sol partout se creuse en gouffres empestés;
Et les chauves-souris volent de tous côtés   50
Comme au milieu des fleurs s'ébattent les colombes;
On croit, dans cette brume et dans ces catacombes,
Entendre bougonner la mégère Atropos;
Le pied sent dans la nuit le dos mou des crapauds;
L'eau pleure; par moments quelque escalier livide   55
Plonge lugubrement ses marches dans le vide.
Tout est fétide, informe, abject, terrible à voir.

Le charnier, le gibet, le ruisseau, le lavoir,
Les vieux parfums rancis dans les fioles persanes,

Le lavabo vidé des pâles courtisanes,   60
L'eau lustrale épandue aux pieds des dieux menteurs,
Le sang des confesseurs et des gladiateurs,
Les meurtres, les festins, les luxures hardies,
Le chaudron renversé des noires Canidies,
Ce que Trimalcion vomit sur le chemin,   65
Tous les vices de Rome, égout du genre humain,
Suintent, comme en un crible, à travers cette voûte,
Et l'immonde univers y filtre goutte à goutte.
Là-haut, on vit, on teint ses lèvres de carmin,
On a le lierre au front et la coupe à la main,   70
Le peuple sous les fleurs cache sa plaie impure
Et chante; et c'est ici que l'ulcère suppure.
Ceci, c'est le cloaque, effrayant, vil, glacé.
Et Rome tout entière avec tout son passé,
Joyeuse, souveraine, esclave, criminelle,   75
Dans ce marais sans fond croupit, fange éternelle.
C'est le noir rendez-vous de l'immense néant;
Toute ordure aboutit à ce gouffre béant,
La vieille au chef branlant, qui gronde et qui soupire,
Y vide son panier, et le monde, l'empire.   80
L'horreur emplit cet antre, infâme vision.
Toute l'impureté de la création
Tombe et vient échouer sur cette sombre rive.
Au fond, on entrevoit, dans une ombre où n'arrive
Pas un reflet de jour, pas un souffle de vent,   85
Quelque chose d'affreux qui fut jadis vivant,
Des mâchoires, des yeux, des ventres, des entrailles,
Des carcasses qui font des taches aux murailles;
On approche, et longtemps on reste l'œil fixé
Sur ce tas monstrueux, dans la bourbe enfoncé,   90
Jeté là par un trou redouté des ivrognes,
Sans pouvoir distinguer si ces mornes charognes
Ont une forme encor visible en leurs débris.
Et sont des chiens crevés ou des césars pourris.

                                          Jersey. Avril 1853.

V

C'était en juin, j'étais à Bruxelle; on me dit:
Savez-vous ce que fait maintenant ce bandit?
Et l'on me raconta le meurtre juridique,
Charlet assassiné sur la place publique,
Cirasse, Cuisinier, tous ces infortunés   5
Que cet homme au supplice a lui-même traînés
Et qu'il a de ses mains liés sur la bascule.
O sauveur, ô héros, vainqueur de crépuscule,
César! Dieu fait sortir de terre les moissons,
La vigne, l'eau courante abreuvant les buissons,   10
Les fruits vermeils, la rose où l'abeille butine,
Les chênes, les lauriers, et toi, la guillotine.

Prince qu'aucun de ceux qui lui donnent leurs voix
Ne voudrait rencontrer le soir au coin d'un bois!

J'avais le front brûlant; je sortis par la ville.   15
Tout m'y parut plein d'ombre et de guerre civile,
Les passants me semblaient des spectres effarés;
Je m'enfuis dans les champs paisibles et dorés;
O contre-coups du crime au fond de l'âme humaine!
La nature ne put me calmer. L'air, la plaine,   20
Les fleurs, tout m'irritait; je frémissais devant
Ce monde où je sentais ce scélérat vivant.
Sans pouvoir m'apaiser, je fis plus d'une lieue.
Le soir triste monta sous la coupole bleue;
Linceul frissonnant, l'ombre autour de moi s'accrut;   25
Tout à coup la nuit vint, et la lune apparut
Sanglante, et dans les cieux, de deuil enveloppée,
Je regardai rouler cette tête coupée.

Jersey. Mai 1853.

VI

Chanson

Sa grandeur éblouit l'histoire.
    Quinze ans, il fut
Le dieu que traînait la victoire
    Sur un affût;
L'Europe sous sa loi guerrière   5
    Se débattit.—
Toi, son singe, marche derrière,
    Petit, petit.

Napoléon dans la bataille,
    Grave et serein,   10
Guidait à travers la mitraille
    L'aigle d'airain.
Il entra sur le pont d'Arcole,
    Il en sortit.—
Voici de l'or, viens, pille et vole,   15
    Petit, petit.

Berlin, Vienne, étaient ses maîtresses;
    Il les forçait,
Leste, et prenant les forteresses
    Par le corset;   20
Il triompha de cent bastilles
    Qu'il investit.—
Voici pour toi, voici des filles,
    Petit, petit.

Il passait les monts et les plaines,   25
    Tenant en main
La palme, la foudre et les rênes
    Du genre humain;
Il était ivre de sa gloire
    Qui retentit.—   30
Voici du sang, accours, viens boire,
    Petit, petit.

Quand il tomba, lâchant le monde,
   L'immense mer
Ouvrit à sa chute profonde   35
   Le gouffre amer;
Il y plongea, sinistre archange,
   Et s'engloutit.—
Toi, tu te noîras dans la fange,
   Petit, petit.   40

Jersey. Septembre 1853.

VII

La Caravane

I

Sur la terre, tantôt sable, tantôt savane,
L'un à l'autre liés en longue caravane,
Échangeant leur pensée en confuses rumeurs,
Emmenant avec eux les lois, les faits, les mœurs,
Les esprits, voyageurs éternels, sont en marche.   5
L'un porte le drapeau, les autres portent l'arche;
Ce saint voyage a nom Progrès. De temps en temps,
Ils s'arrêtent, rêveurs, attentifs, haletants,
Puis repartent. En route! ils s'appellent, ils s'aident,
Ils vont! Les horizons aux horizons succèdent,   10
Les plateaux aux plateaux, les sommets aux sommets.
On avance toujours, on n'arrive jamais.

A chaque étape un guide accourt à leur rencontre;
Quand Jean Huss disparaît, Luther pensif se montre;
Luther s'en va, Voltaire alors prend le flambeau;   15
Quand Voltaire s'arrête, arrive Mirabeau.
Ils sondent, pleins d'espoir, une terre inconnue.
A chaque pas qu'on fait, la brume diminue;
Ils marchent, sans quitter des yeux un seul instant
Le terme du voyage et l'asile où l'on tend,   20
Point lumineux au fond d'une profonde plaine,

La Liberté sacrée, éclatante et lointaine,
La Paix dans le travail, l'universel Hymen,
L'Idéal, ce grand but, Mecque du genre humain.

Plus ils vont, plus la Foi les pousse et les exalte. 25

Pourtant, à de certains moments, lorsqu'on fait halte,
Que la fatigue vient, qu'on voit le jour blémir,
Et qu'on a tant marché qu'il faut enfin dormir,
C'est l'instant où le Mal, prenant toutes les formes,
Morne oiseau, vil reptile ou monstre aux bonds énormes, 30
Chimère, préjugé, mensonge ténébreux,
C'est l'heure où le Passé, qu'ils laissent derrière eux,
Voyant dans chacun d'eux une proie échappée,
Surprend la caravane assoupie et campée,
Et, sortant hors de l'ombre et du néant profond, 35
Tâche de ressaisir ces esprits qui s'en vont.

II

Le jour baisse; on atteint quelque colline chauve
Que l'âpre solitude entoure, immense et fauve,
Et dont pas même un arbre, une roche, un buisson,
Ne coupe l'immobile et lugubre horizon; 40
Les tchaouchs, aux lueurs des premières étoiles,
Piquent des pieux en terre et déroulent les toiles;
En cercle autour du camp les feux sont allumés;
Ils est nuit. Gloire à Dieu! voyageurs las, dormez.

Non, veillez! car autour de vous tout se réveille. 45
Écoutez! écoutez! debout! prêtez l'oreille!
Voici qu'à la clarté du jour zodiacal,
L'épervier gris, le singe obscène, le chacal,
Les rats abjects et noirs, les belettes, les fouines,
Nocturnes visiteurs des tentes bédouines, 50
L'hyène au pas boiteux qui menace et qui fuit,
Le tigre au crâne plat, où nul instinct ne luit,
Dont la férocité ressemble à de la joie,
Tous, les oiseaux de deuil et les bêtes de proie,
Vers le feu rayonnant poussant d'étranges voix, 55

De tous les points de l'ombre arrivent à la fois.
Dans la brume, pareils aux brigands qui maraudent,
Bandits de la nature, ils sont tous là qui rôdent.
Le foyer se reflète aux yeux des léopards.
Fourmillement terrible! on voit de toutes parts 60
Des prunelles de braise errer dans les ténèbres.
La solitude éclate en hurlements funèbres.
Des pierres, des fossés, des ravins tortueux,
De partout, sort un bruit farouche et monstrueux.
Car lorsqu'un pas humain pénètre dans ces plaines, 65
Toujours, à l'heure où l'ombre épanche ses haleines,
Où la création commence son concert,
Le peuple épouvantable et rauque du désert,
Horrible et bondissant sous les pâles nuées,
Accueille l'homme avec des cris et des huées. 70
Bruit lugubre! chaos des forts et des petits
Cherchant leur proie avec d'immondes appétits!
L'un glapit, l'autre rit, miaule, aboie, ou gronde.
Le voyageur invoque en son horreur profonde
Ou son saint musulman ou son patron chrétien. 75

Soudain tout fait silence et l'on n'entend plus rien.

Le tumulte effrayant cesse, râles et plaintes
Meurent, comme des voix par l'agonie éteintes,
Comme si, par miracle et par enchantement,
Dieu même avait dans l'ombre emporté brusquement 80
Renards, singes, vautours, le tigre, la panthère,
Tous ces monstres hideux qui sont sur notre terre
Ce que sont les démons dans le monde inconnu.
Tout se tait.

   Le désert est muet, vaste et nu.
L'œil ne voit sous les cieux que l'espace sans borne. 85

Tout à coup, au milieu de ce silence morne
Qui monte et qui s'accroît de moment en moment,
S'élève un formidable et long rugissement!

C'est le lion.

III

Il vient, il surgit où vous êtes,
Le roi sauvage et roux des profondeurs muettes!   90

Il vient de s'éveiller comme le soir tombait,
Non, comme le loup triste, à l'odeur du gibet,
Non, comme le jaguar, pour aller dans les havres
Flairer si la tempête a jeté des cadavres,
Non, comme le chacal furtif et hasardeux,   95
Pour déterrer la nuit les morts, spectres hideux,
Dans quelque champ qui vit la guerre et ses désastres;
Mais pour marcher dans l'ombre à la clarté des astres,
Car l'azur constellé plaît à son œil vermeil;
Car Dieu fait contempler par l'aigle le soleil,   100
Et fait par le lion regarder les étoiles.
Il vient, du crépuscule il traverse les voiles,
Il médite, il chemine à pas silencieux,
Tranquille et satisfait sous la splendeur des cieux;
Il aspire l'air pur qui manquait à son antre;   105
Sa queue à coups égaux revient battre son ventre,
Et dans l'obscurité qui le sent approcher,
Rien ne le voit venir, rien ne l'entend marcher.
Les palmiers, frissonnant comme des touffes d'herbe,
Frémissent. C'est ainsi que, paisible et superbe,   110
Il arrive toujours par le même chemin,
Et qu'il venait hier, et qu'il viendra demain,
A cette heure où Vénus à l'occident décline.

Et quand il s'est trouvé proche de la colline,
Marquant ses larges pieds dans le sable mouvant,   115
Avant même que l'œil d'aucun être vivant
Ait pu, sous l'éternel et mystérieux dôme,
Voir poindre à l'horizon son vague et noir fantôme,
Avant que, dans la plaine, il se soit avancé,
Il se taisait; son souffle a seulement passé,   120
Et ce souffle a suffi, flottant à l'aventure,
Pour faire tressaillir la profonde nature,
Et pour faire soudain taire au plus fort du bruit
Toutes ces sombres voix qui hurlent dans la nuit.

IV

Ainsi, quand, de ton antre enfin poussant la pierre,   125
Et las du long sommeil qui pèse à ta paupière,
O Peuple, ouvrant tes yeux d'où sort une clarté,
Tu te réveilleras dans ta tranquillité,
Le jour où nos pillards, où nos tyrans sans nombre
Comprendront que quelqu'un remue au fond de l'ombre,   130
Et que c'est toi qui viens, ô lion! ce jour-là,
Ce vil groupe où Falstaff s'accouple à Loyola,
Tous ces gueux devant qui la probité se cabre,
Les traîneurs de soutane et les traîneurs de sabre,
Le général Soufflard, le juge Barabbas,   135
Le jésuite au front jaune, à l'œil féroce et bas,
Disant son chapelet dont les grains sont des balles,
Les Mingrats bénissant les Héliogabales,
Les Veuillots qui naguère, errant sans feu ni lieu,
Avant de prendre en main la cause du bon Dieu,   140
Avant d'être des saints, traînaient dans les ribottes
Les haillons de leur style et les trous de leurs bottes,
L'archevêque, ouléma du Christ ou de Mahom,
Mâchant avec l'hostie un sanglant Te Deum,
Les Troplong, les Rouher, violateurs de chartes,   145
Grecs qui tiennent les lois comme ils tiendraient les cartes,
Les beaux fils dont les mains sont rouges sous leurs gants;
Ces dévots, ces viveurs, ces bedeaux, ces brigands,
Depuis les hommes vils jusqu'aux hommes sinistres,
Tout ce tas monstrueux de gredins et de cuistres   150
Qui grincent, l'œil ardent, le muffle ensanglanté,
Autour de la raison et de la vérité,
Tous, du maître au goujat, du bandit au marouffle,
Pâles, rien qu'à sentir au loin passer ton souffle,
Feront silence, ô peuple! et tous disparaîtront   155
Subitement, l'éclair ne sera pas plus prompt,
Cachés, évanouis, perdus sous la nuit sombre,
Avant même qu'on ait entendu dans cette ombre
Où les justes tremblants aux méchants sont mêlés,
Ta grande voix monter vers les cieux étoilés!   160

Jersey. Juin 1853.

VIII

Cette nuit, il pleuvait, la marée était haute,
Un brouillard lourd et gris couvrait toute la côte,
Les brisants aboyaient comme des chiens, le flot
Aux pleurs du ciel profond joignait son noir sanglot,
L'infini secouait et mêlait dans son urne   5
Les sombres tournoîments de l'abîme nocturne;
Les bouches de la nuit semblaient rugir dans l'air.

J'entendais le canon d'alarme sur la mer.
Des marins en détresse appelaient à leur aide.
Dans l'ombre où la rafale aux rafales succède,   10
Sans pilote, sans mât, sans ancre, sans abri,
Quelque vaisseau perdu jetait son dernier cri.
Je sortis. Une vieille, en passant effarée,
Me dit:—il a péri! C'est un chasse-marée.
Je courus à la grève et ne vis qu'un linceul   15
De brouillard et de nuit, et l'horreur, et moi seul;
Et la vague, dressant sa tête sur l'abîme,
Comme pour éloigner un témoin de son crime,
Furieuse, se mit à hurler après moi.

Qu'es-tu donc, Dieu jaloux, Dieu d'épreuve et d'effroi,   20
Dieu des écroulements, des gouffres, des orages,
Que tu n'es pas content de tant de grands naufrages,
Qu'après tant de puissants et de forts engloutis,
Il te reste du temps encor pour les petits,
Que sur les moindres fronts ton bras laisse sa marque,   25
Et qu'après cette France, il te faut cette barque!

Jersey. Avril 1853.

IX

I

Ce serait une erreur de croire que ces choses
Finiront par des chants et des apothéoses;

Certe, il viendra, le rude et fatal châtiment;
Jamais l'arrêt d'en haut ne recule et ne ment,
Mais ces jours effrayants seront des jours sublimes.
Tu feras expier à ces hommes leurs crimes,
O peuple généreux, ô peuple frémissant,
Sans glaive, sans verser une goutte de sang,
Par la loi; sans pardon, sans fureur, sans tempête.
Non, que pas un cheveu ne tombe d'une tête;
Que l'on n'entende pas une bouche crier;
Que pas un scélérat ne trouve un meurtrier.
Les temps sont accomplis; la loi de mort est morte.
Du vieux charnier humain nous avons clos la porte.
Tous ces hommes vivront.—Peuple, pas même lui!

Nous le disions hier, nous venons aujourd'hui
Le redire, et demain nous le dirons encore,
Nous qui des temps futurs portons au front l'aurore,
Parce que nos esprits, peut-être pour jamais,
De l'adversité sombre habitent les sommets;
Nous, les absents, allant où l'exil nous envoie;
Nous, proscrits, qui sentons, pleins d'une douce joie,
Dans le bras qui nous frappe une main nous bénir,
Nous, les germes du grand et splendide avenir
Que le Seigneur, penché sur la famille humaine,
Sema dans un sillon de misère et de peine.

II

Ils tremblent, ces coquins, sous leur nom accablant;
Ils ont peur pour leur tête infâme, ou font semblant;
Mais, marauds, ce serait déshonorer la Grève!
Des révolutions remuer le vieux glaive
Pour eux! y songent-ils? diffamer l'échafaud!
Mais, drôles, des martyrs, qui marchaient le front haut,
Des justes, des héros, souriant à l'abîme,
Sont morts sur cette planche et l'ont faite sublime!
Quoi! Charlotte Corday, quoi! madame Roland
Sous cette grande hache ont posé leur cou blanc,
Elles l'ont essuyée avec leur tresse blonde,
Et Magnan y viendrait faire sa tache immonde!

Où le lion gronda, grognerait le pourceau!
Pour Rouher, Fould et Suin, ces rebuts du ruisseau,   40
L'échafaud des Camille et des Vergniaux superbes!
Quoi! grand Dieu, pour Troplong la mort de Malesherbes!
Traiter le sieur Delangle ainsi qu'André Chénier!
Jeter ces têtes-là dans le même panier,
Et, dans ce dernier choc qui mêle et qui rapproche,   45
Faire frémir Danton du contact de Baroche!
Non, leur règne, où l'atroce au burlesque se joint,
Est une mascarade, et, ne l'oublions point,
Nous en avons pleuré, mais souvent nous en rîmes.
Sous prétexte qu'il a commis beaucoup de crimes,   50
Et qu'il est assassin autant que charlatan,
Paillasse, après Saint-Just, Robespierre et Titan,
Monterait cette échelle effrayante et sacrée!
Après avoir coupé le cou de Briarée,
Ce glaive couperait la tête d'Arlequin!   55
Non, non! maître Rouher, vous êtes un faquin,
Fould, vous êtes un fat, Suin, vous êtes un cuistre.
L'échafaud est le lieu du triomphe sinistre,
Le piédestal, dressé sur le noir cabanon,
Qui fait tomber la tête et fait surgir le nom;   60
C'est le faîte vermeil d'où le martyr s'envole;
C'est la hache impuissante à trancher l'auréole;
C'est le créneau sanglant, étrange et redouté,
Par où l'âme se penche et voit l'éternité.
Ce qu'il faut, ô Justice, à ceux de cette espèce,   65
C'est le lourd bonnet vert, c'est la casaque épaisse,
C'est le poteau; c'est Brest, c'est Clairvaux, c'est Toulon;
C'est le boulet roulant derrière leur talon,
Le fouet et le bâton, la chaîne, âpre compagne,
Et les sabots sonnant sur le pavé du bagne!   70
Qu'ils vivent accouplés et flétris! L'échafaud,
Sévère, n'en veut pas. Qu'ils vivent, il le faut,
L'un avec sa simarre et l'autre avec son cierge!
La mort devant ces gueux baisse ses yeux de vierge.

                                        Jersey. Juillet 1853.

X

Quand l'eunuque régnait à côté du césar,
Quand Tibère, et Caïus, et Néron, sous leur char
Foulaient Rome, plus morte, hélas! que Babylone,
Le poëte saisit ces bourreaux sur leur trône;
La muse entre deux vers, tout vivants, les scia.   5
Toi, faux prince, cousin du blême hortensia,
Hidalgo par ta femme, amiral par ta mère,
Tu règnes par Décembre et tu vis sur Brumaire,
Mais la muse t'a pris; et maintenant, c'est bien,
Tu tressailles aux mains du sombre historien.   10
Pourtant, quoique tremblant sous la verge lyrique,
Tu dis dans ton orgueil:—je vais être historique.—
Non, coquin! le charnier des rois t'est interdit;
Non, tu n'entreras point dans l'histoire, bandit!
Haillon humain, hibou déplumé, bête morte,   15
Tu resteras dehors et cloué sur la porte.

Jersey. Octobre 1853.

XI

Paroles d'un conservateur à propos d'un perturbateur

Était-ce un rêve? étais-je éveillé? jugez-en.
Un homme,—était-il grec, juif, chinois, turc, persan?
Un membre du parti de l'ordre, véridique
Et grave, me disait:—cette mort juridique
Frappant ce charlatan, anarchiste éhonté,   5
Est juste. Il faut que l'ordre et que l'autorité
Se défendent. Comment souffrir qu'on les discute?
D'ailleurs les lois sont là pour qu'on les exécute.
Il est des vérités éternelles qu'il faut
Faire prévaloir, fût-ce au prix de l'échafaud.   10
Ce novateur prêchait une philosophie:
Amour, progrès, mots creux, et dont je me défie.
Il raillait notre culte antique et vénéré.

Cet homme était de ceux qui n'ont rien de sacré,
Il ne respectait rien de tout ce qu'on respecte.   15
Pour leur inoculer sa doctrine suspecte,
Il allait ramassant dans les plus méchants lieux
Des bouviers, des pêcheurs, des drôles bilieux,
D'immondes va-nu-pieds n'ayant ni sou ni maille;
Il faisait son cénacle avec cette canaille.   20
Il ne s'adressait pas à l'homme intelligent,
Sage, honorable, ayant des rentes, de l'argent,
Du bien; il n'avait garde; il égarait les masses;
Avec des doigts levés en l'air et des grimaces,
Il prétendait guérir malades et blessés,   25
Contrairement aux lois. Mais ce n'est pas assez:
L'imposteur, s'il vous plaît, tirait les morts des fosses.
Il prenait de faux noms et des qualités fausses;
Et se faisait passer pour ce qu'il n'était pas.
Il errait au hasard, disant:—suivez mes pas,—   30
Tantôt dans la campagne et tantôt dans la ville.
N'est-ce pas exciter à la guerre civile,
Au mépris, à la haine entre les citoyens?
On voyait accourir vers lui d'affreux payens,
Couchant dans les fossés et dans les fours à plâtre,   35
L'un boiteux, l'autre sourd, l'autre un œil sous l'emplâtre,
L'autre râclant sa plaie avec un vieux tesson.
L'honnête homme indigné rentrait dans sa maison
Quand ce jongleur passait avec cette séquelle.
Dans une fête, un jour, je ne sais plus laquelle,   40
Cet homme prit un fouet, et criant, déclamant,
Il se mit à chasser, mais fort brutalement,
Des marchands patentés, le fait est authentique,
Très-braves gens tenant sur le parvis boutique,
Avec permission, ce qui, je crois, suffit,   45
Du clergé qui touchait sa part de leur profit.
Il traînait à sa suite une espèce de fille.
Il allait pérorant, ébranlant la famille,
Et la religion, et la société;
Il sapait la morale et la propriété;   50
Le peuple le suivait, laissant les champs en friches;
C'était fort dangereux. Il attaquait les riches,
Il flagornait le pauvre, affirmant qu'ici-bas

Les hommes sont égaux et frères, qu'il n'est pas
De grands et de petits, d'esclaves ni de maîtres,   55
Que le fruit de la terre est à tous; quant aux prêtres,
Il les déchirait; bref, il blasphémait. Cela
Dans la rue. Il contait toutes ces horreurs-là
Aux premiers gueux venus, sans cape et sans semelles.
Il fallait en finir, les lois étaient formelles,   60
On l'a crucifié.—

              Ce mot, dit d'un air doux,
Me frappa. Je lui dis:—mais qui donc êtes-vous?
Il répondit:—vraiment, il fallait un exemple.
Je m'appelle Elizab, je suis scribe du temple.
—Et de qui parlez-vous? demandai-je.—Il reprit: 65
—Mais! de ce vagabond qu'on nomme Jésus-Christ.

                       Jersey. November 1852.

XII

Force des Choses

Que devant les coquins l'honnête homme soupire;
Que l'histoire soit laide et plate; que l'empire
Boîte avec Talleyrand ou louche avec Parieu;
Qu'un tour d'escroc bien fait ait nom grâce de Dieu;
Que le pape en massue ait changé sa houlette;   5
Qu'on voie au Champ-de-Mars piaffer sous l'épaulette
Le Meurtre général, le Vol aide-de-camp;
Que hors de l'Élysée un prince débusquant,
Qu'un flibustier quittant l'île de la Tortue,
Assassine, extermine, égorge, pille et tue;   10
Que les bonzes chrétiens, cognant sur leur tamtam,
Hurlent devant Soufflard: attollite portam!
Que pour claqueurs le crime ait cent journaux infâmes,
Ceux qu'à la Maison d'Or, sur les genoux des femmes,
Griffonnent les Romieux, le verre en main, et ceux   15
Que saint Ignace inspire à des gredins crasseux;
Qu'en ces vils tribunaux où le regard se heurte

De Moreau de la Seine à Moreau de la Meurthe,
La justice ait reçu d'horribles horions;
Que, sur un lit-de-camp, par des centurions   20
La loi soit violée et râle à l'agonie;
Que cet être choisi, créé par Dieu génie,
L'homme, adore à genoux le loup fait empereur;
Qu'en un éclat de rire abrégé par l'horreur,
Tout ce que nous voyons aujourd'hui se résume;   25
Qu'Hautpoul vende son sabre et Cucheval sa plume;
Que tous les grands bandits, en petit copiés,
Revivent; qu'on emplisse un Sénat, de plats pieds
Dont la servilité négresse et mamelouque
Eût révolté Mahmoud et lasserait Soulouque;   30
Que l'or soit le seul culte, et qu'en ce temps vénal,
Coffre-fort étant Dieu, Gousset soit cardinal;
Que la vieille Thémis ne soit plus qu'une gouine
Baisant Mandrin dans l'antre où Mongis baragouine;
Que Montalembert bave accoudé sur l'autel;   35
Que Veuillot sur Sibour crève sa poche au fiel;
Qu'on voie aux bals de cour s'étaler des guenipes
Qui le long des trottoirs traînaient hier leurs nippes,
Beautés de lansquenet avec un profil grec;
Que Haynau dans Brescia soit pire que Lautrec;   40
Que partout, des Sept-Tours aux colonnes d'Hercule,
Napoléon, le poing sur la hanche, recule,
Car l'aigle est vieux, Essling grisonne, Marengo
A la goutte, Austerlitz est pris d'un lombago;
Que le czar russe ait peur tout autant que le nôtre;   45
Que l'ours noir et l'ours blanc tremblent l'un devant l'autre;
Qu'avec son grand panache et sur son grand cheval,
Rayonne Saint-Arnaud, ci-devant Florival,
Fort dans la pantomime et les combats-à-l'hache;
Que Sodôme se montre et que Paris se cache;   50
Qu'Escobar et Houdin vendent le même onguent;
Que grâce à tous ces gueux qu'on touche avec le gant,
Tout dorés au-dehors, au-dedans noirs de lèpres,
Courant les bals, courant les jeux, allant à vêpres,
Grâce à ces bateleurs mêlés aux scélérats,   55
La Saint-Barthélemy s'achève en mardi gras;
O nature profonde et calme, que t'importe!

Nature, Isis voilée assise à notre porte,
Impénétrable aïeule aux regards attendris,
Vieille comme Cybèle et fraîche comme Iris, 60
Ce qu'on fait ici-bas s'en va devant ta face;
A ton rayonnement toute laideur s'efface;
Tu ne t'informes pas quel drôle ou quel tyran
Est fait premier chanoine à Saint-Jean de Latran;
Décembre, les soldats ivres, les lois faussées, 65
Les cadavres mêlés aux bouteilles cassées,
Ne te font rien; tu suis ton flux et ton reflux.
Quand l'homme des faubourgs s'endort et ne sait plus
Bourrer dans un fusil des balles de calibre;
Quand le peuple français n'est plus le peuple libre; 70
Quand mon esprit, fidèle au but qu'il se fixa,
Sur cette léthargie applique un vers moxa;
Toi, tu rêves; souvent du fond des geôles sombres,
Sort, comme d'un enfer, le murmure des ombres
Que Baroche et Rouher gardent sous les barreaux, 75
Car ce tas de laquais est un tas de bourreaux;
Étant les cœurs de boue ils sont les cœurs de roche;
Ma strophe alors se dresse, et pour cingler Baroche,
Se taille un fouet sanglant dans Rouher écorché;
Toi, tu ne t'émeus point; flot sans cesse épanché, 80
La vie indifférente emplit toujours tes urnes;
Tu laisses s'élever des attentats nocturnes,
Des crimes, des fureurs, de Rome mise en croix,
De Paris mis aux fers, des guets-apens des rois,
Des piéges, des serments, des toiles d'araignées, 85
L'orageuse clameur des âmes indignées;
Dans ce calme où toujours tu te réfugias,
Tu laisses le fumier croupir chez Augias,
Et renaître un passé dont nous nous affranchîmes,
Et le sang rajeunir les abus cacochymes, 90
La France en deuil jeter son suprême soupir,
Les prostitutions chanter, et se tapir
Les lâches dans leurs trous, la taupe en ses cachettes,
Et gronder les lions, et rugir les poëtes!
Ce n'est pas ton affaire à toi de t'irriter. 95
Tu verrais, sans frémir et sans te révolter,
Sur tes fleurs, sous tes pins, tes ifs et tes érables,

Errer le plus coquin de tous ces misérables.
Quand Troplong, le matin, ouvre un œil chassieux,
Vénus, splendeur sereine éblouissant les cieux,　　　100
Vénus, qui devrait fuir courroucée et hagarde,
N'a pas l'air de savoir que Troplong la regarde!
Tu laisserais cueillir une rose à Dupin!
Tandis que, de velours recouvrant le sapin,
L'escarpe couronné que l'Europe surveille,　　　105
Trône et guette, et qu'il a, lui parlant à l'oreille,
D'un côté Loyola, de l'autre Trestaillon,
Ton doigt au blé dans l'ombre entrouvre le sillon.
Pendant que l'horreur sort des sénats, des conclaves,
Que les États-Unis ont des marchés d'esclaves　　　110
Comme en eut Rome avant que Jésus-Christ passât,
Que l'Américain libre à l'Africain forçat
Met un bât, et qu'on vend des hommes pour des piastres,
Toi, tu gonfles la mer, tu fais lever les astres,
Tu courbes l'arc-en-ciel, tu remplis les buissons　　　115
D'essaims, l'air de parfums, et les nids de chansons,
Tu fais dans le bois vert la toilette des roses,
Et tu fais concourir, loin des hommes moroses,
Pour des prix inconnus par les anges cueillis,
La candeur de la vierge et la blancheur du lys;　　　120
Et quand, tordant ses mains devant les turpitudes,
Le penseur douloureux fuit dans tes solitudes,
Tu lui dis: viens! c'est moi! moi que rien ne corrompt,
Je t'aime! et tu répands dans l'ombre sur son front,
Où de l'artère ardente il sent battre les ondes,　　　125
L'âcre fraîcheur de l'herbe et des feuilles profondes!
Par moments, à te voir, parmi les trahisons,
Mener paisiblement les mois et les saisons,
A te voir impassible et froide, quoi qu'on fasse,
Pour qui ne creuse point plus bas que la surface,　　　130
Tu sembles bien glacée et l'on s'étonne un peu.
Quand les proscrits, martyrs du peuple, élus de Dieu,
Stoïques, dans la mort se couchent sans se plaindre,
Tu n'as l'air de songer qu'à dorer et qu'à peindre
L'aile du scarabée errant sur leurs tombeaux.　　　135
Les rois font les gibets, toi, tu fais les corbeaux.
Tu mets le même ciel sur le juste et l'injuste.

Occupée à la mouche, à la pierre, à l'arbuste,
Aux mouvements confus du vil monde animal,
Tu parais ignorer le bien comme le mal;   140
Tu laisses l'homme en proie à sa misère aiguë.
Que t'importe Socrate! et tu fais la ciguë.
Tu créas le besoin, l'instinct et l'appétit;
Le fort mange le faible et le grand le petit,
L'ours déjeune du rat, l'autour de la colombe,   145
Qu'importe! allez, naissez, fourmillez pour la tombe,
Multitudes! vivez, tuez, faites l'amour,
Croissez! le pré verdit, la nuit succède au jour,
L'âne brait, le cheval hennit, le taureau beugle;
O figure terrible, on te croirait aveugle!   150
Le bon et le mauvais se mêlent sous tes pas.
Dans cet immense oubli, tu ne vois même pas
Ces deux géants lointains penchés sur ton abîme,
Satan, père du mal, Caïn, père du crime!

Erreur! erreur! erreur! ô géante aux cent yeux,   155
Tu fais un grand labeur, saint et mystérieux!
Oh! qu'un autre que moi te blasphème, ô Nature!
Tandis que notre chaîne étreint notre ceinture,
Et que l'obscurité s'étend de toutes parts,
Les principes cachés, les éléments épars,   160
Le fleuve, le volcan à la bouche écarlate,
Le gaz qui se condense et l'air qui se dilate,
Les fluides, l'éther, le germe sourd et lent,
Sont autant d'ouvriers dans l'ombre travaillant;
Ouvriers sans sommeil, sans fatigue, sans nombre.   165
Tu viens dans cette nuit, libératrice sombre!
Tout travaille, l'aimant, le bitume, le fer,
Le charbon; pour changer en éden notre enfer,
Les forces à ta voix sortent du fond des gouffres.

Tu murmures tout bas: —race d'Adam qui souffres,   170
Hommes, forçats pensants au vieux monde attachés,
Chacune de mes lois vous délivre. Cherchez!—
Et chaque jour surgit une clarté nouvelle,
Et le penseur épie et le hasard révèle;
Toujours le vent sema, le calcul récolta.   175
Ici Fulton, ici Galvani, là Volta,

Sur tes secrets profonds, que chaque instant nous livre,
Rêvent; l'homme ébloui déchiffre enfin ton livre.
D'heure en heure on découvre un peu plus d'horizon:
Comme un coup de bélier au mur d'une prison,   180
Du genre humain qui fouille et qui creuse et qui sonde,
Chaque tâtonnement fait tressaillir le monde.
L'hymen des nations s'accomplit. Passions,
Intérêts, mœurs et lois, les révolutions,
Par qui le cœur humain germe et change de formes,   185
Paris, Londres, New-York, les continents énormes,
Ont pour lien un fil qui tremble au fond des mers.
Une force inconnue, empruntée aux éclairs,
Mêle au courant des flots le courant des idées.
La science, gonflant ses ondes débordées,   190
Submerge trône et sceptre, idole et potentat.
Tout va, pense, se meut, s'accroît! L'aérostat
Passe, et du haut des cieux ensemence les hommes!
Chanaan apparaît; le voilà, nous y sommes!
L'amour aux pleurs succède et l'eau vive à la mort,   195
Et la bouche qui chante à la bouche qui mord.
La science, pareille aux antiques pontifes,
Attelle aux chars tonnants d'effrayants hippogriffes;
Le feu souffle aux naseaux de la bête d'airain.
Le globe esclave cède à l'esprit souverain.   200
Partout où la terreur régnait, où marchait l'homme,
Triste et plus accablé que la bête de somme,
Traînant ses fers sanglants que l'erreur a forgés,
Partout où les carcans sortaient des préjugés,
Partout où les césars, posant le pied sur l'âme,   205
Étouffaient la clarté, la pensée et la flamme,
Partout où le mal sombre, étendant son réseau,
Faisait ramper le ver, tu fais naître l'oiseau!
Par degrés, lentement, on voit sous ton haleine
La liberté sortir de l'herbe de la plaine,   210
Des pierres du chemin, des branches des forêts,
Rayonner, convertir la science en décrets,
Du vieil univers mort briser la carapace,
Emplir le feu qui luit, l'eau qui bout, l'air qui passe,
Gronder dans le tonnerre, errer dans les torrents,   215
Vivre! et tu rends le monde impossible aux tyrans!

La matière, aujourd'hui vivante, jadis morte,
Hier écrasait l'homme et maintenant l'emporte.
Le bien germe à toute heure et la joie en tout lieu.
Oh! sois fière, en ton cœur, toi qui, sous l'œil de Dieu,   220
Nous prodigues les dons que ton mystère épanche,
Toi qui regardes, comme une mère se penche
Pour voir naître l'enfant que son ventre a porté,
De ton flanc éternel sortir l'humanité!

Vie! idée! avatars bouillonnant dans les têtes!   225
Le progrès, reliant entr'elles ses conquêtes,
Gagne un point après l'autre, et court contagieux.
De cet obscur amas de faits prodigieux
Qu'aucun regard n'embrasse et qu'aucun mot ne nomme,
Tu naîs plus frissonnant que l'aigle, esprit de l'homme,   230
Refaisant mœurs, cités, codes, religion.
Le passé n'est que l'œuf d'où tu sors, Légion!

O nature! c'est là ta genèse sublime.
Oh! l'éblouissement nous prend sur cette cime!
Le monde, réclamant l'essor que Dieu lui doit,   235
Vibre; et dès à présent, grave, attentif, le doigt
Sur la bouche, incliné sur les choses futures,
Sur la création et sur les créatures,
Une vague lueur dans son œil éclatant,
Le voyant, le savant, le philosophe entend   240
Dans l'avenir, déjà vivant sous ses prunelles,
La palpitation de ces millions d'ailes!

Jersey. Mai 1853.

XIII

Chanson

A quoi ce proscrit pense-t-il?
A son champ d'orge ou de laitue,
A sa charrue, à son outil,
A la grande France abattue.

Hélas! le souvenir le tue.   5
Pendant qu'on rente les Dupin
Le pauvre exilé souffre et prie.
—On ne peut pas vivre sans pain;
On ne peut pas non plus vivre sans la patrie.—

L'ouvrier rêve l'atelier,   10
Et le laboureur sa chaumière;
Les pots de fleurs sur l'escalier,
Le feu brillant, la vitre claire,
Au fond le lit de la grand'mère;
Quatre gros glands de vieux crépin   15
En faisaient la coquetterie.
—On ne peut pas vivre sans pain;
On ne peut pas non plus vivre sans la patrie.—

En mai volait la mouche à miel;
On voyait courir dans les seigles   20
Les moineaux, partageux du ciel;
Ils pillaient nos champs, ces espiègles,
Tout comme s'ils étaient des aigles.
Un château du temps de Pépin
Croulait près de la métairie.   25
—On ne peut pas vivre sans pain;
On ne peut pas non plus vivre sans la patrie.—

Avec sa lime ou son maillet
On soutenait enfants et femme;
De l'aube au soir on travaillait   30
Et le travail égayait l'âme.
O saint travail! lumière et flamme!
De Watt, de Jacquart, de Papin,
La jeunesse ainsi fut nourrie.
—On ne peut pas vivre sans pain;   35
On ne peut pas non plus vivre sans la patrie.—

Les jours de fête, l'ouvrier
Laissait les soucis en fourrière;
Chantant les chants de février,
Blouse au vent, casquette en arrière,   40

Ou s'en allait à la barrière.
On mangeait un douteux lapin
Et l'on buvait à la Hongrie.
—On ne peut pas vivre sans pain;
On ne peut pas non plus vivre sans la patrie.—   45

Les dimanches le paysan
Appelait Jeanne ou Jacqueline,
Et disait: —femme, viens-nous-en,
Mets ta coiffe de mousseline!
Et l'on dansait sur la colline.   50
Le sabot et non l'escarpin,
Foulait gaîment l'herbe fleurie.
—On ne peut pas vivre sans pain;
On ne peut pas non plus vivre sans la patrie.—

Les exilés s'en vont pensifs.   55
Leur âme, hélas! n'est plus entière.
Ils regardent l'ombre des ifs
Sur les fosses du cimetière;
L'un songe à l'Allemagne altière,
L'autre au beau pays transalpin,   60
L'autre à sa Pologne chérie.
—On ne peut pas vivre sans pain;
On ne peut pas non plus vivre sans la patrie.—

Un proscrit, lassé de souffrir,
Mourait; calme, il fermait son livre;   65
Et je lui dis: «pourquoi mourir?»
Il me répondit: «Pourquoi vivre?»
Puis il reprit: «Je me délivre.
«Adieu! je meurs. Néron Scapin
«Met aux fers la France flétrie . . .»   70
—On ne peut pas vivre sans pain;
On ne peut pas non plus vivre sans la patrie.—

«. . . Je meurs de ne plus voir les champs
«Où je regardais l'aube naître,
«De ne plus entendre les chants   75
«Que j'entendais de ma fenêtre.

«Mon âme est où je ne puis être.
«Sous quatre planches de sapin,
«Enterrez-moi dans la prairie.»
—On ne peut pas vivre sans pain;　　　　　　　80
On ne peut pas non plus vivre sans la patrie.—

Jersey. Avril 1853.

XIV

Ultima Verba

La conscience humaine est morte; dans l'orgie,
Sur elle il s'accroupit; ce cadavre lui plaît;
Par moment, gai, vainqueur, la prunelle rougie,
Il se retourne et donne à la morte un soufflet.　　　　4

La prostitution du juge est la ressource.
Les prêtres font frémir l'honnête homme éperdu;
Dans le champ du potier ils déterrent la bourse,
Sibour revend le Dieu que Judas a vendu.　　　　8

Ils disent: —César règne, et le Dieu des armées
L'a fait son élu. Peuple, obéis! tu le dois.—
Pendant qu'ils vont chantant, tenant leurs mains fermées,
On voit le sequin d'or qui passe entre leurs doigts.　　　　12

Oh! tant qu'on le verra trôner, ce gueux, ce prince,
Par le pape béni, monarque malandrin,
Dans une main le sceptre et dans l'autre la pince,
Charlemagne taillé par Satan dans Mandrin;　　　　16

Tant qu'il se vautrera, broyant dans ses mâchoires
Le serment, la vertu, l'honneur religieux;
Ivre, affreux, vomissant sa honte sur nos gloires;
Tant qu'on verra cela sous le soleil des cieux;　　　　20

Quand même grandirait l'abjection publique
A ce point d'adorer l'exécrable trompeur;

Quand même l'Angleterre et même l'Amérique
Diraient à l'exilé: —Va-t-en! nous avons peur!   24

Quand même nous serions comme la feuille morte,
Quand, pour plaire à César, on nous renîrait tous;
Quand le proscrit devrait s'enfuir de porte en porte,
Aux hommes déchiré comme un haillon aux clous;   28

Quand le désert, où Dieu contre l'homme proteste,
Bannirait les bannis, chasserait les chassés;
Quand même, infâme aussi, lâche comme le reste,
Le tombeau jetterait dehors les trépassés;   32

Je ne fléchirai pas! Sans plainte dans la bouche,
Calme, le deuil au cœur, dédaignant le troupeau,
Je vous embrasserai dans mon exil farouche,
Patrie, ô mon autel! liberté, mon drapeau!   36

Mes nobles compagnons, je garde votre culte;
Bannis, la République est là qui nous unit.
J'attacherai la gloire à tout ce qu'on insulte;
Je jetterai l'opprobre à tout ce qu'on bénit!   40

Je serai, sous le sac de cendre qui me couvre,
La voix qui dit: malheur! la bouche qui dit: non!
Tandis que tes valets te montreront ton Louvre,
Moi, je te montrerai, César, ton cabanon.   44

Devant les trahisons et les têtes courbées,
Je croiserai les bras, indigné, mais serein.
Sombre fidélité pour les choses tombées,
Sois ma force et ma joie et mon pilier d'airain!   48

Oui, tant qu'il sera là, qu'on cède ou qu'on persiste,
O France! France aimée et qu'on pleure toujours,
Je ne reverrai pas ta terre douce et triste,
Tombeaux de mes aïeux et nid de mes amours!   52

Je ne reverrai pas ta rive qui nous tente,
France! hors le devoir, hélas! j'oublîrai tout.

Parmi les éprouvés je planterai ma tente :
Je resterai proscrit, voulant rester debout.   56

J'accepte l'âpre exil, n'eût-il ni fin ni terme ;
Sans chercher à savoir et sans considérer
Si quelqu'un a plié qu'on aurait cru plus ferme,
Et si plusieurs s'en vont qui devraient demeurer.   60

Si l'on n'est plus que mille, eh bien, j'en suis ! Si même
Ils ne sont plus que cent, je brave encor Sylla ;
S'il en demeure dix, je serai le dixième ;
Et s'il n'en reste qu'un, je serai celui-là !   64

Jersey. 2 décembre 1852.

Lux

I

Temps futurs! vision sublime!
Les peuples sont hors de l'abîme.
Le désert morne est traversé.
Après les sables, la pelouse;
Et la terre est comme une épouse,   5
Et l'homme est comme un fiancé!

Dès à présent l'œil qui s'élève
Voit distinctement ce beau rêve
Qui sera le réel un jour;
Car Dieu dénoûra toute chaîne,   10
Car le passé se nomme haine
Et l'avenir s'appelle amour!

Dès à présent dans nos misères
Germe l'hymen des peuples frères;
Volant sur nos sombres rameaux,   15
Comme un frêlon que l'aube éveille,
Le progrès, ténébreuse abeille,
Fait du bonheur avec nos maux.

Oh! voyez! la nuit se dissipe;
Sur le monde qui s'émancipe,   20
Oubliant Césars et Capets,
Et sur les nations nubiles,
S'ouvrent dans l'azur, immobiles,
Les vastes ailes de la paix!

O libre France enfin surgie!   25
O robe blanche après l'orgie!
O triomphe après les douleurs!
Le travail bruit dans les forges,
Le ciel rit, et les rouges-gorges
Chantent dans l'aubépine en fleurs!   30

La rouille mord les hallebardes.
De vos canons, de vos bombardes,
Il ne reste pas un morceau
Qui soit assez grand, capitaines,
Pour qu'on puisse prendre aux fontaines   35
De quoi faire boire un oiseau.

Les rancunes sont effacées;
Tous les cœurs, toutes les pensées,
Qu'anime le même dessein,
Ne font plus qu'un faisceau superbe;   40
Dieu prend pour lier cette gerbe
La vieille corde du tocsin.

Au fond des cieux un point scintille.
Regardez, il grandit, il brille,
Il approche, énorme et vermeil.   45
O République universelle!
Tu n'es encor que l'étincelle,
Demain tu seras le soleil!

II

Fêtes dans les cités, fêtes dans les campagnes!
Les cieux n'ont plus d'enfers, les lois n'ont plus de bagnes.   50
Où donc est l'échafaud? ce monstre a disparu.
Tout renaît. Le bonheur de chacun est accru
De la félicité des nations entières.
Plus de soldats l'épée au poing, plus de frontières,
Plus de fisc, plus de glaive ayant forme de croix.   55
L'Europe en rougissant dit: —quoi! j'avais des rois!
Et l'Amérique dit: —quoi! j'avais des esclaves!
Science, art, poésie, ont dissous les entraves
De tout le genre humain. Où sont les maux soufferts? . . .
Les libres pieds de l'homme ont oublié les fers.   60
Tout l'univers n'est plus qu'une famille unie.
Le saint labeur de tous se fond en harmonie;
Et la Société, qui d'hymnes retentit,
Accueille avec transport l'effort du plus petit;
L'ouvrage du plus humble au fond de sa chaumière   65

Émeut l'immense peuple heureux dans la lumière;
Toute l'humanité, dans sa splendide ampleur,
Sent le don que lui fait le moindre travailleur;
Ainsi les verts sapins, vainqueurs des avalanches,
Les grands chênes remplis de feuilles et de branches,   70
Les vieux cèdres touffus, plus durs que le granit,
Quand la fauvette en mai vient y faire son nid,
Tressaillent dans leur force et leur hauteur superbe,
Tout joyeux qu'un oiseau leur apporte un brin d'herbe.

Radieux avenir! Essor universel!   75
Épanouissement de l'homme sous le ciel!

III

O proscrits! hommes de l'épreuve,
Mes compagnons vaillants et doux,
Bien des fois, assis près du fleuve,
J'ai chanté ce chant parmi vous;   80

Bien des fois, quand vous m'entendîtes,
Plusieurs m'ont dit: « Perds ton espoir.
« Nous serions des races maudites,
« Le ciel ne serait pas plus noir!

« Que veut dire cette inclémence?   85
« Quoi! le juste a le châtiment!
« La vertu s'étonne et commence
« A regarder Dieu fixement.

« Dieu se dérobe et nous échappe.
« Quoi donc! l'iniquité prévaut!   90
« Le crime, voyant où Dieu frappe,
« Rit d'un rire impie et dévot.

« Nous ne comprenons pas ses voies.
« Comment ce Dieu des nations
« Fera-t-il sortir tant de joies   95
« De tant de désolations?

« Ses desseins nous semblent contraires
« A l'espoir qui luit dans tes yeux . . .»
—Mais qui donc, ô proscrits, mes frères,
Comprend le grand mystérieux ?   100

Qui donc a traversé l'espace,
La terre, l'eau, l'air et le feu,
Et l'étendue où l'esprit passe ?
Qui donc peut dire : « J'ai vu Dieu !

« J'ai vu Jéhova ! je le nomme !   105
« Tout à l'heure il me réchauffait !
« Je sais comment il a fait l'homme !
« Comment il fait tout ce qu'il fait !

« J'ai vu cette main inconnue
« Qui lâche en s'ouvrant l'âpre hiver,   110
« Et les tonnerres dans la nue,
« Et les tempêtes sur la mer,

« Tendre et ployer la nuit livide ;
« Mettre une âme dans l'embryon ;
« Appuyer dans l'ombre du vide   115
« Le pôle du septentrion ;

« Amener l'heure où tout arrive ;
« Faire au banquet du roi fêté
« Entrer la mort, ce noir convive,
« Qui vient sans qu'on l'ait invité ;   120

« Créer l'araignée et sa toile,
« Peindre la fleur, mûrir le fruit,
« Et sans perdre une seule étoile
« Mener tous les astres la nuit ;

« Arrêter la vague à la rive ;   125
« Parfumer de roses l'été ;
« Verser le temps comme une eau vive
« Des urnes de l'éternité ;

« D'un souffle, avec ses feux sans nombre,
« Faire, dans toute sa hauteur,   130
« Frissonner le firmament sombre
« Comme la tente d'un pasteur;

« Attacher les globes aux sphères
« Par mille invisibles liens; . . .
« Toutes ces choses sont très-claires,   135
« Je sais comment il fait! j'en viens!»

Qui peut dire cela? personne.
Nuit sur nos cœurs! nuit sur nos yeux!
L'homme est un vain clairon qui sonne.
Dieu seul parle aux axes des cieux.   140

                    IV

Ne doutons pas! croyons! la fin, c'est le mystère.
Attendons. Des Nérons comme de la panthère,
    Dieu sait briser la dent.
Dieu nous essaie, amis. Ayons foi, soyons calmes,
Et marchons. O désert! s'il fait croître des palmes,   145
    C'est dans ton sable ardent!

Parce qu'il ne fait pas son œuvre tout de suite,
Qu'il livre Rome au prêtre et Jésus au jésuite,
    Et les bons au méchant,
Nous désespérerions! de lui! du juste immense!   150
Non! non! lui seul connaît le nom de la semence
    Qui germe dans son champ.

Ne possède-t-il pas toute la certitude?
Dieu ne remplit-il pas ce monde, notre étude,
    Du Nadir au Zénith?   155
Notre sagesse auprès de la sienne est démence;
Et n'est-ce pas à lui que la clarté commence,
    Et que l'ombre finit?

Ne voit-il pas ramper les hydres sur leurs ventres?

Ne regarde-t-il pas jusqu'au fond de leurs antres   160
    Atlas et Pélion?
Ne connaît-il pas l'heure où la cigogne émigre?
Sait-il pas ton entrée et ta sortie, ô tigre,
    Et ton antre, ô lion?

Hirondelle, réponds, aigle à l'aile sonore,   165
Parle, avez-vous des nids que l'Éternel ignore?
    O cerf, quand l'as-tu fui?
Renard, ne vois-tu pas ses yeux dans la broussaille?
Loup, quand tu sens la nuit une herbe qui tressaille,
    Ne dis-tu pas: c'est lui!   170

Puisqu'il sait tout cela, puisqu'il peut toute chose,
Que ses doigts font jaillir les effets de la cause
    Comme un noyau d'un fruit,
Puisqu'il peut mettre un ver dans les pommes de l'arbre,
Et faire disperser les colonnes de marbre   175
    Par le vent de la nuit;

Puisqu'il bat l'océan pareil au bœuf qui beugle,
Puisqu'il est le voyant et que l'homme est l'aveugle,
    Puisqu'il est le milieu,
Puisque son bras nous porte, et puisque à son passage   180
La comète frissonne ainsi qu'en une cage
    Tremble une étoupe en feu;

Puisque l'obscure nuit le connaît, puisque l'ombre
Le voit, quand il lui plaît, sauver la nef qui sombre,
    Comment douterions-nous,   185
Nous qui, fermes et purs, fiers dans nos agonies,
Sommes debout devant toutes les tyrannies,
    Pour lui seul, à genoux!

D'ailleurs pensons. Nos jours sont des jours d'amertume,
Mais quand nous étendons les bras dans cette brume,   190
    Nous sentons une main;
Quand nous marchons, courbés, dans l'ombre du martyre,
Nous entendons quelqu'un derrière nous nous dire:
    C'est ici le chemin.

O proscrits, l'avenir est aux peuples! Paix, gloire,   195
Liberté, reviendront sur des chars de victoire
  Aux foudroyants essieux;
Ce crime qui triomphe est fumée et mensonge;
Voilà ce que je puis affirmer, moi qui songe
  L'œil fixé sur les cieux!   200

Les césars sont plus fiers que les vagues marines,
Mais Dieu dit: —Je mettrai ma boucle en leurs narines,
  Et dans leur bouche un mors,
Et je les traînerai, qu'on cède ou bien qu'on lutte,
Eux et leurs histrions et leurs joueurs de flûte,   205
  Dans l'ombre où sont les morts!

Dieu dit; et le granit que foulait leur semelle
S'écroule, et les voilà disparus pêle-mêle
  Dans leurs prospérités!
Aquilon! aquilon! qui viens battre nos portes,   210
Oh! dis-nous, si c'est toi, souffle, qui les emportes,
  Où les as-tu jetés?

V

Bannis! bannis! bannis! c'est là la destinée.
Ce qu'apporta le flux sera dans la journée
  Repris par le reflux.   215
Les jours mauvais fuiront sans qu'on sache leur nombre,
Et les peuples joyeux et se penchant sur l'ombre,
  Diront: cela n'est plus!

Les temps heureux luiront, non pour la seule France,
Mais pour tous. On verra, dans cette délivrance,   220
  Funeste au seul passé,
Toute l'humanité chanter, de fleurs couverte,
Comme un maître qui rentre en sa maison déserte,
  Dont on l'avait chassé.

Les tyrans s'éteindront comme des météores.   225
Et, comme s'il naissait de la nuit deux aurores
  Dans le même ciel bleu,

Nous vous verrons sortir de ce gouffre où nous sommes,
Mêlant vous deux rayons, fraternité des hommes,
  Paternité de Dieu!   230

Oui, je vous le déclare, oui, je vous le répète,
Car le clairon redit ce que dit la trompette,
  Tout sera paix et jour!
Liberté! plus de serf et plus de prolétaire!
O sourire d'en haut! ô du ciel pour la terre   235
  Majestueux amour!

L'arbre saint du Progrès, autrefois chimérique,
Croîtra, couvrant l'Europe et couvrant l'Amérique,
  Sur le passé détruit,
Et, laissant l'Éther pur luire à travers ses branches,   240
Le jour, apparaîtra plein de colombes blanches,
  Plein d'étoiles, la nuit.

Et nous qui serons morts, morts dans l'exil peut-être,
Martyrs saignants, pendant que les hommes, sans maître,
  Vivront, plus fiers, plus beaux,   245
Sous ce grand arbre, amour des cieux qu'il avoisine,
Nous nous réveillerons pour baiser sa racine
  Au fond de nos tombeaux!

        Jersey. Septembre 1853.

La Fin

Comme j'allais fermer ces pages inflexibles,
Sur les trônes croulants, perdus par leur sauveur,
La guerre s'est dressée, et j'ai vu, moi rêveur,
Passer dans un éclair sa face aux cris terribles.   4

Et j'ai vu frissonner l'homme de grand chemin!
Cette foudre subite éblouit ses prunelles.
Il frémit, effaré, devant les Dardanelles,
　　　O lâche! Et peut-être demain,   8

Grâce aux soldats nos fils, vaillants, quoique infidèles,
Demain sur ce front vil, sur cet abject cimier,
Comme un aigle parfois s'abat sur un fumier,
Quelque victoire aveugle ira poser ses ailes!   12

Malgré ta couardise, il faut combattre, allons!
Bats-toi, bandit! c'est dur; il le faut. Dieu t'opprime.
Toi qui, le front levé, te ruas dans le crime,
　　　Marche à la gloire à reculons!   16

Quoi! même en se traînant comme un chien qui se couche,
Quoi! même en criant grâce, en demandant pardon,
Même en léchant les pieds des cosaques du Don,
On ne peut éviter Austerlitz? Non, Cartouche.   20

Nul moyen de sortir de la peau de César!
En guerre, faux lion! ta crinière l'exige.
Voici le Rhin, voici l'Elster, voici l'Adige,
　　　Voici la fosse auprès du char!   24

La guerre, c'est la fin. O Peuples, nous y sommes.
Pour t'entendre sonner, je monte sur ma tour,
Formidable angelus de ce grand point du jour,
Dernière heure des rois, première heure des hommes!   28

Droits, progrès, qu'on croyait éclipsés pour jamais,
Liberté, qu'invoquaient nos voix exténuées,
Vous surgissez! voici qu'à travers les nuées
    Reparaissent les grands sommets!   32

Des révolutions nous revoyons les cîmes.
Vieux monde du passé, marche, allons! c'est la loi.
L'ange au glaive de feu, debout derrière toi,
Te met l'épée aux reins et te pousse aux abîmes!   36

ORDER OF COMPOSITION

The dates appended to the poems in the printed text are often inaccurate. Most of those given below are from the MS. See G. Rudler, 'La Chronologie des Châtiments', *French Quarterly*, vol. I, 1919, pp. 25–45, and the editions of *Les Châtiments* by P. Berret, 1932, by Pierre Albouy (in the Pléiade edition of Hugo's *Œuvres poétiques*), and by Jean Massin in his edition of the *Œuvres complètes* of Victor Hugo (Club français du livre).

1848	Nov. 27	*Ce que le poëte se disait en 1848* (IV, 2)
	Dec. 31	'Ceux qui vivent, ce sont ceux qui luttent' (IV, 9)
1849	October	'O drapeau de Wagram! ô pays de Voltaire!' (V, 5)
1850	September	*A des journalistes de robe courte* (IV, 4)
	September	*Un Autre* (IV, 7)
1851	July 17	*Ecrit le 17 juillet 1851* (IV, 6)
	Nov. 7	*L'Art et le Peuple* (I, 9)
1852	Jan. 30[1]	*Confrontations* (I, 15)
	January[2]	*Querelles du sérail* (III, 5)
	July 8[3]	*Les Martyres* (VI, 2)
	Oct. 22	*Le Chasseur Noir* (VII, 3)
	Oct. 25	*Le Bord de la Mer* (III, 15)
	Oct. 28	*Toulon* (I, 2)
	Oct. 28	'C'est la nuit' (I, 14)
	Oct. 30	*L'Homme a ri* (III, 2)
	Nov. 5	*Carte d'Europe* (I, 12)
	Nov. 6	*Fable ou Histoire* (III, 3)
	Nov. 7	*Le Te Deum du Ier janvier 1852* (I, 6)
	Nov. 8	*Ad Majorem Dei Gloriam* (I, 7)
	Nov. 9	*Au Peuple* (II, 2)
	Nov. 10	*Aux Morts du 4 décembre* (I, 4)
	Nov. 12	*Non* (III, 16)
	Nov. 13	'Oh! je sais qu'ils feront des mensonges sans nombre' (I, 11)
	Nov. 14	*Sacer esto* (IV, 1)
	Nov. 16–22	*Nox*
	Nov. 20	*Orientale* (III, 6)
	Nov. 22	'O soleil, ô face divine' (II, 4)
	Nov. 23	*Les Grands Corps de l'Etat* (V, 7)
	Nov. 24	*Tout s'en va* (V, 4)

Nov. 25   *La Caravane* (VII, 7)
Nov. 25–30   *L'Expiation* (V, 13)
November   *Un Bon Bourgeois dans sa maison* (III, 7)
Dec. 1   'Le plus haut attentat que puisse faire un homme'
                 (V, 12)
Dec. 2   *Souvenir de la nuit du 4* (II, 3)
Dec. 5–8   *A un Martyr* (I, 8)
Dec. 10   'Puisque le juste est dans l'abîme' (II, 5)
Dec. 10   *Quelqu'un* (IV, 5)
Dec. 10   *A propos de la Loi Faider* (III, 14)
Dec. 14   *Ultima Verba* (VII, 14)
Dec. 16–20   *Lux*
Dec. 19   *Chanson* (I, 10)
Dec. 23   *Paroles d'un conservateur* (VII, 11)
Dec. 24[4]   *L'Autre Président* (II, 6)
Dec. 25   *Déjà nommé* (IV, 8)
December[5]   *Stella* (VI, 15)
1853   Jan. 7–13   *A l'Obéissance passive* (II, 7)
       Jan. 15   *A ceux qui dorment* (VI, 6)
       Jan. 17   *Cette Nuit-là* (I, 5)
       Jan. 17   'On est Tibère, on est Judas, on est Dracon'
                        (V, 6)
       Jan. 17   *Le Sacre* (V, 1)
       Jan. 18[6]   *A quatre Prisonniers* (IV, 12)
       Jan. 19   *Joyeuse Vie* (III, 9)
       Jan. 24   *A un qui veut se détacher* (V, 10)
       Jan. 25   *L'Empereur s'amuse* (III, 10)
       Jan. 28   *Le Parti du Crime* (VI, 11)
       Jan. 31   *Apothéose* (III, 1)
       Late Jan.[7]   *Splendeurs* (III, 8)
       Feb. 1   *On loge à la nuit* (IV, 13)
       Feb. 4   'L'histoire a pour égout des temps comme les
                        nôtres' (III, 13)
       Feb. 5   *A Juvénal* (VI, 13)
       Feb. 22   *Chanson* (I, 13)
       Feb. 23   *Au Peuple* (VI, 9)
       March 1   *Chanson* (V, 2)
       March 12   *Pauline Roland* (V, 11)
       March 19   'Sonnez, sonnez toujours, clairons de la pensée'
                        (VII, 1)
       March 25   'Le Progrès, calme et fort et toujours innocent'
                        (V, 8)
       March 30   'France! à l'heure où tu te prosternes' (I, 1)
       March 31   *Luna* (VI, 7)

April 4–6	*Applaudissement* (VI, 16)
April 5	'Cette nuit, il pleuvait, la marée était haute' (VII, 8)
April 7	*Idylles* (II, 1)
April 13	*Chanson* (VII, 13)
April 28	*Aube* (IV, 10)
April 30	*L'Egout de Rome* (VII, 4)
May 4	'Ainsi les plus abjects' (III, 4)
May 7	*Les Commissions mixtes* (IV, 3)
May 20	'Vicomte de Foucault' (IV, 11)
May 20[8]	'C'était en juin, j'étais à Bruxelle' (VII, 5)
May 23	*Force des Choses* (VII, 12)
May 24	*Eblouissements* (VI, 5)
May 26	'Apportez vos chaudrons, sorcières de Schakspeare' (VI, 10)
May 28	*Floréal* (VI, 14)
May 29	'O Robert, un conseil' (III, 12)
May 30	*Aux Femmes* (VI, 8)
May 31	*Napoléon III* (VI, 1)
June[9]	*Le Manteau impérial* (V, 3)
July 23	*Hymne des Transportés* (VI, 3)
July 31	*Le Chant de ceux qui s'en vont sur mer* (V, 9)
July[10]	'Ce serait une erreur de croire que ces choses' (VII, 9)
Aug. 1	'Sentiers où l'herbe se balance' (III, 11)
Aug. 1	'Quand l'eunuque régnait à côté du césar' (VII, 10)
Aug. 2	'On dit: — soyez prudents' (VI, 12)
Aug. 5	*Chanson* (VI, 4)
Sept. 1	*La Reculade* (VII, 2)
September	*Chanson* (VII, 6)
Oct. 9	*La Fin*

Undated (?) After 12 March 1853[11] 'Approchez-vous; ceci, c'est le tas des dévots' (I, 3)

NOTES TO ORDER OF COMPOSITION

1. Rudler suggests that this poem belongs to 1853. It is dated 30 January, the year not being stated, and is first listed in February 1853.

2. Rudler suggests that this poem, although dated January 1852, may belong to 1853, since it was first listed then. It is difficult to believe that the resignation of Morny would have been worth writing about a full year afterwards.

3. Rudler suggests that this poem, although dated 8 July 1852, may belong to 1853, being first listed in the summer of that year. He also points out that no other poem was written at this period. But, again, would Hugo have written on this subject so long after the transportation of prisoners had ceased?

4. As the MS is torn, it is possible that this should be 24 November.

5. This is in fact dated 31 August in the MS. 'Date certainement fausse. Août est récrit sur décembre, 31 a peut-être été ajouté. La pièce est de 1852, et probablement de décembre.' (Rudler).

6. The MS is dated 18 January, the year not being stated. Rudler suggests 1853, on the grounds (1) that the poem was not written in January 1852, since on 14 February of that year, Hugo wrote to his wife: 'Dis à Meurice et à Victor que je leur ferai les vers qu'ils veulent. C'est bien le moins que je jette quelques strophes à travers leurs barreaux'; and (2) that it is first listed by Hugo in February 1853.

He may well be right. Adèle Hugo notes in her diary on 6 January 1853: 'Hier mon père nous a lu sa pièce de vers adressée à mes frères, et la pièce à l'armée'. Her editor, Frances Vernor Guille, suggests that these poems are 'A quatre prisonniers' and 'A l'Obéissance passive' respectively. Since 'A l'Obéissance passive' is dated 7–13 January, it seems likely that the other poem read was also new. In that case, however, since it was read on 15 January, it cannot have been written on 18 January.

Berret notes that Paul Meurice acknowledges receipt of this poem in an undated letter written between the end of December 1852 and 20 March 1853. (See *Correspondance entre Victor Hugo et Paul Meurice*, Fasquelle, 1909, p. 20.)

7. Undated, but Albouy suggests this date on internal evidence.

8. The date has been crossed out, and there is a blot. It may, as Rudler thinks, be 30 May.

9. Another undated poem. The date given on the printed edition is June 1853.

10. Although the MS is undated, Berret (in his chronological table, which is full of misprints, but not in the note at the end of the poem) gives 23 May. Albouy and Massin also give this date without any explanation. The date given in the printed edition is July.

11. Another undated poem. As it is not included by Hugo in the lists of February and March 1853, which include 'Pauline Roland', written on 12 March, Rudler thinks it must have been written after that date. Berret suggests that the date given in the printed text may well be right (January 1852), since the price of the *Univers* given in the text ('quatre francs par mois)' was correct then, but would not have been much later (it was increased to 66 francs a year on 25 February 1852).

To add to the confusion, the 1870 edition gives the date as January 1853.

NOTES

INTRODUCTION

1. The figures, as given by Hugo (*Souvenirs personnels*, p. 142) were:

Louis Napoleon	5,434,226
Cavaignac	1,448,107
Ledru-Rollin	370,119
Raspail	36,920
Lamartine	17,940
Changarnier	4,790
Spoiled papers	12,600

2. Odilon Barrot, *Mémoires*, third edition, Charpentier, IV, p. 2.

3. Walter Bagehot, '*Letters on the French* Coup d'Etat *of 1851*', in *Collected Works*, ed. St John-Stevas, IV, 1968, pp. 31–2.

4. *The Times*, 30 August 1850, quoted by F. A. Simpson, *Louis Napoleon and the Recovery of France*, p. 101.

5. Barrot, *Mémoires*, IV, pp. 60–1; cf. F. A. Simpson, *Louis Napoleon and the Recovery of France*, pp. 112–13.

6. The Earl of Kerry, *The Secret of the Coup d'Etat*, Constable, 1924, p. 199.

7. A. Dansette, *Louis-Napoléon à la conquête du pouvoir*, pp. 356–7.

8. The new constitution provided for a Senate and a Corps législatif. Pending its implementation in January, a Commission consultative was set up in December.

9. Dansette, p. 365.

10. F. A. Simpson, *Louis Napoleon and the Recovery of France*, pp. 186–9.

11. *Journal*, p. 334.

12. Victor Hugo, *Œuvres complètes*, ed. J. Massin, t. VII, vol. 2, Le Club Français du Livre, 1968, pp. 1238–9.

13. Marius learns subsequently that liberty and the republic are of more account than military glory.

14. Granier de Cassagnac, *Souvenirs du Second Empire*, I, Dentu, 1879, p. 76.

15. E. Biré, *Victor Hugo après 1830*, II, pp. 150–1; *Les Châtiments*, ed. P. Berret, p. iv, n.1.

16. J. Garsou, *L'Evolution démocratique de Victor Hugo 1848–1851*, Brussels, Stevens and Paris, Emile-Paul 1904, ch. IV; P. de Lacretelle, *Vie politique de Victor Hugo*, 1928, pp. 142–55.

17. *Souvenirs personnels*, p. 176.

18. *Souvenirs personnels*, p. 216.

19. It is difficult to believe that the Right really supported Melun's proposals and was merely indignant because Hugo cast doubts on its sincerity. After all, nothing came of the proposals.

20. There is some evidence that Hugo intended to be a candidate in the presidential election of 1852. Cf. Lacretelle, *Vie politique de Victor Hugo*, pp. 162–4. Horace de Viel-Castel relates a conversation with Alfred de Musset early in 1852: 'Le sens moral est perverti en lui [Hugo], me disait-il encore; à ma dernière visite chez lui, il m'a effrayé par son entourage et par ses théories; l'amour-propre a tué l'entendement, il parlait comme ne doutant pas de sa prochaine promotion à la présidence, et expliquait ce qu'il ferait alors. Cet esprit poétique touchait à la folie par l'ambition.' (*Mémoires*, Tous les libraires, II, p. 20)

21. In the *Histoire d'un crime*, he gives the date of his arrival as December 14.

22. This is denied by Maupas, *Mémoires*, Dentu, p. 497, and by Granier de Cassagnac, *Souvenirs du Second Empire*, I, pp. 261–2. Some colour is lent to these denials by the fact that Maupas did not arrest Hugo in the early morning of 2 December.

23. The 1870 edition is entitled *Les Châtiments*.

24. Charles Hugo, according to Adèle, had, on 15 January, proposed the title, *Rendons à César*. . .

25. Adèle Hugo, *Journal intime*, Minard, II, 1971, p. 108.

26. Dr Prosper Ménière, *Journal*, ed. E. Ménière, Plon-Nourrit, 1903, p. 82.

27. Cf. 'Joyeuse Vie' ('Bah! le poëte! Il est dans les nuages!—/Soit. Le Tonnerre aussi.'); 'Sonnez, sonnez toujours, clairons de la pensée'; and 'Le Chasseur Noir'.

28. Adèle Hugo, *Journal intime*, II, p. 176.

PREFACE

Preface, p. 34, l. 1. *une édition tronquée*. See *Introduction*, p. 20.

NOX

Contains all the main themes of the work: the crime of 2 December, the contrast between Napoleon I and Napoleon III, that between the self-interested jubilation of Louis Napoleon's contemptible supporters and the silence of his victims, massacred, imprisoned, or exiled, that between the Church and true religion, Hugo in his exile on Jersey, the problem of the punishment of Louis Napoleon, and Hugo's faith in progress.

4. *Le dogue Liberté*. Nouns coupled in this way are a striking feature of Hugo's style (cf. 'Le porc Sénat' and 'le bœuf Peuple' in 'On loge à la

nuit'). Professor Gaudon suggests that their origin may be political cartoons, in which the figures bore the names of the characters or institutions they represented. This explanation certainly fits the examples above. See note to 'On loge à la nuit', l. 56.

11. *abrutis de vin.* Hugo states in *Napoléon-le-Petit* and in his *Histoire d'un crime* that the troops were made drunk by being given a generous ration of brandy—10,000 francs' worth per brigade, or a litre to every sixteen men. They were also given ten francs a day, which were used for further purchases of alcohol. 'Les jardins des environs, occupés par la troupe, étaient pleins de bouteilles brisées. On avait fait boire les soldats. Ils obéissaient purement et simplement aux épaulettes, et, suivant l'expression d'un témoin oculaire, semblaient "hébétés" ' (*Histoire d'un crime*, Première Journée, ch. xii). E. Ténot, who, in 1868, published a well-documented (unfavourable) account of the coup d'état, contents himself with saying: 'Nous ne pensons pas qu'on puisse contester que la troupe n'ait été, ce jour-là, infiniment mieux soignée qu'à l'ordinaire.' (*Paris en Décembre 1851*, p. 194)

16. *ton serment.* See *Introduction*, pp. 2–3.

21. *la haute-cour.* According to article 68 of the 1848 constitution, in the event of the President's attempting to suppress the Assembly, 'les juges de la Haute Cour de justice se réunissent immédiatement à peine de forfaiture: ils convoquent les jurés dans le lieu qu'ils désignent, pour procéder au jugement du président et de ses complices; ils nomment eux-mêmes les magistrats chargés de remplir les fonctions du ministère public'.

The Haute Cour met ineffectually on 2 December, and was dispersed by troops; it met again on 3 December, and adjourned (See *Histoire d'un crime*, Première Journée, ch. xi).

29–30. On 3 December, Maupas issued a proclamation, which said: 'Tout rassemblement est rigoureusement interdit. Il sera immédiatement dissipé par la force. . .'

33–9. See *Introduction*, pp. 9–10. In *Napoléon-le-Petit*, Hugo says: 'Les boulevards de Paris, les rues de Paris, les places publiques de Paris, les champs et les villes de vingt départements en France ont été jonchés au 2 décembre de citoyens tués et gisants; on a vu devant les seuils des pères et des maris égorgés, des enfants sabrés, des femmes échevelées dans le sang et éventrées par la mitraille; on a vu dans les maisons des suppliants massacrés, les uns fusillés en tas dans leur cave, les autres dépêchés à coups de bayonnette sous leurs lits, les autres renversés par une balle sur la dalle de leur foyer; toutes sortes de mains sanglantes sont encore empreintes à l'heure qu'il est, ici sur un mur, là sur une porte, là dans une alcôve; après la victoire de Louis Bonaparte, Paris a piétiné trois jours dans une boue rougeâtre; une casquette pleine de cervelle humaine a été accrochée à un arbre du boulevard des Italiens. . .' (Ch. iii)

36–7. The passage just quoted continues: '. . . moi qui écris ces lignes, j'ai vu, entre autres victimes, j'ai vu dans la nuit du 4, près la barricade Mauconseil, un vieillard en cheveux blancs étendu sur le pavé, la poitrine traversée d'un biscaïen et la clavicule cassée; le ruisseau de la rue qui coulait sous lui entraînait son sang; j'ai vu, j'ai touché de mes mains, j'ai aidé à déshabiller un pauvre enfant de sept ans, tué, m'a-t-on dit, rue Tiquetonne; il était pâle, sa tête allait et venait d'une épaule à l'autre pendant qu'on lui ôtait ses vêtements, ses yeux à demi fermés étaient fixes, et en se penchant près de sa bouche entr'ouverte il semblait qu'on l'entendît encore murmurer faiblement: ma mère!'

37–8. 'Au coin de la rue du Sentier, un officier de spahis, le sabre levé, criait: — *Ce n'est pas ça! Vous n'y entendez rien. Tirez aux femmes!* Une femme fuyait, elle était grosse, elle tomba, on la fit accoucher d'un coup de crosse. Une autre, éperdue, allait disparaître à l'angle d'une rue. Elle portait un enfant. Deux soldats l'ajustèrent. L'un dit: *A la femme!* Et il abattit la femme. L'enfant roula sur le pavé. L'autre soldat dit: *A l'enfant!* Et il tua l'enfant.' (*Histoire d'un crime*, Troisième Journée, ch. xvi)

43. *L'étranger respecta Paris.* In 1814 and 1815. Cf. *Napoleon-le-Petit*, Livre III, ch. x.

49 ff. Cf.
'Vers onze heures du soir, quand les bivouacs furent allumés partout, M. Bonaparte permit qu'on s'amusât. Il y eut sur le boulevard comme une fête de nuit. Les soldats riaient et chantaient en jetant au feu les débris des barricades, puis, comme à Strasbourg et à Boulogne, vinrent les distributions d'argent. . . .

'Les sentinelles ne permettaient qu'aux femmes de passer; si un homme se présentait, on lui criait: au large! Des tables étaient dressées dans les bivouacs; officiers et soldats y buvaient. La flamme des brasiers se reflétait sur tous ces visages joyeux. Les bouchons et les capsules blanches du vin de Champagne surnageaient sur les ruisseaux rouges de sang. De bivouac à bivouac on s'appelait avec de grands cris et des plaisanteries obscènes. On se saluait: vivent les gendarmes! vivent les lanciers! et tous ajoutaient: vive Louis-Napoléon! On entendait le choc des verres et le bruit des bouteilles brisées. Çà et là, dans l'ombre, une bougie de cire jaune ou une lanterne à la main, des femmes rôdaient parmi les cadavres, regardant l'une après l'autre ces faces pâles et cherchant celle-ci son fils, celle-ci son père, celle-là son mari.' (*Napoléon-le-Petit*, Livre III, ch. viii)

53. *l'argent dans les poches.* According to Hugo, in his *Histoire d'un crime*, the troops who participated in the coup d'état were given ten francs a day (see note to l. 11).

54. *De la banque.* In *Histoire d'un crime* (Troisième Journée, ch. x), Hugo says that he saw Persigny, accompanied by a group of officers, leaving the Banque de France. See also *Glossary* (*Argout*).

63. *Des vaincus qu'on fusille.* In the chapter of the *Histoire d'un crime* entitled *Autres Choses noires*, Hugo claims that mass executions took place in the Champ de Mars and elsewhere from 3 December onwards. This is dubious.

119. *son grand anniversaire.* That of the battle of Austerlitz (2 December 1805).

156. *coiffés en ailes de pigeons.* 'Espèce de coiffure du XVII⁰ siècle, qui figurait une aile de chaque côté de la tête' (Larousse).

161. *R....., cette catin, T......., cette servante.* On 7 July 1853, Hugo wrote to Hetzel: 'A ce propos, je demande si vous avez cru nécessaire de faire, même dans la complète [edition], la suppression des noms que j'indiquais pour ce vers. . .' The 1870 edition prints 'Rouher' and 'Troplong' in full.

162. *Grecs.* Larousse gives *grec* as a noun meaning 'fripon, escroc, surtout au jeu'.

175. *Salvum fac.* See note to VI, xvi *Applaudissement*, ll. 28–9.

185. *Convoi hideux qui vient du Champ-de-Mars.* See note to l. 63.

187. *mont des martyrs*, i.e. Montmartre.

190. *ensevelis la tête hors de terre.* Cf. 'Le lendemain 5, au cimetière Montmartre, on vit une chose épouvantable.'

'Un vaste espace, resté vague jusqu'à ce jour, fut "utilisé" pour l'inhumation provisoire de quelques-uns des massacrés. Ils étaient ensevelis la tête hors de terre, afin que leurs familles pussent les reconnaître. La plupart, les pieds dehors, avec un peu de terre sur la poitrine.' (*Napoléon-le-Petit*, Livre III, ch. ix)

202. *La belle jeune fille.* The sculptor, David, in a description of the corpses in the cemetery of Montmartre quoted by Hugo in *Napoléon-le-Petit*, Livre III, ch. ix, mentions 'une belle jeune fille, marchande de fleurs sur le boulevard'.

301. *pontons.* The ships in which those condemned to transportation were carried overseas.

306. *Dans la cale où manque la paille.* Cf. Amable Lemaitre's description of the transport ships (*Histoire d'un crime*, Cahier complémentaire).

328. *triangles obliques*, i.e. the blades of guillotines.

333. *La tribune parlait.* In the fifth book of *Napoléon-le-Petit*, Hugo eulogizes 'la tribune' (i.e. parliamentary oratory), and condemns Louis Napoleon for having put an end to it.

'Voilà ce qu'était, voilà ce que faisait pour la France la tribune, prodigieuse turbine d'idées, gigantesque appareil de civilisation, élevant perpétuellement le niveau des intelligences dans l'univers entier, et dégageant, au milieu de l'humanité, une quantité énorme de lumière.' 'C'est là ce que M. Bonaparte a supprimé.' (Ch. vii).

356. *la mère. Ta mère* in the 1870 edition.

368. *Titan quatre-vingt-treize.* 1793 was a critical year, in which France saved herself by her exertions. It was the year of the declaration of war

on England, Holland, and Spain; of the rising in the Vendée; of the invasion of France from the North, South, and East; and of the siege of Dunkirk and the occupation of Toulon by the British. It was also the year in which the Committee of Public Safety was set up, the Girondins fell from power, and the Terror began. By the end of the year, the invaders had been expelled from nearly all French territory.

393. *La honte, et non la mort.* For Hugo's inveterate horror of capital punishment, see *Victor Hugo raconté par un témoin de sa vie*, chapters VI and L.

410. *Février avait prise et jetée à l'égout.* Article 5 of the 1848 constitution drawn up after the February Revolution, reads: 'La peine de mort est abolie en matière politique'.

LIVRE PREMIER   LA SOCIÉTÉ EST SAUVÉE

On 8 December 1848, Louis Napoleon issued a proclamation, which began with the words: 'Les troubles sont apaisés. Quelle que soit la décision du peuple, la société est sauvée.'

I *'France! à l'heure où tu te prosternes. . .'* This first poem of the first book balances the last poem of the last book 'Ultima verba'.

II *Toulon.* A counter-revolution took place in July 1793, and on 27 August, the city handed itself over to Admiral Hood, together with the arsenal, twenty-six ships of the line, and sixteen frigates. It was recaptured on 19 December, in accordance with a plan suggested by Napoleon Bonaparte, then merely an artillery officer.

III *'Approchez-vous; ceci, c'est le tas des dévots.'* An attack on Veuillot and his paper, *L'Univers.* The *dévots* are lacking in true Christianity.

3. *gazettes*, i.e. *L'Univers.*

16. *Ils mettent Escobar sous bande*, i.e. send out Escobar (the Jesuit casuist) to their subscribers disguised as a newspaper.

17. *quatre francs.* See *Order of Composition*, note 11.

IV *Aux Morts du 4 décembre.* A moving set of variations on the theme 'Requiescant in pace' (from the Catholic Mass for the dead), with a satirical twist at the end.

14. *L'homme de l'Élysée.* Louis Napoleon, whose official residence as President of the Republic was the Elysée.

36. *L'empire, c'est la paix.* A quotation from a speech made by Louis Napoleon at Bordeaux on 9 October 1852.

V 10. *Les Saint-Barthélemy*, i.e. massacres like that of St Bartholomew's day in Paris (24 August 1572).

19. *la maison Bancal.* A house of ill repute in Rodez, in which a murder took place in 1817.

20. *Maupas le grec.* See note to 'Nox', l. 162.

32. *Payés comme à Byzance, ivres comme à Stamboul.* See notes to 'Lux', ll. 11 and 53.

46. *leur affiche infâme.* The proclamation dissolving the Assembly (see *Introduction*, p. 8). The text is given in *Napoléon-le-Petit*, Livre I, ch. 1, and in *Histoire d'un crime*, Première Journée, ch. VI.

VI *Le Te Deum du 1ᵉʳ janvier 1852.* See *Introduction*, p. 10.

1. *Prêtre.* The Archbishop of Paris, Sibour.

9. *Tu veux être au sénat.* The constitution of 14 January 1852 replaced the National Assembly by two chambers—a Senate, the members of which were appointed by the President of the Republic, and a Corps législatif. Senators could be paid up to 30,000 francs a year. Sibour was appointed to the Senate in March.

VII *Ad Majorem Dei Gloriam.* The motto of the Jesuits. For the conference of Chieri, see *Glossary (Roothaan)*.

VIII *A un Martyr.* Adèle Hugo, on 29 November 1852, mentions the missionary in question, and adds: 'Mon père, du reste, immortalisera ce vrai prêtre par des vers'.

77. *Introïbo.* The words, *Introibo ad altare Dei* ('Then will I go unto the altar of God'), occur at the beginning of the Catholic mass. They come from the 43rd psalm.

95. *Lamma Sabactani.* 'Why hast thou forsaken me?'—the words of Christ on the cross (Matthew, xxvii, 46 and Mark, xv, 34).

IX *L'Art et le Peuple.* This song was written for the first concert to be given in Paris by an *Association de musiciens exécutants* on 8 November 1851. The censor refused to allow it to be read at the concert. A few days later, it was set to music by Pierre Dupont.

31–4. In 1848, there was unrest all over Italy, Germany, and the Austro-Hungarian Empire. In Italy, a revolt in Palermo (12 January) was followed by the expulsion of the troops of the King of Naples from Sicily; the Austrians were driven out of Lombardy and Venetia in March; and a rising took place in Naples itself on 15 May. A revolt in Vienna in March was the signal for a national government to be set up in Hungary. The Pope fled from Rome in November after the murder of his minister, Rossi, and a Republican government was set up in February 1849. These successes were short-lived, and the status quo was restored everywhere in 1848 or 1849.

Poland—except for a brief space after an insurrection in 1830—had ceased to exist when it was partitioned by Austria, Russia, and Prussia in 1772, 1792, and 1795.

X *Chanson.*

10. *Maupas le grec.* See note to 'Nox', l. 162.

XI 'Oh! je sais qu'ils feront des mensonges sans nombre. . .'

37. *qui font de la France une Chine.* A reference to the Opium Wars (1839–42).

XII *Carte d'Europe.* On the repression that followed the disturbance of 1848. In his speech on the Roman expedition (19 October 1849), Hugo denounced the brutality of the Austrians: '. . .les exactions, les extorsions d'argent, les spoliations, les fusillades, les exécutions en masse, la potence dressée pour des hommes héroïques, la bastonnade donnée à des femmes, toutes ces infamies mettent le gouvernemeni autrichien au pilori de l'Europe!' (*Actes et Paroles*)

7. *Les soldats ont fouetté des femmes dans les rues.* In *Napoléon-le-Petit* (Conclusion, Première Partie, ch. III), Hugo writes of Haynau: 'cet homme a mis à sac la Lombardie, il a dressé les potences de la Hongrie, il a fait fouetter des femmes sur les places publiques; il appelait cela "les cravacher", et à ses yeux, c'était clémence. Après une de ces exécutions, le mari de l'une de ces femmes se tua. On se rappelle encore la lettre terrible où la femme, Mme Maderspach, raconte le fait et dit: *Mon cœur est devenu de pierre.*'

Bolton King attributes a similar action to Radetzky. 'When the Milanese hissed a garrison prostitute for flaunting the Austrian colours on her balcony, Radetzky flogged fifteen of the demonstrators, including two young girls' (*A History of Italian Unity*, Nisbet, 1899, I, p. 375).

12. *Haynau dans les canons met des têtes d'enfants.* Hugo's footnote explains this. Brescia revolted against the Austrians in 1849. It was recaptured by Haynau after a siege of ten days (23 March–1 April).

19–20. Ancona, in the Papal States, was recaptured for the Pope by the Austrians in June 1849, after a month's siege.

31. *Italie! Allemagne! ô Sicile! ô Hongrie!* For Italy, Sicily, and Hungary, see above, notes to ll. 7, 12, 19–20, and note to I, IX, *L'Art et le Peuple*, ll. 31–4. In Germany, too, disunited and governed by despotic rulers, there had been widespread insurrections in 1848, and a national parliament had met at Frankfurt. Here, too, the status quo had been restored.

49. *Le gibet sur Arad! le gibet sur Palerme!* The Hungarian government had taken refuge in the fortress of Arad, the fall of which was followed by numerous executions (including that of Sandor). For Palermo, see note to 'L'Art et le Peuple', ll. 31–4.

XV This poem is a terse summary of *Napoléon-le-Petit*, Livre VIII, chs. II–VII.

LIVRE II L'ORDRE EST RÉTABLI

I *Le Sénat.* See note to *Le Te Deum du 1er janvier 1852*, l. 9.

4. *la trénis.* 'Contredanse qui était autrefois, alternativement avec la

pastourelle, la quatrième figure du quadrille ordinaire' (Littré). The *s* is normally sounded.

Les Caves de Lille. On 20 February 1851, at the invitation of Adolphe Blanqui, Victor Hugo had seen for himself the appalling conditions in which the working population of Lille lived. '. . .voici ce que c'est que les caves de Lille: elles n'ont en général aucune communication avec les maisons qui sont bâties dessus; on y descend par des escaliers de sept ou huit marches, ces caves ne reçoivent d'air et de jour que par la porte ou par la trappe qui ferme l'escalier; quelques-unes pourtant ont une lucarne vitrée que le passant aperçoit de la rue sous ses pieds comme au fond d'un trou. Je ne sais si le fisc fait payer l'air qui pénètre dans les caves par les lucarnes. Si cela est, le fisc vole, car il n'entre pas d'air.' 'Des familles entières, hommes, femmes, enfants, habitent dans ces souterrains.' (Victor Hugo, *Œuvres complètes*, ed. J. Massin, t. vii, vol. 1, p. 372)

Le Conseil d'état. The Conseil d'état, the members of which were appointed by the president, prepared laws, which members of the Conseil d'état explained and defended in the Senate and the Corps législatif. Conseillers d'état were paid 25,000 francs a year.

Les Greniers de Rouen. 'A Rouen, l'entassement de la gent ouvrière, dans le quartier de Martainville surtout, qui lui sert d'enclos, est fâcheux; les noms déjà des rues, ou plus exactement des couloirs qui serpentent dans cette sentine, sont mal avenants: "rue de la Bassesse", "impasse du Cloaque"; les enfants qu'on y voit, "invalides précoces", "rabougris au point de causer d'étranges méprises sur leur âge", désobligent le regard par leurs scrofules et leurs infirmités; "quand ils parviennent à vingt ans" —ce qui n'est pas très commun—"on n'en trouve pas dix sur cent capables de devenir soldats". Adolphe Blanqui s'est imposé le devoir de fureter dans ces "repaires"; "on entre dans des maisons, écrit-il, par des allées basses où souvent un homme ne peut se tenir debout; ces allées servent de lit à un ruisseau fétide"; les escaliers sont "en spirale, sans garde-fous, sans lumières"; leurs marches sont "hérissées d'aspérités produites par des ordures putréfiées"; dans les chambres, sur des "litières indescriptibles", hommes, femmes, enfants "couchent pêle-mêle"; le loyer de ces irrespirables tanières est de soixante centimes à deux francs par semaine; l'homme, quand il y en a un, et qui puisse travailler, gagne à peu près deux francs par jour; par jour ouvrable, bien entendu; beaucoup de femmes, qui travaillent "chez elles" (si l'on peut dire), ne se font à la journée que cinquante centimes à peine.' (H. Guillemin, *Le Coup du deux décembre*, p. 16)

Bruxelles, Londres, Bellisle, Jersey. There was a prison on Belle-Isle (off the Quiberon peninsula). Many exiles had found refuge in the other three places.

Les Pontons. See note to 'Nox', l. 301.

II Another poem on the repression that followed the 1848 revolution.
31–3. See notes to 'L'Art et le Peuple', ll. 31–4.
38. *De la Vistule au Tanaro*. From Poland (the Vistula) to Piedmont
(the Tanaro).

III In the *Histoire d'un crime*, Hugo relates: 'Rue Tiquetonne, un enfant
de sept ans, nommé Boursier, passe; on le tue' (Troisième Journée, ch.
xvi). In the first chapter of the Quatrième Journée, he describes a visit
to the rue Tiquetonne:

'E. P. . . s'arrêta devant une maison haute et noire. Il poussa une
porte d'allée qui n'était pas fermée, puis une autre porte, et nous en-
trâmes dans une salle basse, toute paisible, éclairée d'une lampe.

'Cette chambre semblait attenante à une boutique. Au fond, on
entrevoyait deux lits côte à côte, un grand et un petit. Il y avait au-
dessus du petit lit un portrait de femme, et, au-dessus du portrait, un
rameau de buis bénit.

'La lampe était posée sur une cheminée où brûlait un petit feu.

'Près de la lampe sur une chaise, il y avait une vieille femme, penchée,
courbée, pliée en deux, comme cassée, sur une chose qui était dans
l'ombre et qu'elle avait dans les bras. Je m'approchai. Ce qu'elle avait
dans les bras, c'était un enfant mort.

'La pauvre femme sanglotait silencieusement.

' E. P. . ., qui était de la maison, lui toucha l'épaule et dit:
'—Laissez voir.

'La vieille femme leva la tête, et je vis sur ses genoux un petit garçon,
pâle, à demi déshabillé, joli, avec deux trous rouges au front.

'La vieille femme me regarda, mais évidemment elle ne me voyait
pas; elle murmura, se parlant à elle-même:

'—Et dire qu'il m'appelait bonne maman ce matin!

'E. P. . . prit la main de l'enfant, cette main retomba.

'—Sept ans, me dit-il.

'Une cuvette était à terre. On avait lavé le visage de l'enfant; deux
filets de sang sortaient des deux trous.

'Au fond de la chambre, près d'une armoire entr'ouverte où l'on
apercevait du linge, se tenait debout une femme d'une quarantaine
d'années, grave, pauvre, propre, assez belle.

'—Une voisine, me dit E. P. . .

'Il m'expliqua qu'il y avait un médecin dans la maison, que ce
médecin était descendu, et avait dit: Rien à faire. L'enfant avait été
frappé de deux balles à la tête en traversant la rue "pour se sauver". On
l'avait rapporté à sa grand'mère "qui n'avait que lui".

'Le portrait de la mère morte était au-dessus du petit lit.

'L'enfant avait les yeux à demi ouverts, et cet inexprimable regard
des morts où la perception du réel est remplacée par la vision de l'infini.

L'aïeule, à travers ses sanglots, parlait par instants:—Si c'est Dieu possible!—A-t-on idée!—Des brigands, quoi!

'Elle s'écria:

'—C'est donc ça le gouvernement!

'—Oui, lui dis-je.

'Nous achevâmes de déshabiller l'enfant. Il avait une toupie dans sa poche. Sa tête allait et venait d'une épaule à l'autre, je la soutins et je le baisai au front. Versigny et Bancel lui ôtèrent ses bas. La grand'mère eut tout à coup un mouvement.

'—Ne lui faites pas de mal, dit-elle.

'Elle prit les deux pieds glacés et blancs dans ses vieilles mains, tâchant de les réchauffer.

'Quand le pauvre petit corps fut nu, on songea à l'ensevelir. On tira de l'armoire un drap.

'Alors l'aïeule éclata en pleurs terribles.

'Elle cria:—Je veux qu'on me le rende.

'Elle se redressa et nous regarda et elle se mit à dire des choses farouches, où Bonaparte était mêlé, et Dieu, et son petit, et l'école où il allait, et sa fille qu'elle avait perdue, et nous adressant à nous-mêmes des reproches, livide, hagarde, ayant comme un songe dans les yeux, et plus fantôme que l'enfant mort.

'Puis elle reprit sa tête dans ses mains, posa ses bras croisés sur son enfant, et se remit à sangloter.

'La femme qui était là vint à moi et, sans dire une parole, m'essuya la bouche avec un mouchoir. J'avais du sang aux lèvres.

'Que faire, hélas? Nous sortîmes accablés.

'Il était tout à fait nuit. Bancel et Versigny me quittèrent.'

See also the note to 'Nox', ll. 36–7.

VI *L'Autre Président*. The president of the National Assembly, Dupin (see *Glossary*).

42. Dont l'espérance fuit le flamboyant fronton. Over the gateway of Hell in Dante's *Inferno* (canto III) are written the words, 'Lasciate ogni speranza, voi ch'entrate' ('Abandon all hope, ye who enter').

43. de Patmos lugubre cénobite. See *Glossary* (*Jean* (saint)).

VII *A l'Obéissance passive*. On 28 October 1851, in preparation for the coup d'état, Saint-Arnaud, the Minister of War, sent a circular to the generals of the Paris command, stressing that passive obedience to orders was the duty of a soldier: 'nous le savons tous, général, point de discipline dans une armée où le dogme de l'obéissance passive ferait place au droit d'examen.' Similarly, in his proclamation to the army of 2 December, Louis Napoleon wrote: 'Votez donc librement comme citoyens; mais comme soldats, n'oubliez pas que l'obéissance passive aux ordres du che du gouvernement est le devoir rigoureux de l'armée, depuis le général jusqu'au soldat'.

1. *l'an deux*. September 1793 to September 1794, strictly speaking; but Hugo seems to have in mind the Revolutionary wars in general.

20. *Flottes prises d'assaut*. The Dutch fleet, ice-bound at the Texel, was captured by the French army in January 1795.

65–6. See note to 'Souvenir de la nuit du 4'.

121. *vos chefs africains*. Some of the deputies arrested on 2 December had served in Algeria, e.g. Generals Changarnier, Cavaignac, Bedeau, Le Flô, and Lamoricière.

128–9. See note to 'Nox', ll. 11 and 53.

241. *les vieux Neustriens*, i.e. the Normans. Neustria, the Kingdom of the Western Franks, was originally rather more extensive, but the term became restricted to Normandy.

242. *par Mahomet Byzance*. Allusion to the capture of Constantinople by the Turks under Mohammed II in 1453.

243. *La Sicile par trois chevaliers*. Sicily was conquered (1060–91) from the Arabs by Robert Guiscard and Roger, sons of the Norman Tancrède de Hauteville. Three of their elder brothers had previously taken part in a Greek expedition to Sicily in 1038.

247. *Montmartre*. See note to 'Nox', l. 190.

LIVRE III   LA FAMILLE EST RESTAURÉE

I *Apothéose*. 'Ces hommes, le malfaiteur et ses complices, ont un pouvoir immense, incomparable, absolu, illimité, suffisant, nous le répétons, pour changer la face de l'Europe. Ils s'en servent pour jouir. S'amuser et s'enrichir, tel est leur "socialisme". Ils ont arrêté le budget sur la grande route; les coffres sont là ouverts, ils emplissent leurs sacoches, ils ont de l'argent en veux-tu en voilà. Tous les traitements sont doublés ou triplés, nous en avons dit plus haut les chiffres. Trois ministres, Turgot,—il y a un Turgot dans cette affaire,—Persigny et Maupas, ont chacun un million de fonds secrets; le sénat a un million, le conseil d'Etat un demi-million, les officiers du 2 décembre ont un mois-Napoléon, c'est-à-dire des millions; les soldats du 2 décembre ont des médailles, c'est-à-dire des millions; M. Murat veut des millions et en aura; un ministre se marie, vite un demi-million; M. Bonaparte, *quia nominar Poleo*, a douze millions, plus quatre millions, seize millions. Millions, millions! ce régime s'appelle Million. M. Bonaparte a trois cents chevaux de luxe, les fruits et les légumes des châteaux nationaux, et des parcs et jardins jadis royaux; il regorge; il disait l'autre jour: *toutes mes voitures*, comme Charles-Quint disait: toutes mes Espagnes, et comme Pierre le Grand disait: toutes mes Russies. Les noces de Gamache sont à l'Elysée; les broches tournent nuit et jour devant des feux de joie; on y consomme—

ces bulletins-là se publient, ce sont les bulletins du nouvel empire—six cent cinquante livres de viande par jour; l'Elysée aura bientôt cent quarante-neuf cuisines comme le château de Schœnbrunn; on boit, on mange, on rit, on banquette; banquet chez tous les ministres, banquet à l'Ecole militaire, banquet à l'Hôtel de Ville, banquet aux Tuileries, fête monstre le 10 mai, fête encore plus monstre le 15 août; on nage dans toutes les abondances et dans toutes les ivresses. Et l'homme du peuple, le pauvre journalier auquel le travail manque, le prolétaire en haillons, pieds nus, auquel l'été n'apporte pas de pain et auquel l'hiver n'apporte pas de bois, dont la vieille mère agonise sur une paillasse pourrie, dont la jeune fille se prostitue au coin des rues pour vivre, dont les petits enfants grelottent de faim, de fièvre et de froid dans les bouges du faubourg Saint-Marceau, dans les greniers de Rouen, dans les caves de Lille, y songe-t-on? que devient-il? que fait-on pour lui? Crève, chien!' (*Napoléon-le-Petit*, Livre II, ch. ix)

18. *la Haute-cour*. See note to 'Nox', l. 21.

27. *La Seine devient glace autant que la Néva*. In January 1852, 'la Seine charriait d'énormes glaçons comme à la Bérézina' (H. de Mauduit, *Révolution militaire du deux décembre 1851*, nouvelle édition, 1869, p. 167).

30. *dix-huit brumaire*: 9 November 1799, the date of Napoleon's coup d'état, when the Directory was replaced by the Consulate.

36. *au palais du spectre Médicis*. The Tuileries, said to be haunted by the ghost of Maria de' Medici.

45. *pentéliques*. 'Qui provient du mont Pentélique en Attique' (Littré).

II *L'Homme a ri*. The offending paragraph appeared in *La Patrie* on 23 August 1852.

IV 5–13. Louis Napoleon's enemies claimed that he was not a Bonaparte at all, but the natural son of his mother and the Minister of the Dutch Navy, Verhuell. The aspersion seems to be unfounded (see Dansette, *Louis-Napoléon à la conquête du pouvoir*, pp. 21–32).

37–70. Cf. *Napoléon-le-petit*, Livre VI, ch. iv:

'M. Bonaparte a eu pour lui la tourbe des fonctionnaires, les douze cent mille parasites du budget, et leurs tenants et aboutissants, les corrompus, les compromis, les habiles; et à leur suite, les crétins, masse notable.

'Il a eu pour lui MM. les cardinaux, MM. les évêques, MM. les chanoines, MM. les curés, MM. les vicaires, MM. les archidiacres, diacres et sous-diacres, MM. les prébendiers, MM. les marguilliers, MM. les sacristains, MM. les bedeaux, MM. les suisses de paroisse, et les hommes "religieux", comme on dit. Oui, nous ne faisons nulle difficulté d'en convenir, M. Bonaparte a eu pour lui tous ces évêques qui se signent en Veuillot et en Montalembert, et tous ces hommes religieux, race précieuse, ancienne, mais fort accrue et recrutée depuis les terreurs propriétaires de 1848, lesquels prient en ces termes: O mon Dieu! faites hausser les actions de Lyon! Doux seigneur Jésus, faites-moi gagner vingt-cinq pour cent sur mon Naples-certificats-Rothschild! Saints apôtres, vendez mes vins! Bienheureux martyrs, doublez mes loyers! Sainte Marie, mère de Dieu, vierge immaculée, étoile de la mer. jardin fermé, *hortus conclusus*, daignez jeter un œil favorable sur mon petit commerce situé au coin de la rue Tirechappe et de la rue Quincampoix! tour d'ivoire, faites que la boutique d'en face aille mal!

'Ont voté réellement et incontestablement pour M. Bonaparte: première catégorie, le fonctionnaire; deuxième catégorie, le niais; troisième catégorie, le voltairien-propriétaire-industriel-religieux.'

65. *bestiaux de Panurge*, i.e. like sheep (a reference to a trick played by Panurge on a sheep-dealer, in Rabelais, Book IV, ch. VIII).

V *Querelles du sérail*. Morny resigned from the Ministry of the Interior in January 1852—not, according to Granier de Cassagnac, in protest against the confiscation of the property of the House of Orleans, but because Louis Napoleon would not recognize him as his half-brother and a prince.

7. *Après ces messidors, ces prairials, ces frimaires*. Messidor, prairial, and frimaire were three of the months of the Revolutionary calendar, corresponding roughly to July, June, and December respectively.

17. *Quatre-vingt-treize*. See note to 'Nox', l. 368.

VI *Orientale*. In the autumn of 1852, Louis Napoleon stopped at Amboise and set Amir Abd-el-Kader free (16 October). The title recalls Hugo's volume, *Les Orientales* (1829).

VII *Un Bon Bourgeois dans sa maison*

7. *le taureau d'airain*. See *Glossary* (*Phalaris*).

20. *Il a coupé leur bourse aux princes d'Orléans*. In January 1852, Louis Napoleon confiscated the property of the House of Orleans.

VIII 16. *Son Frêlon*. Voltaire's enemy, Fréron, appears as Frélon in *L'Ecossaise* and in *La Pucelle* (canto XVIII).

22. *Molière, donne-nous Montalembert*. Hugo equates Montalembert with Tartuffe.

91. *La prostitution, ingénue*. Perhaps a punning allusion to the Empress Eugénie.

100. *La Saint-Barthélemy par la Saint-Bonaparte*. For *la Saint-Barthélemy*, see note to 'Cette Nuit-là', l. 10. There is no *Saint-Bonaparte*, but the first Napoleon was born on 15 August, which is also the day of St Napoleon.

104. *Les deux Napoléon s'unissent en diphthongues*, i.e. are both known by their Christian names (containing the diphthong *éo*); in other words, are both emperors.

105–6. Berger, prefect of the department of Seine, celebrated the coup d'état by a ball in January, and by a banquet for the chief officers of the Paris army in April. Two N's entwined formed part of the decorations at these festivities.

IX *Joyeuse Vie.* The contrast between the wealth of the victors and the wretchedness of industrial workers.

20. *Un jour je descendis dans les caves de Lille.* 20 February 1851. See note to 'Idylles' ('Les Caves de Lille'). The passages quoted below are taken from a speech that Hugo composed after his visit, but never delivered.

22–4. 'Figurez-vous la population maladive et étiolée, des spectres au seuil des portes, la virilité retardée, la décrépitude précoce, des adolescents qu'on prend pour des enfants, de jeunes mères qu'on prend pour de vieilles femmes, les scrofules, le rachis, l'ophtalmie, l'idiotisme, une indigence inouïe, des haillons partout . . .' (*Œuvres*, ed. J. Massin, t. vii, vol. 1, p. 375)

25. *l'air semble un toxique.* Hugo writes of the first cellar he visited: 'Bien que la porte fût toute grande ouverte au soleil depuis le matin, car c'était une belle journée de février, il sortait de cette cave une odeur tellement infecte, l'air y était tellement vicié que, sur sept visiteurs que nous étions, nous ne fûmes que trois qui pûmes y descendre. Un quatrième qui s'y hasarda ne put dépasser le milieu de l'escalier, et de même que cela était arrivé en 1848 au préfet de Lille accompagnant M. Blanqui, il s'arrêta comme asphyxié au seuil de la cave et fut obligé de remonter précipitamment.' (pp. 373–4)

28. *Presque enfant à vingt ans, déjà vieillard à trente.* See note to 11. 22–4 above. Cf. 'Dialogue à Lille, dans une cave:
' "Ah! pauvre petite! Déjà au travail. Mais elle a à peine quatre ans!
—Monsieur, j'ai huit ans.
—C'est égal. Elle n'est pas en état de travailler. Il faut le dire à ses parents. Madame, vous êtes sans doute sa grand'mère?
—Monsieur, je suis sa mère. J'ai trente-cinq ans." ' (*Souvenirs personnels*, p. 294)

31. *Jamais de feu; la pluie inonde la lucarne.* Cf. 'Ils n'ont ni draps, ni couvertures. Ils ne font jamais de feu.' (p. 375)
'Figurez-vous ces maisons, ces masures habitées du haut en bas, jusque sous terre, les eaux croupissantes filtrant à travers les pavés dans ces tanières où il y a des créatures humaines.' (p. 375)

63. *râler l'aïeul flétri.* 'Tout à côté, dans la masure voisine, au fond d'une chambre sans meubles, un ouvrier filetier, phtisique, homme d'environ trente-cinq ans, était couché sur un grabat. On l'entendait râler du dehors. Vous n'ignorez pas, messieurs, que lorsqu'on ne peut pas prendre les précautions hygiéniques auxquelles l'extrême indigence est forcée de renoncer, certaines industries insalubres, notamment le peignage du lin, développent une certaine espèce de phtisie.' (pp. 374–5)

74. *le fisc.* In the speech quoted, Hugo says that the cause of such wretchedness is taxation, and that government expenditure should be reduced.

X *L'Empereur s'amuse.* The contrast between victors and victims. The title recalls Hugo's play, *Le Roi s'amuse* (1832).

31. *L'homme à la mitre citoyenne.* Sibour.

XII 1. *Robert*: Robert Macaire (see *Glossary*).

15. *et moi, votre parrain.* See *Introduction*, pp. 13–14.

XIII 'L'histoire a pour égout. . .' The contrast between the tyrant and his victims is given a historical dimension.

14. *des gloires*, i.e. haloes.

XIV *A propos de la Loi Faider* (see *Glossary, Faider*).

16. *Il y mit un lion.* Allusion to the lion of Brabant in the Belgian coat of arms. Hugo records in *Choses vues* that, in the summer of 1852, his son Charles had written: 'La Belgique a une peur de chien, bien qu'elle ait une crinière de lion'.

XV 40. *Tu peux tuer cet homme avec tranquillité!* The next two poems reverse this decision. Cf. *Histoire d'un crime*, Troisième Journée, ch. xv:

'Michel (de Bourges) . . . eut un éclair de victoire sombre. Il frappa du poing sur la table et s'écria:—Oh! le misérable! demain. . .—et il frappa du poing une deuxième fois—demain, sa tête tombera en place de Grève devant la façade de l'Hôtel de Ville!

'Je le regardai.

'—Non, lui dis-je. La tête de cet homme ne tombera pas.

'—Comment?

'—Je ne veux pas!

'—Pourquoi?

'—Parce que, dis-je, après un tel crime, laisser vivre Louis Bonaparte, c'est abolir la peine de mort.

'Ce généreux Michel (de Bourges) resta un instant rêveur, puis me serra la main.'

LIVRE IV LA RELIGION EST GLORIFIÉE

II 1. *Tu ne dois pas chercher le pouvoir.* See *Introduction*, pp. 11–12 and 15–16.

III *Les Commissions mixtes.* See *Introduction*, pp. 10–11. In the *Histoire d'un crime*, Quatrième Journée, ch xiii, Hugo writes: 'Trois individus quelconques, trois fonctionnaires destituables, un préfet, un soldat, un procureur, ayant pour conscience le coup de sonnette de Louis Bonaparte, s'asseyaient à une table, et jugeaient. Qui? Vous, moi, nous, tout le monde. Pour quels crimes? Ils inventaient les crimes. Au nom de quelles lois? Ils inventaient les lois. Quelles peines appliquaient-ils? Ils inventaient les peines. Connaissaient-ils l'accusé? Non, L'entendaient-ils? Non. Le voyaient-ils? Non. Quels avocats écoutaient-ils? Aucun. Quels témoins interrogeaient-ils? Aucun. Quel débat engageaient-ils? Aucun. Quel public appelaient-ils? Aucun. Ainsi ni public, ni débat, ni defenseurs, ni témoins, des juges qui ne sont pas des magistrats, un jury où il n'y a pas de jurés, un tribunal qui n'est pas un tribunal, des délits imaginaires, des peines inventées, l'accusé absent, la loi absente; de toutes ces choses qui ressemblent à un songe il sortit une réalité: la condamnation des innocents.

'L'exil, le bannissement, la déportation, la ruine, la nostalgie, la mort, le désespoir de quarante mille familles.

'C'est là ce que l'histoire appelle "les commissions mixtes".'

IV *A des journalistes de robe courte.* The title is modelled on the expression, *Jésuite de robe courte,* 'séculier qui est affilié à la société de Jésus; et, par dénigrement, celui qui, sans être affilié à cet ordre, en adopte, en défend les doctrines' (Littré). Another attack on Veuillot.

14. *l'œillet.* The emblem of the *ultras.*

98–9. The order of Jesuits, dissolved in France by the parlement of Paris in 1764, and abolished in 1773 by Clement XIV, was revived in 1814.

V *Quelqu'un.* Saint-Arnaud (see *Glossary*).

31. *Tu t'es fait broder d'or par l'empereur bohême,* i.e. made a senator by Napoleon III, the gipsy emperor, the adventurer.

52. *Les fleurs-de-lys au cœur, les aurait sur l'épaule,* i.e. would be branded as a common criminal (see *Glossary, Saint-Arnaud*).

VI *Ecrit le 17 juillet 1851, en descendant de la tribune.* On 17 July 1851, Hugo opposed the proposal to revise the constitution so that Louis Napoleon could be re-elected in 1852. In the course of his speech, he first used the expression 'Napoléon-le-Petit': 'Quoi! parce que nous avons eu Napoléon-le-Grand, il faut que nous ayons Napoléon-le-Petit!' In the first edition of *Châtiments,* he gave some extracts from his speech (including the interruptions).

12. *Lancés dans le sénat.* There was, strictly speaking, no Senate in 1851. *Sénat* here = Assemblée nationale.

VII *Un Autre.* Veuillot again.

7–8. In 1833, Veuillot was employed by *L'Esprit public,* a newspaper believed to be the organ of the police.

VIII *Déjà nommé.* Dupin (see *Glossary*).

19–20. *Ses gros lazzis marchaient sur l'éloquence ailée.* Dupin had jested at Hugo's expense, e.g. on 20 October 1849 (see Hugo, *Œuvres complètes,* ed. J. Massin, t. VII, vol. 2, p. 253).

39. *courtisan du Danube.* A reference to La Fontaine's fable, 'Le Paysan du Danube'. Unlike La Fontaine's character, Dupin combines rustic manners with insincerity.

50–1. The *chiffonnier* (or rag man) with his lantern, the basket on his back, and the *crochet* (or crook) with which he picked up refuse from the streets was a familiar sight in nineteenth-century Paris. See M. Allem, *La Vie quotidienne sous le Second Empire*, Hachette 1948, pp. 111–14.

XI 2 *auvergnates = rudes.*

28. *Murat.* Lucien Murat, the son of Napoleon's general.

33. *en riant des doubles fonds de l'urne.* Hugo is suggesting that the plebiscite of December was faked. See also *Napoléon-le-Petit*, Livre VI, ch. III. In view of the number of votes cast for Louis Napoleon the previous December, this is unlikely.

35. *ce corse hollandais.* See note to 'Ainsi les plus abjects', 5–13.

39. *Son guet-apens français, son guet-apens romain.* The coup d'état and the expedition against the Roman Republic.

XII *A quatre Prisonniers.* Hugo's two sons, Paul Meurice, and Auguste Vacquerie. See *Introduction*, p. 17.

XIII *On loge à la nuit.*

26. *Chapuys le capitoul.* Montlaville-Chappuis was prefect of Haute-Garonne, the capital of which is Toulouse. Before the Revolution, the members of the city council of Toulouse were known as *capitouls.*

28. *Forey dont à Bondy l'on change l'orthographe.* A somewhat cumbersome pun on *Forey* and *forêt.* The *forêt de Bondy* was reputed to be infested by brigands.

36. *Le général Bertrand.* Bertrand (see *Glossary*) was a supporter of Napoleon III. Bertrand is also the name of the accomplice of Robert Macaire (see *Glossary*). Three generals named Bertrand had served under Napoleon I.

42. *La marquise Toinon, la duchesse Margot,* i.e. common women dressed up as noble ladies.

44. *la régence.* That of Philip of Orleans (1715–23), when hair was worn powdered.

45. *le directoire.* During the directory (1795–9), *madras,* i.e. muslin kerchiefs, were worn on the head.

50. *vole autrement que l'oiseau.* A pun on the two meanings of *voler* ('fly' and 'steal').

51. *le traboucaire = brigand* (from the Spanish word, *trabuco,* 'blunderbuss').

56. *le bœuf Peuple.* On 10 June 1850, the *Caricaturiste* had published a caricature showing society being roasted by the members of the Left—with Hugo as turnspit.

65. *Espoir des fils d'Ignace et des fils d'Abraham,* i.e. of the Jesuits and the Jews.
66. *Qui t'en vas vers Toulon,* i.e. to the *bagne.*

LIVRE V L'AUTORITÉ EST SACRÉE

I *Le Sacre.* The tune of 'Malbrouck s'en va-t-en guerre' is the same as that of 'For he's a jolly good fellow' or 'We won't go home till morning'.

III *Le Manteau impérial.* It was adorned with bees.

IV *Tout s'en va*
6. *Personne n'écrit plus.* In fact, from a literary point of view, the Second Empire was by no means a sterile period.

VII *Les Grands Corps de l'Etat*
7. *cantonnade.* In the sense of 'entourage'. 'Dans les théâtres italiens, chacun des côtés de la scène où prenaient place certains spectateurs privilégiés' (Robert).
8. *O ducs de Trou-Bonbon, marquis de Cassonnade.* See *Glossary* (*Soulouque*).

VIII 8. *Peuple, jamais de sang.* Cf. 'Non' and 'Sacer Esto'.

X *A un qui veut se détacher.* Montalembert. Cf. 'le Montalembert, le Rouher et le Dupin donnent leur démission. C'est que la baraque se lézarde: les rats s'en vont.' (Letter to François-Victor Hugo, 28 January 1852)
37–8. A reference to the declaration of the Roman Republic (the Papal states extended as far as Lombardy and Venetia).
101. *Toi, leur chef, sois leur chef! c'est là ton châtiment.* After Hugo's speech on 19 October 1849, Montalembert had said that the applause of the left was Hugo's 'châtiment'.

XI *Pauline Roland*
76. *Terre au visage étrange.* The 1870 edition has 'Terre au rivage étrange'.

XIII *L'Expiation*
4. *Laissant derrière lui brûler Moscou fumant.* A good deal of Moscow was destroyed by fire immediately after the French entry. When they left, the French blew up and set fire to what remained, including the Kremlin (23 October 1812).
6. *Après la plaine blanche une autre plaine blanche.* Cf. 'Mais devant eux, autour d'eux, tout est neige: leur vue se perd dans cette immense et triste uniformité; l'imagination s'étonne: c'est comme un grand linceul dont la nature enveloppe l'armée!' (Ségur, *La Campagne de Russie,* Collection Nelson, p. 272)

'Sous un ciel pantelant, et comme lassé des tempêtes de la veille, nos files éclaircies traversaient des landes après des landes, des forêts suivies de forêts...' (Chateaubriand, *Mémoires d'Outre-tombe*, ed. Levaillant, Flammarion, II, p. 451)

7–8. Cf. 'Bientôt l'on rencontra une foule d'hommes de tous les corps, tantôt isolés, tantôt par troupes. Ils n'avaient point déserté lâchement leurs drapeaux: c'était le froid, l'inanition qui les avait détachés de leurs colonnes. Dans cette lutte générale et individuelle, ils s'étaient séparés les uns des autres, et les voilà désarmés, vaincus, sans défense, sans chefs, n'obéissant qu'à l'instinct pressant de leur conservation.' (Ségur, p. 273)

9. *On ne distinguait plus les ailes ni le centre.* Cf. 'Tous marchaient pêle-mêle, cavalerie, fantassins, artilleurs, Français et Allemands; il n'y avait plus ni aile, ni centre.' (Ségur, p. 405)

10–11. During the retreat from Moscow, the French army passed the field of Borodino. 'Cependant l'armée s'écoulait dans un grave et silencieux recueillement devant ce champ funeste, lorsqu'une des victimes de cette sanglante journée y fut, dit-on, aperçue vivante encore, et perçant l'air de ses gémissements. On y courut: c'était un soldat français. Ses deux jambes avaient été brisées dans le combat; il était tombé parmi les morts; il y fut oublié. Le corps d'un cheval éventré par un obus, fut d'abord son abri; ensuite, pendant cinquante jours, l'eau bourbeuse d'un ravin, où il avait roulé, et la chair putréfiée des morts servirent d'appareil à ses blessures et de soutien à son être mourant.' (Ségur, p. 259). Chateaubriand adapted this passage (II, p. 448).

12–13. Cf. 'Des escadrons entiers, hommes et chevaux, étoient gelés pendant la nuit; et le matin on voyoit encore ces fantômes debout au milieu des frimas.' (Chateaubriand, *De Buonaparte et des Bourbons*)

17. *la glace à leur moustache grise.* Cf. 'Leurs habits mouillés se gèlent sur eux; cette enveloppe de glace saisit leurs corps et roidit tous leurs membres; un vent aigre et violent coupe leur respiration; il s'en empare au moment où ils l'exhalent, et en forme des glaçons qui pendent par leur barbe autour de leur bouche.' (Ségur, p. 272)

20. *pieds nus.* Even before the French arrived in Moscow, 'la route avait détruit leur chaussure' (Ségur, p. 213). During the retreat, 'couverts de lambeaux, les pieds nus et déchirés, appuyés sur des branches de pin, ils se traînaient.' (Ségur, p. 430)

23. *Une procession d'ombres sur le ciel noir.* Cf. 'Les Russes n'avaient plus le courage de tirer, dans des régions de glace, sur les ombres gelées que Bonaparte laissait vagabondes après lui.' (Chateaubriand, II, p. 462)

26–7. See note to l. 6.

29. *funèbre.* The 1870 edition has 'funeste'.

32. *Qui se couchait, mourait.* Cf. 'Le lendemain, des rangées circulaires de soldats étendus roides morts marquèrent les bivouacs...' (Ségur, p. 275). 'Le jour grandissant éclairait des cercles de fantassins roidis et morts

autour des bûchers expirés. . . . D'autres se couchaient sur la terre, s'endormaient: un peu de sang sortait de leurs narines, et ils mouraient en dormant.' (Chateaubriand, II, pp. 451–2)

34–5. Cf. 'Les malheureux se traînent encore en grelottant, jusqu'à ce que la neige, qui s'attache sous leurs pieds en forme de pierre, quelques débris, une branche, ou le corps de l'un de leurs compagnons, les fasse trébucher et tomber. Là ils gémissent en vain; bientôt la neige les couvre; de légères éminences les font reconnaître: voilà leur sépulture! La route est toute parsemée de ces ondulations, comme un champ funéraire; les plus intrépides ou les plus indifférents s'affectent; ils passent rapidement en détournant leurs regards.' (Ségur, p. 272)

38. *On s'écrasait aux ponts pour passer les rivières.* Particularly at the passage of the Beresina. See Ségur, pp. 391, 396–9.

40–1. Ney was in charge of the rearguard.

69 ff. There is a detailed account of the battle of Waterloo in *Les Misérables, Deuxième Partie, Livre I*. For a modern account, see Elizabeth Longford, *Wellington, The Years of the Sword*, Weidenfeld and Nicolson, 1969, ch. 23.

88. *Grouchy!—C'était Blücher!* Napoleon expected Grouchy, who had been detached, to rejoin the main French army; he was disappointed. The Prussians, under Blücher, came to the aid of Wellington late in the afternoon.

159. *Un roc hideux.* Saint Helena.

164. *Le vautour Angleterre.* Napoleon is here likened to Prometheus, chained to a rock and devoured by a vulture. For some reason, even some Englishmen and women (Lady Morgan, for example) regarded the treatment of Napoleon by the British government as inhuman.

177. *Napoléon était retombé Bonaparte.* Napoleon, on the way back from Moscow, remarked, somewhat similarly: 'J'ai assez fait l'empereur, il est temps que je fasse le général' (Chateaubriand, II, p. 456).

181. *Son fils aux mains des rois, sa femme aux bras d'un autre!* His son, the King of Rome, was brought up at the Austrian court. His wife, Marie-Louise of Austria, was the mistress of an Austrian general whom she married after Napoleon's death.

198–200. 'Quand il ferma pour jamais les yeux, son épée, expirée avec lui, était couchée à sa gauche . . . Le manteau que le vainqueur d'autrefois portait aux vastes funérailles de Marengo servit de drap mortuaire au cercueil.' (Chateaubriand, II, pp. 667–8)

213. Napoleon was buried under a willow-tree (Chateaubriand, II, p. 667).

218. *A la colonne veuve on rendit sa statue.* The statue of Napoleon on the column in the Place Vendôme, removed and melted down in 1815, was replaced in 1833.

258–60. Cf. 'J'aurais fait du pape une idole, il fût demeuré près de moi.

Paris serait devenu la capitale du monde chrétien. . .' (*Mémorial de Sainte-Hélène*, quoted by Berret).

282. *Et l'océan rendit son cercueil à la France.* Napoleon's body was brought back to France in 1840 and placed in a tomb in the Invalides.

287. *abeilles.* See note to 'Le Manteau impérial'.

316. *du cirque Beauharnais.* Louis Napoleon's mother, Queen Hortense, was the daughter of Napoleon's first wife, Joséphine de Beauharnais, by her first husband.

340. *On voit sur Austerlitz un peu de leur fumier.* The coup d'état took place on the anniversary of the battle of Austerlitz.

345. *le grec.* See note to 'Nox', l. 162.

383. *Pareils aux mots que vit resplendir Balthazar.* During a feast given by Belshazzar, a hand wrote the words, 'Mene mene tekel upharsim' on the wall. The prophet, Daniel, interpreted these words as foretelling Belshazzar's downfall (Daniel, v).

386. *Dix-huit-Brumaire.* See note to 'Apothéose', 30.

LIVRE VI LA STABILITÉ EST ASSURÉE

I *Napoléon III.* This poem continues the theme of 'L'Expiation', the Second Empire improperly and dishonestly exploiting the Napoleonic legend.

15. *cravachant leur armée.* Murat seems to have had an extraordinary ascendancy over the Cossacks. Ségur says: 'Depuis l'arrivée de Kutusof, des troupes de cosaques voltigeaient autour des têtes de nos colonnes. Murat s'irritait de voir sa cavalerie forcée de se déployer contre un si faible obstacle. On assure que ce jour-là, par un de ces premiers mouvements dignes des temps de la chevalerie, il s'élança seul, et tout à coup, contre leur ligne, s'arrêta à quelques pas d'eux; et que là, l'épée à la main, il leur fit d'un air et d'un geste si impérieux le signe de se retirer, que ces barbares obéirent et reculèrent étonnés!' (pp. 111–12). Cf. Chateaubriand, II, p. 423.

18. *mon père et mes oncles vaillants.* Hugo's father rose to be a general in Napoleon's service. Two of his brothers also served under Napoleon.

32. *Caulaincourt tomba dans la grande redoute.* At the battle of Borodino, 7 September 1812. (See Ségur, p. 141).

II 17. *Une d'elles.* Pauline Roland.

IV 1. *les décombres.* Probably 'le dolmen de Rozel' of *Les Contemplations* (VI, 2, 3): twenty-three blocks of granite, the remains of a prehistoric monument.

V 3–4. See *Glossary* (*Tamisier* (Rose)).

9. *L'arsenic indigné dénonçant la morphine.* Mme Lafarge, accused of

poisoning her husband with arsenic, was pardoned in 1852. Castaing (see *Glossary*) had used morphia.

39. *ce cockney d'Eglinton et d'Epsom.* Louis Napoleon had lived in England from 1838 to 1840, and from 1846 to 1848. In August 1839, he took part in a tournament given by Lord Eglinton at Eglinton Castle (there is an account of it in chapters 59 and 60 of Disraeli's *Endymion*, in which Prince Florestan is Louis Napoleon). Epsom is an allusion to his fondness for horse-racing.

43. *Que Schœlcher a nommé le président Obus.* In *Le Crime de Décembre en province*, ch. VIII. In a note to the passage, in the first edition of *Châtiments*, Hugo paid tribute to Schœlcher.

63. *quel Œil-de-bœuf!* The Œil-de-bœuf at Versailles (so-called because of its round window), was the ante-room in which the courtiers awaited the King's levee.

70–1. See note to 'Déjà nommé', ll. 50–1.

72. *normand, corse, auvergnat.* Troplong, Piétri, Rouher.

74. *premier président . . . préfet . . . ministre.* Troplong, Piétri, Rouher.

81. *Il conseille l'Etat.* See note to 'Idylles' ('Le Conseil d'état').

82. *Ce petit homme.* Royer?

85. *Celui-là.* Dr Véron, the editor of *Le Constitutionnel?*

92. *grinche.* 'Thief'.

93 ff. Veuillot and *L'Univers*.

102. *Cet autre.* Hautpoul?

104. *Cet autre fut escroc.* Saint-Arnaud?

125. *ce Beauharnais.* Louis Napoleon. See note to 'L'Expiation', l. 316.

153. *Toi, dernière Lagide, ô reine au cou de cygne.* Cleopatra, the last descendant of Lagos.

154. *ta vigne*, i.e. villa.

162. *Saint-office, conseil des dix, chambre étoilée.* The Holy Office (for the repression of heresy); the Council of Ten of Venice (a criminal court which eventually came to control the whole Republic); the English Star Chamber.

177. *Boustrapa.* Louis Napoleon, i.e. BOU [logne]-STRA [sbourg]-PA [ris]. In 1852, Paul Meurice had told Hugo in a letter that this was the name being given to Louis Napoleon in France. Hugo replied: 'J'aime Boustrapa. Ce peuple a toujours de l'esprit' (14 November).

182. *Murat*, i.e. Lucien Murat, son of the King of Naples. *citrouilles.* An allusion not only to their shape, but to a caricature that had appeared in *Le Charivari* (29 August 1849), depicting Louis Napoleon addressing an audience of pumpkins.

VI 6–7. *quatre-vingt-douze.* In 1792, France declared war on Austria and Prussia, and defeated them at Valmy and Jemappes.

VII 13. *l'an quatre-vingt-onze.* The year of the death of Mirabeau, the flight to Varennes, the promulgation of the new constitution, the end of the Constituent Assembly, and the election of the Legislative Assembly.

VIII *Aux Femmes.* Aragon points out that, in *Châtiments*, 'il y a une conception nouvelle des femmes' (*Avez-vous lu Victor Hugo?* Paris, Les Editeurs français réunis, 1969, p. 104). In his speech at the grave of Louise Julien (26 July 1853), Hugo celebrated the heroism of women in France and elsewhere. 'Ce n'est pas une femme que je vénère dans Louise Julien, c'est la femme; la femme de nos jours, la femme digne de devenir citoyenne; la femme telle que nous la voyons autour de nous, dans tout son dévouement, dans toute sa douceur, dans tout son sacrifice, dans toute sa majesté! Amis, dans les temps futurs, dans cette belle, et paisible, et tendre, et fraternelle République sociale de l'avenir, le rôle de la femme sera grand; mais quel magnifique prélude à ce rôle que de tels martyres si vaillamment endurés! Hommes et citoyens, nous avons dit plus d'une fois dans notre orgueil:—Le dix-huitième siècle a proclamé le droit de l'homme; le dix-neuvième proclamera le droit de la femme;—mais il faut l'avouer, citoyens, nous ne nous sommes point hâtés; beaucoup de considérations, qui étaient graves, j'en conviens, et qui voulaient être mûrement examinées, nous ont arrêtés; et à l'instant où je parle, au point même où le progrès est parvenu, parmi les meilleurs Républicains, parmi les démocrates les plus vrais et les plus purs, bien des esprits excellents hésitent encore à admettre dans l'homme et dans la femme l'égalité de l'âme humaine, et par conséquent l'assimilation, sinon l'identité complète des droits civiques. Disons-le bien haut, Citoyens, tant que la prospérité a duré, tant que la République a été debout, les femmes, oubliées par nous, se sont oubliées elles-mêmes; elles se sont bornées à rayonner comme la lumière, à échauffer les esprits, à attendrir les cœurs, à éveiller les enthousiasmes, à montrer du doigt à tous le bon, le juste, le grand et le vrai. Elles n'ont rien ambitionné au-delà. Elles qui, par moment, sont l'image de la patrie vivante, elles qui pouvaient être l'âme de la cité, elles ont été simplement l'âme de la famille. A l'heure de l'adversité, leur attitude a changé; elles ont cessé d'être modestes; à l'heure de l'adversité, elles nous ont dit:—Nous ne savons pas si nous avons droit à votre puissance, à votre liberté, à votre grandeur; mais ce que nous savons, c'est que nous avons droit à votre misère. Partager vos souffrances, vos accablements, vos dénuements, vos détresses, vos renoncements, vos exils, votre abandon si vous êtes sans asile, votre faim si vous êtes sans pain, c'est là le droit de la femme, et nous le réclamons.—O mes frères! et les voilà qui nous suivent dans le combat, qui nous accompagnent dans la proscription, et qui nous devancent dans le tombeau!'

70. *la Juive et les sept Macchabées.* The Second Book of the Maccabees (ch vii) tells the story of a Jewish woman who watched her seven sons

being tortured and killed by King Antiochus, encouraging them to die for their faith, and then died in her turn.

IX *Au Peuple.* Cf.: 'Je vous écris du bord de cette admirable mer, qui est en ce moment d'un calme plat, qui demain sera en colère et brisera tout,—et qui ressemble au peuple. Je regarde ce miroir qui est comme de l'huile, et je me dis: qu'un vent souffle, et cette eau plate deviendra tempête, écume et furie.—Cher ami, tâchons de faire souffler le vent.' (Letter to Madier de Montjau, 29 August 1852)

X 6. *La Saint-Napoléon avec la Saint-Ignace.* See note to 'Splendeurs' 100. St Ignatius Loyola's day is 31 July.

XI *Le Parti du Crime.* Hugo reproduced the exiles' declaration in a note in the first edition.

2–3. See notes to 'Ainsi les plus abjects', ll. 5–13, and 'L'Expiation', l. 316.

5. *Rome républicaine à Rome catholique.* The Roman Republic to Pius IX. See *Introduction*, pp. 14–15.

14. *Il a volé, l'infâme, Austerlitz à l'histoire.* See note to 'L'Expiation', l. 340.

18. *la cité Bergère.* In the boulevard Montmartre. 'Trente-sept cadavres étaient entassés dans la cité Bergère, et les passants pouvaient les compter à travers la grille' (*Napoléon-le-Petit*, Livre III, ch. VIII).

23. *depuis la Seine jusqu'au Var.* A reference to the provincial risings that followed the coup d'état. See *Introduction*, p. 10.

57. *grecs.* A pun on the two senses of the word ('Greeks' and 'card-sharpers').

127. *Pour affranchir Romains, Lombards, Germains, Hongrois.* See notes to *L'Art et le Peuple*, ll. 31–4, and *Carte d'Europe*, l. 31.

XIII 2. *Homme d'ivoire et d'or,* i.e. chryselephantine; suggesting that he is Olympian.

33. *Lorsque sur la Grand'Combe ou sur le blanc de zinc.* The shares of the coal and iron mines of Grand'Combe (Gard) and of the zinc mines of La Vieille-Montagne at Moresnet (in Belgium) were rising.

132. *monsieur Beauharnais.* See note to 'L'Expiation', l. 316.

173. *messieurs d'Arras et de Beauvais.* Parisis, Bishop of Arras, and Gignoux, Bishop of Beauvais.

XIV 1. *floréal.* A month of the revolutionary calendar (20 or 21 April–19 or 20 May).

XVI 5. *le roi de Thune.* The King of the Cour des Miracles (Cf. *Notre-Dame de Paris*, Livre II, ch. VI).

12. *Un sénat.* See note to *Le Te Deum du 1er janvier 1852*, l. 9.

14. *Un Paris qu'on refait tout à neuf.* Haussmann was not yet prefect, but the reconstruction of Paris had begun.

28. *Salvum fac imperatorem.* 'God save the Emperor', the formula used by the Catholic Church (derived from Psalms 12 and 69).

29. *faquin.* A pun on *fac im-* in the previous line.
50. *Turlurette et la Faridondaine.* Refrains of popular songs.

LIVRE VII   LES SAUVEURS SE SAUVERONT

The chief priests, the scribes, and the elders mocked Christ on the Cross, saying: 'He saved others; himself he cannot save' (Matthew, xxvii, 42. Cf. Mark, xv, 31, and Luke, xxiii, 35).

I 'Sonnez, sonnez toujours, clairons de la pensée.' The source of this poem is the Book of Joshua, vi. 16–17. Cf. II Samuel v, 6–8.

II *La Reculade.* In July 1853, in a dispute over the custody of the Holy Places, Russia occupied Moldavia and Wallachia. The European powers, at the conference of Vienna, addressed a note to the Sultan, asking him to submit. Hence 'la reculade' (September). In fact, the Sultan rejected the note in September, and declared war in October; and Britain and France declared war on Russia in their turn in March 1854.
6. *son: quos ego!* A quotation from Virgil, *Æneid*, i, l. 135. Neptune, choked with wrath, cannot finish his sentence.

115 *Les Saint-Barthélemy.* See note to 'Cette Nuit-là', l. 10.

121. *ainsi que Basile, a la fièvre.* Don Basile, in Beaumarchais's *Barbier de Séville* (III, 11), is persuaded that he is feverish, and goes home.

144. *Le noir lion de Waterloo.* The monument commemorating the battle.

III *Le Chasseur Noir.* The wild huntsman (Odin) leading a wild hunt is a figure of German folklore, but not usually beneficent. It has been suggested that Hugo may have had in mind the following passage from E. M. Arndt's *Märchen und Jugenderinnerungen* (1842):
'Und was für Wildpret jagt er? Unter den Thieren alles diebische und räuberische Gesindel, welches zur Nachtzeit auf Mord und Beute schleicht, Wölfe, Füchse, Lüchse, Katzen, Marder, Iltisse, Ratten, Mäuse, und von Menschen Mörder, Diebe, Räuber, Hexen und Hexenmeister und alles, was von dunklen und nächtlichen Künsten lebt. So muss dieser Bösewicht, der im Leben so viel Unglück anrichtete, es gewissermaassen im Tode wieder gutmachen. Er hält, was die Leute sagen, die Strasse rein; denn wehe dem, welchen er bei nächtlicher Weile auf verbotenen Schleichwegen oder im Felde und Walde antrifft, und der nicht ein gutes Gewissen hat! Wie mancher muss wohl zittern, wenn er sein "Hoho! Hallo! Halt den Mittelweg! Halt den Mittelweg!" hört. Denn gewöhnlich jagt er, was er vor seine Peitsche kriegt, so lange, bis es die Zunge aus dem Halse steckt und todt hinfällt.' (Quoted by A. H.

Krappe, 'Deux Notes sur les *Châtiments* de Victor Hugo', *Neuphilologische Mitteilungen*, 33, pp. 133–4)

At the end of the eleventh poem of the first book, Hugo has already described himself as 'un esprit vengeur qui passe, / Chassant devant lui les démons!'

IV *L'Egout de Rome.* Another example of Hugo's preoccupation with sewers is in *Les Misérables* (Ve Partie, Livre II).

V 7. *la bascule.* Of the guillotine.

VII 12 ff. 'Les Mages' in *Les Contemplations* develops this idea.
    41. *les tchaouchs.* Strictly speaking, minor officials of the Turkish court.
    143. *Mahom.* A medieval form of 'Mahomet'.
    146. *Grecs.* See note to 'Nox', l. 162.

IX 15. *pas même lui!* Cf. 'Non' and 'Sacer Esto'.
    52. *Titan,* i.e. 'Briarée' mentioned in l. 54.

X 6. *du blême hortensia.* The hortensia, a variety of hydrangea, was named after a woman called Hortense (but not after Louis Napoleon's mother).

    7. *Hidalgo par ta femme, amiral par ta mère.* Napoleon III married Eugénie de Montijo, a Spanish noblewoman, in January 1853. For the second half of the line, see the note to 'Ainsi les plus abjects', ll. 5–13.

    8. *tu règnes par Décembre et tu vis sur Brumaire. Décembre,* i.e. the coup d'état *Brumaire,* Napoleon's coup d'état (see note to 'Apothéose', l. 30).

XI 64. *Elizab.* Basile (or Bazile) in reverse.

XII *Force des Choses.* The theme of this poem is a development of the Romantic one of the indifference of nature (cf. Hugo's own 'Tristesse d'Olympio'). Here it is stated, with a political twist, and answered.

    12. *attollite portam.* Psalm 24, vii: 'Attollite portas, principes, vestras' ('Lift up your heads, oh ye gates').

    14. *la Maison d'Or. La Maison d'Or* or *la Maison dorée* was a house at the corner of the rue Laffitte and the Boulevard des Italiens. 'A well-known restaurant occupies the ground-floor and entresol' (*Galignani's Paris Guide*). This was one of the places where shooting took place on the afternoon of 4 December: 'L'hôtel de Castille, la Maison-Dorée, la Petite-Jeannette, le café de Paris, le café Anglais, furent pendant trois heures les cibles de la canonnade.' (*Histoire d'un crime*, Troisième Journée, ch. XVI)

    32. *Coffre-fort étant Dieu, Gousset soit cardinal.* A pun on the name of Cardinal Gousset (see *Glossary*).

    41. *des Sept-Tours.* Castle in Constantinople.

    56. *la Saint-Barthélemy.* See note to 'Cette Nuit-là', l. 10.

    65. *les soldats ivres.* See note to 'Nox', l. 11.

170 ff. Cf. the second part of the Conclusion of *Napoléon-le-Petit*, in which Hugo describes the achievements of the nineteenth century, and forecasts that the airship will abolish frontiers and usher in an age of peace and universal brotherhood.

187. *un fil qui tremble au fond des mers*. The first submarine cable was laid in 1851 (between England and France).

XIII *Chanson*. Two exiles had died in Jersey in the spring of 1853, Louis Hélin-Destailles and J. Bousquet. In a note in the first edition, Hugo reproduced the speeches he delivered over the graves of Jean Bousquet and of Louise Julien, who died late in the year, in July. The speech on Jean Bousquet (20 April 1853) opened with a brief account of the dead man: 'Le mal du pays le rongeait; il se sentait lentement empoisonné par le souvenir de tout ce qu'on laisse derrière soi; il pouvait revoir les êtres absents, les lieux aimés, sa ville, sa maison; il pouvait revoir la France, il n'avait qu'un mot à dire, cette humiliation exécrable que M. Bonaparte appelle amnistie ou grâce, s'offrait à lui, il l'a chastement repoussée, et il est mort. Il avait trente-quatre ans'.

The text of both speeches will be found in *Actes et Paroles*.

6. *les Dupin*. Charles Dupin, the younger brother of Hugo's bugbear, André-Marie (see *Glossary*), was made a senator in January 1852.

15. *crépin*. For *crépine*.

43. *à la Hongrie*. ⎫
59. *Allemagne*. ⎪ See notes to 'L'Art et le Peuple', 31-4, and
60. *beau pays transalpin*. ⎬ 'Carte d'Europe', 31.
61. *Pologne*. ⎭

XIV *Ultima Verba*. In December 1852, some hundreds of victims of the coup d'état submitted and were pardoned. Hugo expresses his defiance. In 1851, he had written:

'La liberté! Sauvons la liberté! La liberté sauve le reste.

'Quant à moi, je lutterai pour elle jusqu'à mon dernier souffle. C'est par la chute de la liberté que les calamités entrent dans un pays. On me trouvera toujours debout sur cette brèche.

'Vous qui me lisez, vous qui m'appuyez ou me combattez, vous qui, depuis vingt-cinq ans, fixez quelquefois les yeux sur moi, amis ou ennemis, compagnons d'armes ou adversaires dans la grande et sombre bataille des idées, écoutez-moi: j'en prends l'engagement devant vous; si jamais les malheurs voulait (*sic*) qu'il n'y eût plus dans les Assemblées, qu'il n'y eût plus en France que cent hommes de cœur voulant et défendant la liberté, je serais du nombre; le jour où il n'y en aurait plus que dix, je serai dans les dix; le jour où il n'y en aura plus qu'un, ce sera moi.' (*Souvenirs personnels*, p. 295)

Adèle Hugo wrote in her diary on 10 January 1853:

'Aujourd'hui ou plutôt ce soir nous avons vu deux ministres de

Hongrie, deux généraux hongrois, les généraux Perczel et Meszaros, le comte Téléki, Madame Le Flô et son mari, le général Le Flô, M. Schœlcher.

'Mon père a lu des vers, ces vers sur les Exilés, qui se terminent par: *S'il n'en reste qu'un, je serai celui-là.*

'L'émotion a été profonde; c'est dire que le succès a été grand.'

LA FIN

3. *La guerre s'est dressée.* The Crimean war (see note to 'La Reculade').

5. *l'homme de grand chemin,* i.e. Napoleon III, the highwayman.

SELECT BIBLIOGRAPHY

EDITIONS

Victor Hugo, *Les Châtiments*, ed. P. Berret, Hachette, 1932.
Victor Hugo, *Œuvres poétiques*, tome II, *Les Châtiments. Les Contemplations*, ed. P. Albouy, Bibliothèque de la Pléiade, N. R. F. 1967.

LOUIS NAPOLEON AND THE COUP D'ETAT

A. Dansette, *Louis-Napoléon à la conquête du pouvoir*, Hachette, 1961.
P. Guedalla, *The Second Empire*, Constable, 1922.
H. Guillemin, *Le Coup du 2 décembre*, Gallimard, 1951.
V. Hugo, *Napoléon-le-Petit.*
—, *Histoire d'un crime.*
F. A. Simpson, *The Rise of Louis Napoleon*, Longmans, 1909.
—, *Louis Napoleon and the Recovery of France 1848–1856*, Longmans, 1923.
E. Ténot, *Paris en Décembre 1851*, Armand le Chevalier, 1868.

VICTOR HUGO

P. Albouy, *La Création mythologique chez Victor Hugo*, Corti, 1968.
J. -B. Barrère, *Hugo*, Connaissance des Lettres, Hatier, 1967.
—, *La Fantaisie de Victor Hugo*, 3 vols., Corti, 1949–60.
E. Biré, *Victor Hugo après 1830*, 2 vols., Perrin, 1891.
J. Gaudon, *Le Temps de la Contemplation*, Flammarion, 1969.
V. Hugo, *Actes et Paroles.*
—, *Journal 1830–1848*, ed. H. Guillemin, Gallimard, 1954.
—, *Souvenirs personnels 1848–1851*, ed. H. Guillemin, Gallimard, 1952.
P. de Lacretelle, *Vie politique de Victor Hugo*, Hachette, 1928.
A. Maurois, *Olympio ou la vie de Victor Hugo*, Hachette, 1958.
C. Pelletan, *Victor Hugo homme politique*, Ollendorff, 1907.

GLOSSARY OF PROPER NAMES

Abd-el-Kader (1807?–83). Amir of Mascara, and the main opponent of the French conquest of Algeria. After his surrender in 1847, he was imprisoned in France.

Aboukir. Napoleon defeated a Turkish army at Aboukir in Egypt on 25 July 1799.

Achille Péliade. The Greek hero, Achilles, son of Peleus. (Cf. the first line of Homer's *Iliad*.)

Achmet. The name of three sultans of Turkey.

Adige. The River Adige, in Northern Italy, served Napoleon as a defence-line during the Italian campaign.

Afrique see *Alger*.

Agramant. The King of the Moors in Ariosto's *Orlando Furioso*.

Agrippine (16–59). The mother of Nero by her first husband, and fourth wife of the Emperor Claudius, whom she is said to have poisoned. She figures in Racine's *Britannicus*.

Aguesseau (Raymond-Joseph-Paul, comte de Ségur d', 1803–89). After the coup d'état, he became member of the Commission consultative and the Senate.

Alaric (*c.* 370–410). King of the Visigoths, who sacked Rome in 410.

Alceste. The misanthropist of Molière's *Misanthrope*.

Alexandre VI (Pope). The infamous Rodrigo Borgia, Pope from 1492 to 1503. The Borgias may not have been as black as they were painted, but Hugo thought the worst about them (see his play, *Lucrèce Borgia*).

Alger. Most of those deported after the coup d'état were taken to Algeria.

Ali pacha (1741–1822). Pasha of Jannina, he established his authority over all Albania and beyond. He was finally overthrown by the Turkish government.

Amadis. The hero of the Spanish romance, *Amadis of Gaul* (1508), and the type of the kind of knight errant actuated by love, that Don Quixote emulated.

Amphitryon. In Greek mythology Amphitryon's wife, Alcmene, was seduced by Zeus who assumed the appearance of Amphitryon. Since Molière's *Amphitryon* (in which there occurs the line, 'Le véritable Amphitryon/Est l'Amphitryon où l'on dîne'), Amphitryon has come to stand for a generous host. Hence by 'Tibère Amphitryon' Hugo means 'Napoleon III giving his cronies banquets'.

Annibal (247–183 B.C.). The Carthaginian general who invaded Italy during the Second Punic War.

Antoine (saint, 250-350). Famous for the temptations he successfully resisted in his desert solitude.

Arad. Town in Western Rumania. The Hungarian government set up in 1848 took refuge there in July 1849. It fell in August.

Arcole (pont d'). Napoleon defeated an Austrian army at Arcole, on a tributary of the Adige (15–17 November 1796). He himself led an attack on the bridge, carrying a banner in his hand.

Argout (Antoine-Maurice-Apollinaire, baron d', 1782–1858). Governor of the Bank of France, which may have advanced money to Louis Napoleon for the coup d'état (see Guillemin, *Le Coup du 2 décembre*, pp. 350–1, note). Argout was also Minister of Public Works (and responsible for the Comédie-Française) in 1832 when the government banned Hugo's play, *Le Roi s'amuse*. After the coup d'état, he was made a member of the Commission consultative and a senator. His nose was the delight of caricaturists, and the phrase, 'un nez à la d'Argout', was current.

Aristide. Athenian statesman and soldier, renowned for his honesty, and nicknamed 'The Just'. He was ostracized through the influence of Themistocles.

Arlequin. A buffoon in the Italian *commedia dell'arte*.

Arria. A Roman lady, who, when her husband, Caecina Paetus, was condemned to death, killed herself first, saying, 'Paete, non dolet' ('It does not hurt, Paetus').

Atlas. In Greek mythology, a Titan who holds the sky up.

Atropos. One of the three Fates of Greek mythology.

Attila (?–453). The King of the Huns, who ravaged the Roman Empire, and came to be known as 'the scourge of God'.

Augias. Augeas, whose stables Hercules cleaned as one of his labours.

Auguste (63 B.C.–14 A.D.). Octavian, who took the title of Augustus, and became the first Roman Emperor.

Auriol (Jean-Baptiste, 1797–1870). Clown.

Austerlitz. Napoleon defeated the Austrians and the Russians at Austerlitz on 2 December 1805.

Babeuf (François-Noël, 1760–97). Journalist with communistic ideas, condemned to death for conspiring against the Directory in 1797.

Balthazar. Belshazzar in English. See note to 'L'Expiation', l. 383.

Balzac see *Vautrin*.

Barabbas. The prisoner released by Pontius Pilate in place of Christ.

Baroche (Pierre-Jules, 1802–70). Lawyer. Minister of the Interior from March 1850 to January 1851, and Minister of Foreign Affairs from April to October 1851. In July 1851, in the debate on the revision of the constitution, he attacked Victor Hugo. After the coup d'état, he became vice-president of the Commission consultative, and later president of the Conseil d'État.

Basile (*don*). The sycophantic cleric of Beaumarchais's *Barbier de Séville* and *Mariage de Figaro*.

Bastille (*la*). Fortress and prison in Paris, the storming of which by the crowd on 14 July 1789 began the French Revolution.

Batteux (abbé Charles, 1713–80). Literary critic and theorist.

Batthyani (Lajos, 1809–49). Head of the Hungarian government set up in 1848. When Pest was retaken by the Austrians in January 1849, he fell into their hands, and was executed later in the year.

Bauchart (Alexandre Quentin-, 1809–87). 'Le 6 février 1851, l'Assemblée discutait dans ses bureaux la demande de dotation faite par M. Bonaparte. M. Quentin-Bauchart dit dans le IIᵉ bureau: le président de la République me demande de l'argent, je le lui accorde; mais il ferait un coup d'Etat, je prendrais un fusil. (Voir les journaux.)

'M. Quentin-Bauchart a pris une place de conseiller d'Etat.' (Victor Hugo, *Choses vues*, 1852)

He was also in 1852 appointed a member of the commission set up to review the decisions of the *commissions mixtes*: 'un des trois rapporteurs des commissions mixtes et il a pour sa part, dans l'abominable total qu'a enregistré l'histoire, *seize cent trente-quatre* victimes' (*Histoire d'un crime*, Troisième Journée, ch. v).

Baudin (Jean-Baptiste-Alphonse-Victor, 1804–51). A deputy who was shot on a barricade on 3 December 1851. See *Histoire d'un crime*, Deuxième Journée, chs. III & v.

Bayard (Pierre Terrail de, *c.* 1476–1524). The 'chevalier sans peur et sans reproche', who fell in the Italian wars of the sixteenth century.

Beauharnais. Louis Napoleon was the son of Hortense de Beauharnais, daughter of Napoleon's first wife, Josephine de Beauharnais, by her former husband.

Beaumarchais see *Bridoison*.

Beauzée (Nicolas, 1717–89). Grammarian.

Bellisle. A fortress on the island of Belle-Ile, off the Quiberon peninsula, used as a prison for political prisoners from 1848 to 1852.

Berger (Jean-Jacques, 1790–1859). Appointed prefect of the department of Seine in 1848, member of the Commission consultative in 1852, and senator in 1853.

Berlin. The French occupied Berlin on 25 October 1806.

Bertrand. (1) Henry-Alexandre-Arthur Bertrand (1811–78), aide-de-camp of Louis Napoleon, and son of General Henri-Gratien Bertrand, aide-de-camp of Napoleon I.

(2) Brigadier-General Jean-Amable-Vincent Bertrand (1790–1876), who, in 1852, was given the task of supervising the military commissions set up to deal with the enemies of the government in the departments under martial law.

Béthulie. Bethulia, the town to save which Judith killed Holophernes.

Billault (Adolphe-Augustin-Marie, 1805–63). After the coup d'état, member of the Commission consultative and president of the Corps législatif. It was he who officially communicated to Napoleon III the result of the plebiscite of November 1853. Hugo names him as one of Louis Napoleon's intimates (*Histoire d'un crime*, Troisième Journée, ch. IV).

Blidah. Town in Algeria.

Blücher (Gebhart Leberecht von, 1742–1819). Prussian general whose troops reinforced Wellington's army in the late afternoon of the day of the Battle of Waterloo.

Bobèche (Jean-Antoine-Anne Mandelart, known as, 1791—after 1840). Comic actor who, during the First Empire and the Restoration, performed in the boulevard du Temple (on an outdoor stage or 'tréteaux').

Boc(c)ace. Giovanni Boccaccio (1313–75), the author of the *Decameron*.

Boissy d'Anglas (François-Antoine de, 1756–1826). President of the Convention during the Revolution. When, one day, the crowd invaded the hall, bearing on a pike the head of one of the deputies, Boissy d'Anglas saluted.

Bomba. Ferdinand II, King of Naples from 1839 to 1859, was nicknamed King Bomba for the bombardments with which the Sicilian insurrection of 1848 was suppressed.

Bonaparte. Family name of Napoleon I and Napoleon III.

Bône. Town in Algeria.

Borgia see *Alexandre* VI.

Bosco (Bartolomeo, 1793–1863). Italian conjuror.

Brescia, in Lombardy, revolted in 1849 and was recaptured by Haynau after a ten days' siege (23 March–1 April).

Brest. There was a convict prison at Brest. Hugo visited it in 1834.

Briarée. Briareus, a giant with a hundred arms, who helped the Titans to assault Mount Olympus.

Bridoison. The judge in Beaumarchais's *Mariage de Figaro*.

Brune (Guillaume-Marie-Anne, 1763–1815), General, later marshal, of Napoleon.

Bruscambille. A seventeenth-century comic actor. Not, in fact, a character of Scarron.

Brutus (Marcus Junius, *c.* 86–42 B.C.). One of the conspirators who assassinated Julius Caesar in 44 B.C.

Buffon (Georges-Louis Leclerc, comte de, 1707–88). Author of an *Histoire naturelle*.

Buol. Karl Ferdinand, count of Buol-Schauenstein, 1797–1865, was Minister of Foreign Affairs and President of the Council in the Austrian government from 1852–9.

Caïn. The brother and murderer of Abel (Genesis, iv).

Caïphe. Caiaphas, the high priest before whom Christ was taken after his arrest.

Caïus, nicknamed Caligula. Roman Emperor from 37–41, and noted for his vice and cruelty.

Calliope. Muse of epic poetry.

Callot (Jacques, 1592–1635). Engraver famous particularly for his love of the grotesque and his scenes of low life.

Cambacérès (Jean-Jacques-Régis de, 1753–1824). Second Consul in the Consulate which replaced the Directory after the coup d'état of 18 brumaire 1799. His gourmandism was notorious.

Cambyse. King of Persia from 529 to 522 B.C., a cruel and bloodthirsty despot. He put one of his judges, Sisamnes, to death for an unjust sentence, stripped off his skin, stretched it on the judicial seat that he had occupied, and appointed his son, Otanes, as his successor.

Camille see *Desmoulins.*

Canada (le). One of the ships used to transport prisoners overseas after the coup d'état.

Canidie. A sorceress who figures in Horace's *Epodes* 5 and 17, and in his *Satires,* 1, 8.

Canrobert (François-Antoine Certain, 1809–95). Officer, who fought in Algeria from 1835 onwards. In 1850, he was made a general and aide-de-camp of Louis Napoleon. He commanded a brigade in Carrelet's division on December 4; his troops were amongst those that fired on the bystanders and the houses on the boulevards. For Canrobert, see *Histoire d'un crime,* Troisième Journée, ch. v.

Capet. Hugues Capet, King of France from 987 to 996, was the founder of the Capetian dynasty.

Carconte (la). The villainous wife of the innkeeper, Caderousse, in Dumas's *Comte de Monte-Cristo.*

Carlier (Pierre-Charles-Joseph, 1794–1858). Prefect of police from 31 October 1849, and one of the men who planned the coup d'état. He was, however, replaced by Maupas in October 1851 before it took place. After the coup d'état, he was appointed *commissaire général* in the departments of Cher, Allier, and Nièvre, a member of the Commission consultative, and a member of the Conseil d'État.

Carrelet (Gilbert-Alexandre, 1789–1874). An officer in the French army, who was promoted general in 1848, and, on 4 December 1851, was commander of the First Division of the Paris army. He became a member of the Senate in 1852.

Cartouche (Louis-Dominique Bourguignon, known as, 1693–1721). A celebrated thief and brigand, broken on the wheel in 1721. There is an essay on him in Thackeray's *Paris Sketchbook.* 'Cartouche' often = Napoleon III.

Castaing (Edme-Samuel, 1796–1823). A poisoner, executed in 1823.

Caton d'Utique. Marcus Porcius Cato Uticensis (95–46 B.C.), famous for his uncompromising virtue.

Caulaincourt (Auguste-Jean-Gabriel, baron de, 1777–1812). A general who was killed at the battle of Borodino as he captured the 'grande redoute'. See Ségur, *La Campagne de Russie,* Collection Nelson, p. 141.

Cayenne. 239 people were transported to Cayenne in French Guiana after the coup d'état.

César. Used as a common noun, meaning 'Emperor' in general, or as a proper noun equivalent to Napoleon I, Napoleon III, or Julius Caesar.

Chambord (Henri-Charles-Ferdinand-Marie-Dieudonné d'Artois, comte de, 1820–83). Grandson of Charles X and claimant to the French throne after his death.

Chanaan. Canaan, the Promised Land.

Changarnier (Nicolas-Anne-Théodule, 1793–1877). General who fought in Algeria. Under the Second Republic, he was placed in command both of the troops and of the National Guard in Paris. A monarchist, the right-wing majority regarded him as its bulwark against a possible coup d'état. He was thought to have the ambition to be the General Monk of a French Restoration. He was dismissed from his dual command in January 1851. 'Jésuite à épaulettes', is Hugo's characterization of him (*Souvenirs personnels,* p. 166).

Chappuys see *Montlaville-Chappuis.*

Charlemagne. King of the Franks. He was the founder of the Holy Roman Empire, being crowned Emperor by the Pope in 800. He died in 814.

Charles de Valois see *Charles IX.*

Charles IX. King of France responsible for the massacre of Saint Bartholomew (24 August 1572). He is said to have fired at Huguenots from a balcony of the Louvre.

Charles X. King of France from 1824 to 1830. His intransigence brought about the 1830 Revolution.

Charles XII. King of Sweden from 1697 to 1718, and renowned for his military exploits. Like Napoleon, he invaded Russia, and, like Napoleon, he failed, his army being crushed at the Battle of Pultava (1709).

Charlet. One of a number of political refugees who returned to France from Switzerland in December 1851 to incite the population to resist the coup d'état. Charlet killed a customs official and was guillotined in 1852. Hugo relates the story of Charlet in *Napoléon-le-Petit,* Livre IV, ch. II, maintaining his innocence. Ténot, in *La Province en Décembre 1851* (1865), corrects Hugo's account.

Charlotte see *Corday.*

Chénier (André-Marie de, 1762–94). The poet guillotined during the Terror.

Chéréas (Cassius, ?–41). Cassius Chaerea, tribune of the praetorian cohort, who assassinated the Emperor Caligula in 41.

Chevet. Proprietor of a fashionable restaurant in Paris.

Chrysès. Priest of Apollo in the *Iliad.*

Cicéron (Marcus Tullius, 106–43 B.C.). Roman orator and senator. A Republican, he was an opponent of Julius Caesar, and was put to death by the Triumvirate after Caesar's assassination.

Cirasse. Guillotined in 1852. He had murdered an old man of 78, who had refused to hand over the arms in his house.

Clairvaux. The Abbey of Clairvaux was turned into a prison in 1808.

Clamar[t]. A cemetery in Paris where the bodies of those executed were buried. It went out of use in 1814.

Claude. The Roman Emperor, Claudius, who reigned from 41 to 54. His third wife was Messalina, and his fourth, Agrippina.

Clichy. From 1834 to 1867, a debtor's prison in Paris (in the rue de Clichy).

Clio. The muse of History.

Cocagne. An imaginary land of plenty.

Cœur (Jacques, *c.* 1395–1456). A wealthy French merchant, appointed minister of finance ('argentier') in 1440.

Colomb (Christophe, 1450/1–1506). Christopher Columbus was imprisoned by the governor of Hispaniola (Haiti) for taking the part of the natives against the Spaniards.

Commode. The Roman Emperor, Commodus, who reigned from 180 to 192, known for his cruelty and his debauchery.

Compiègne. The castle of Compiègne was one of Napoleon III's residences.

Contrafatto. A priest convicted of indecency in 1827. He was set free, but his lawyer was struck off the register for having made a false statement (1845).

Corday (Charlotte, 1768–93). A descendant of a sister of Pierre Corneille, guillotined for the murder of Marat.

Cornélie. Cornelia (second century B.C.), the daughter of Scipio Africanus and the mother of the Gracchi, a devoted mother and a woman of culture.

Courtille (*la*). Pleasure gardens at Belleville on the outskirts of Paris, noted for their *cabarets* and *guinguettes.*

Coutras. Scene of a victory of Henry of Navarre (not yet Henry IV) over the Catholics under the duc de Joyeuse in 1587.

Crispin. The name of a comic valet in French comedy (e.g. in Lesage's *Crispin rival de son maître*).

Crouseilhes see *Dombidau.*

Cucheval [*-Clarigny*] (Athanase-Philippe, 1821–95). Librarian of the Bibliothèque Sainte-Geneviève and journalist; he contributed to the *Constitutionnel*, of which he became editor in 1852. Hugo names him as one of Louis Napoleon's intimates (*Histoire d'un crime*, Troisième Journée, ch. IV).

Cuisinier. Guillotined in 1852. He had brutally murdered a gendarme.

Curtius. Founder of a waxwork show in Paris.

Cybèle. Another name for Rhea, the mother of the gods.

Cyrus (559–529 B.C.). The founder of the Persian Empire.

Damiette. Egytian town captured by Louis IX (Saint Louis) in 1249.

Daniel. Hebrew prophet, the central figure of the book of Daniel.

Dante [ALIGHIERI] (1265–1321). Exiled from Florence by the Black Guelphs (or Papal party), he wrote the *Divine Comedy*, in which, amongst other things, he inveighs against the corruption of his age.

Danton (Georges-Jacques, 1759–94). A member of the revolutionary government, and responsible for the vigorous prosecution of the war against the European powers. He was arrested on the order of Robespierre on 6 April 1794 and guillotined.

Danube (le) see *Essling*.

Daumier (Honoré, 1808–79). Celebrated caricaturist.

Delangle (Claude-Alphonse, 1797–1869). Magistrate. When Victor Hugo brought an action for breach of contract against the Comédie-française in 1837, Delangle appeared for the Comédie-française. After the coup d'état, he became a member of the Commission consultative, the Conseil d'Etat, and the Senate; he succeeded Dupin as *procureur* of the Cour de Cassation, and subsequently became *premier président* of the Cour de Paris.

Desaix (Louis-Charles-Antoine, 1768–1800). One of Napoleon's generals, killed at Marengo. 'Ce Phocion français' (*Histoire d'un crime*, Première Journée, ch. XII); 'Desaix, la vertu' (*Napoléon-le-Petit*, Conclusion, Première Partie, III).

Desmoulins (Camille, 1760–94). Journalist during the French Revolution, and supporter of Danton.

Desrues (1744–77). Poisoner.

Deutz (Simon). After the failure of the duchesse de Berry's attempt to overthrow the July Monarchy in 1832, it was Deutz who betrayed her to the government. See *A l'homme qui a livré une femme* in *Chants du Crépuscule*.

Diderot (Denis, 1713–84). One of the leaders of the eighteenth-century enlightenment, and editor of the *Encyclopédie*.

Dombidau de Crouseilhes (Marie-Jean-Pierre-Pie-Frédéric, 1792–1861). 'Dombidau de Crouseilhes, autrefois le baron de Crouseilhes, pair de France, conseiller à la Cour de cassation, aujourd'hui ministre de l'Instruction publique' (Hugo, *Souvenirs personnels*, p. 341). He was Minister of Education from April to October 1851, and appointed a member of the Senate in January 1852.

Dracon. Athenian lawgiver of the seventh century B.C., whose code of laws is noted for its severity.

Drouyn [*de Lhuys*] (Edouard, 1805–81). Minister of Foreign Affairs from December 1848 to May 1849, in the shortlived ministry of January 1851, and from July 1852 to 1855.

Ducos (Théodore-Jean-Etienne, 1801–55). Minister of the Navy in January 1851, and from December 1851 until his death. He was a native of Bordeaux.

Duguesclin (*le*). One of the ships used to transport prisoners overseas after the coup d'état.

Dulac (Joseph, 1795–1870). In command of a brigade in Carrelet's division on 4 December 1851.

Dumas see *Carconte* (*la*).

Dupin (André-Marie-Jean-Jacques, 1783–1865). President of the Assembly, he made no attempt to resist the coup d'état (see *Introduction*, p. 8); hence Hugo's contempt, though he had not had a high opinion of him before ('Dupin se croit Caton et n'est que Chicaneau,' he wrote in 1848, *Journal*, ed. Guillemin, p. 347). As president of the Assembly, he made Hugo look ridiculous on more than one occasion. In January 1852, he resigned from his post of *procureur général* of the Cour de Cassation in protest against the confiscation of the property of the house of Orleans.

Duroc (Géraud-Christophe-Michel, 1772–1813). One of Napoleon's generals, killed on 22 May 1813 at the battle of Bautzen—'près de Würtschen, dans la plaine de Reichenbach', according to the *Dictionnaire de Biographie Française*.

Dussoubs (Denis, 1818–51). The brother of a deputy, Gaston Dussoubs, who was ill, he donned his brother's sash and went to fight on the barricades on 4 December 1851. He was shot. See *Histoire d'un crime*, Troisième Journée, ch. VI and Quatrième Journée, ch. III.

Eaque. Aeacus, son of Zeus and Aegina, was renowned for his justice and piety, and, after his death, became one of the three judges in Hades.

Electre. The heroine of Aeschylus' play, *The Choephoroe* or *Libation-Bearers*, who is treated as a slave by her mother, Clytemnestra, and her stepfather, the usurper and tyrant, Aegisthus.

Elster (*l'*). The French crossed the Elster as they withdrew after the battle of Leipzig in 1813.

Elysée (*l'*). From 1848, the official residence of the President of the Republic.

Epicure (341–270 B.C.). The Greek philosopher, Epicurus.

Eschyle. (525/4–456 B.C.). The Greek tragedian, Aeschylus. In his *Prometheus*, he sympathetically portrays Prometheus, the benefactor of mankind, punished by the tyrant, Zeus. Hugo identified himself both with Aeschylus (a poet in exile) and with Prometheus. See also Electre.

Escobar [y Mendoza] (Antonio, 1589–1669). The Jesuit casuist whose lax moral teaching was attacked by Pascal in the *Provinciales*.

Espinasse (Charles-Marie-Esprit, 1815–59). The colonel whose regiment occupied the Assembly in the early morning of 2 December 1851. He rose to be a general, and became Minister of the Interior in 1858.

Essling. Napoleon crossed the Danube at Essling on 20 May 1809. After two days of fighting (21–2 May), he withdrew.

Ettenheim. In 1804, the duc d'Enghien, who was living at Ettenheim in Baden, was kidnapped by Napoleon, taken to Paris, and shot.

Eudoxe (c. 300–70). Eudoxius, Bishop of Antiochus and Constantinople, who upheld the Arian heresy against St John Chrysostom ('les Jeans').

Ezzelin [III] (1194–1259). Podestà of Verona, Vicenza, and Padua, he established his authority over the North-East of Italy. Ezzelino's ruthlessness is legendary.

Faider (Charles, 1811–93). *Avocat général* of Belgium, he became Minister of Justice in November 1852, and the following month the *loi Faider* was passed. Due to pressure from the French government, and promulgated on 21 December, its aim was to prevent the Belgian press from offending the sovereigns of foreign governments (i.e. Napoleon III).

Falstaff. The comic knight of Shakespeare's *Henry IV* and *Merry Wives of Windsor.*

Faure (Philippe). Fellow-exile of Victor Hugo in Jersey.

Faustin see *Soulouque.*

Fialin see *Persigny.*

Flicoteaux. Proprietor of a restaurant frequented by students, in the Place de la Sorbonne.

Florival see *Saint-Arnaud.*

Fombertaux. Fellow-exile of Victor Hugo in Jersey.

Forey (Elie-Frédéric, 1804–72). On 4 December 1851 he was in command of a brigade in the second division of the Paris army. He had served in Algeria.

Fortoul (Hippolyte-Nicolas-Honoré, 1811–56). Minister of the Navy in the government formed on 27 October 1851, and Minister of Education after the coup d'état. Hugo names him as one of Louis Napoleon's intimates (*Histoire d'un crime*, Troisième Journée, ch. iv).

Foucault see *Manuel.*

Fouché (Joseph, 1759–1820). Minister of Police under the Directory and Napoleon.

Fould (Achille, 1800–67). Banker, and Finance Minister from October 1849 to January 1851, from April to October 1851, and again after the coup d'état. He resigned in January 1852. He was made a member of the Senate in the same month, and Minister of State in July. 'Un mauvais Juif taré, banqueroutier et mal vu par tous ... l'outrecuidance même' (Horace de Viel-Castel).

Franconi (Victor, 1810–97). Manager of the *cirque d'été* and the *cirque d'hiver* in Paris, and trainer of Napoleon III's horses.

Frêlon. See note to *Splendeurs*, l. 16.

Friedland. Napoleon defeated the Russians at Friedland in East Prussia on 14 June 1807.

Frochot (Nicolas-Thérèse-Benoît, comte, 1761–1828). Prefect of the department of Seine from 1800 to 1812.

Fulton (Robert, 1765–1815), the inventor of the submarine and the steamship.

Galilée (Galileo Galilei, known as, 1564–1642). The Italian scientist condemned by the Inquisition for expounding the Copernican conception of the universe.

Gallus (Cornelius, *c.* 69–27 B.C.). Roman poet, who appears in Virgil's tenth Eclogue as the deserted lover of Lycoris.

Galvani (Luigi, 1737–98). Italian physiologist, who put forward a theory of animal electricity.

Gamache. The wealthy Camacho, in *Don Quixote* (Part II, chs. 20–1), who gives a lavish wedding feast (but loses his bride).

Garat (Martin, baron, 1748–1830). One of the founders of the Banque de France in 1800 and its first *directeur général*. His son was secretary to the bank from 1830 to 1848. In 1853, seven banknotes—from 100 francs upward—signed Garat were in circulation.

Gargantua. The giant whose exploits are narrated in the first book of Rabelais.

Géronte. Name often given in French comedy to old men. In particular, the miserly father of Léandre in Molière's *Fourberies de Scapin*, whom Scapin induces to hide in a sack.

Gessler. The tyrannical Austrian bailiff slain by the legendary Swiss hero, William Tell.

Gignoux (1799–1878). Bishop of Beauvais.

Gil Blas. The picaresque hero of Lesage's novel of the same name.

Giulay [or *Gyulai*] (Franz, 1798–1868). Austrian general. He fought in Italy in 1848 and 1849, was Minister of War from 1849 to 1850, and returned to Italy as corps commander in 1850.

Gomorrhe. One of the cities of the plain, destroyed for their wickedness (Genesis, xviii and xix).

Goton. A popular diminutive of Margoton, used to indicate a loose woman.

Gousset (Thomas-Marie-Joseph, 1792–1866). Archbishop of Reims from 1840; became a Cardinal in 1851.

Grandgousier. One of Rabelais's giants, the father of Gargantua.

Grève (la). The place de la Grève (now place de l'Hôtel-de-Ville) in Paris was the scene of executions.

Grouchy (Emmanuel, marquis de, 1766–1847). Sent in pursuit of Blücher, he failed to rejoin Napoleon at Waterloo the following day.

Gulliver. The hero of Swift's *Gulliver's Travels*.

Guttemberg [Gutenberg] (Johann Gensfleisch, known as, *c.* 1398–*c.* 1468). The inventor of the printing-press.

Guyane (la) see *Cayenne*.

Haïti see *Soulouque*.

Ham. The fortress where Louis Napoleon was detained from 1840 to 1846.

Hardouin (Louis-Eugène, 1789–1870). President of the Haute Cour (see note to 'Nox', l. 21). He is described in *Histoire d'un crime*, Première Journée, ch. XI.

Harmodius. Athenian, who, with Aristogeiton, murdered Hipparchus, the brother of the tyrant, Hippias, in 514 B.C.

Harpagon. The miser of Molière's comedy, *L'Avare*.

Hautpoul (Alphonse-Henri, comte d', 1789–1865). General; Minister of War from October 1849 to October 1850. He became Governor General of Algeria in 1850, a member of the Commission législative in 1852, and *grand référendaire* of the Senate.

Haynau (Julius Jacob, 1786–1853). Austrian General, notorious for the brutality with which he crushed the risings of 1848 in Lombardy and in Hungary. 'Il y a un homme en Europe qui fait horreur à l'Europe; cet homme a mis à sac la Lombardie, il a dressé les potences de la Hongrie, il a fait fouetter des femmes sur les places publiques' (*Napoléon-le-Petit*, Conclusion, Première Partie, III).

Héliogabale. Roman Emperor from 218 to 222, notorious for his profligacy.

Henri IV see *Coutras*.

Henri VIII. The King of England, whose breach with the Papacy was opposed by Sir Thomas More.

Hésiode. Greek didactic poet of the eighth century B.C., author of the *Works and Days* and the *Theogony*.

Hoche (Louis-Lazare, 1768–97). French general in the Revolutionary wars. 'Hoche, l'honneur' (*Napoleon-le-Petit*, Conclusion, Première Partie, III).

Hoffmann (Ernst Theodor Wilhelm, 1776–1822). German writer whose works include a novel entitled *Die Elixiere des Teufels*.

Homère. The Greek poet who wrote the *Iliad* and the *Odyssey*; for Victor Hugo, the type of the epic poet.

Hortense de Saint-Leu see *Saint-Leu*.

Houdin (Jean-Eugène Robert-, 1805–71). Conjuror.

Hullin (Pierre-Augustin, comte, 1758–1841). Army officer who played an important part in the coup d'état of 18 brumaire. He was president of the court that condemned the duc d'Enghien to death (see *Etten-heim*).

Hus [or *Huss*] (John, 1369–1415). Czech reformer, burnt at the stake in 1415.

Hymette (*l'*). Mount Hymettus, near Athens, celebrated for its honey.

Iago. The treacherous villain of Shakespeare's *Othello*.

Iéna. Napoleon defeated the Prussians at Jena on 14 October 1806.

Ignace (saint) see *Loyola*.

Iris. In Greek mythology, the personification of the rainbow and messenger of the gods.

Iscariote see *Judas*.

Isis. Egyptian goddess, sister and wife of Osiris and mother of Horus.

Iturbide (Augustin de, 1783–1824). Leader of the Mexican revolt against Spain (1819), he was proclaimed Emperor of Mexico in 1822. His rule was arbitrary, and he was forced to abdicate the following year. He was captured and shot in 1824.

Jacquart [*Jacquard*] (Joseph-Marie, 1752–1834). Inventor of a weaving-loom.

Javotte. A woman's name, also used as a common noun in the sense of a 'femme bavarde, babillarde' (Larousse). There is a Javotte in the first part of Furetière's *Roman bourgeois*, who elopes from a convent with her lover.

Jean (saint). According to tradition, St John the Apostle, exiled to the island of Patmos, wrote the Book of Revelation there. Hugo called him: 'l'immense exilé de Pathmos qui, lui aussi, accable le monde réel d'une protestation au nom du monde idéal, fait de la vision une satire énorme, et jette sur Rome-Ninive, sur Rome-Babylone, sur Rome-Sodome, la flamboyante réverbération de l'Apocalypse' (*Les Misérables*, Part IV, Book X, ch. II).

Jean Chrysostome (saint, *c.* 347–407). St John Chrysostom, Bishop of Constantinople (see *Eudoxe*).

Jeanne d'Arc (1412–31). Joan of Arc.

Jeanneton. A diminutive of Jeanne, used as a common noun in the sense of a 'servante d'auberge, de mœurs peu farouches' (Larousse).

Jean-Jacque[*s*] see *Rousseau*.

Jocrisse. A simpleton. The figure of Jocrisse was popularized at the time by the actor, Arnal. See Hugo, *Journal*, ed Guillemin, pp. 185–6 and 200.

Joubert (Barthélemy-Catherine, 1769–99). French general, who distinguished himself in the Italian campaign and was killed in the battle of Novi. 'Joubert, la probité' (*Napoléon-le-Petit*, Conclusion, Première Partie, III).

Juan (*don*). The libertine of Molière's play.

Judas Iscariote. The disciple who betrayed Jesus.

Judith. Saved her native town of Bethulia by killing Holophernes who was attacking it. See the Book of Judith.

Jupiter. The Roman name for Zeus, the chief of the gods.

Juvenal. Roman satirist who wrote in the first thirty years of the second century. Although his fourth satire is, strictly speaking, not a description of the Senate, Hugo took it as such ('Ainsi le sénat romain délibérera sur le turbot de Domitien', *Préface de Cromwell*).

Kléber (Jean-Baptiste, 1753–1800). French general of the Revolutionary and early Napoleonic wars. 'Ce Mirabeau militaire' (*Histoire d'un crime*, Première Journée, ch. xii); 'Kléber, le dévouement' (*Napoléon-le-Petit*, Conclusion, Première Partie, iii).

Korte (Pierre-Christian, 1788–1862). General, in command of a cavalry division on 4 December 1851. He had fought in Algeria. He was made a member of the Senate in 1851.

Lacenaire (Pierre-François Gaillard, known as, 1800–36). Murderer. There is a poem on Lacenaire (*Etude de mains*, ii) in Gautier's *Emaux et Camées*. Gautier calls him 'le Manfred du ruisseau' on account of his intellectual pretensions.

Lafosse see *Partarieu-Lafosse*.

Lahire (Etienne de Vignoles, known as La Hire, *c.* 1390–1443). Fought with Joan of Arc.

Lambessa. Town in Algeria.

Lannes (Jean, 1769–1809). Marshal. At the battle of Essling, a stray cannon-ball took off both his legs at the thigh; he died a few days later.

Lasalle (Antoine-Charles-Louis, 1775–1809). General. Killed at the battle of Wagram.

Laubardemont (Jean Martin, baron de, 1590–1653). Magistrate and agent of Richelieu. He was head of the special tribunal which condemned Urbain Grandier in 1634; and it was he who tried Saint-Cyran in 1638, and Cinq-Mars in 1642. According to Larousse, his name has come to be synonymous with 'juge sans pitié ni scrupule'.

Lazare. The Lazarus of the New Testament who was raised from the dead.

Lautrec (Odet de Foix, vicomte de, 1485–1528). Marshal who fought in the Italian wars. He was appointed governor of the Milanese in 1516, and governed with excessive severity.

Lebœuf [*Lebeuf*] (Louis, 1792–1854). Banker. Member of the Commission consultative and the Senate. Hugo had crossed swords with him in the National Assembly.

Leroy see *Saint-Arnaud*.

Lesage. Accomplice of Soufflard (q.v.).

Lilliput. The land of the pygmies in Swift's *Gulliver's Travels*.

Lodi. Napoleon defeated the Austrians at Lodi in Piedmont on 10 May 1796.

Lola see *Montès*.

Louis (saint) see *Louis IX*.

Louis IX. King of France from 1226–70 (see *Damiette*).

Louis XI. King of France from 1461–83. Crafty and cruel, but France prospered under his rule.

Louis XVI. King of France from 1774–93. Imprisoned in the Temple in August 1792 and guillotined in January 1793.

Louvel (Louis-Pierre, 1783–1820). Executed in 1820 for the murder of the duc de Berry. Victor Hugo saw him being taken to the place of execution (see *Victor Hugo raconté par un Témoin de sa vie*, ch. L, and *Journal*, pp. 168 and 231).

Lowe (Sir Hudson, 1769–1844). Governor of Saint Helena during Napoleon's captivity.

Loyola (Saint Ignatius of, 1491–1556). The founder of the Society of Jesus, and, for Hugo, the symbol of bigoted ultramontane Catholicism.

Luther (Martin, 1483–1546). The German reformer.

Lycoris. Roman courtezan, who appears, in Virgil's tenth eclogue, as the faithless mistress of the poet, Cornelius Gallus.

Lycurgue. Lycurgus, the lawgiver and traditional founder of the Spartan constitution.

Mabil[l]e (*bal*). A garden and hall for refreshments and dancing in Paris from 1840 to 1875. 'The company at this elegant garden ... generally comes under the description of "the gayest of the gay", and the licence of the dance is frequently carried beyond the limits of propriety' (*Galignani's Paris Guide*).

Macaire (Robert). Villain in *L'Auberge des Adrets, ou la Pauvre Marie*, a melodrama in three acts by Antier, Lacoste, and Chapponnier, first performed in 1823. The play was rewritten in four acts, with the title of *Robert Macaire*, in 1834, by Antier, Lacoste, Frédérick Lemaître, Alhoy, and Overnay. The part of Robert Macaire was played by Frédérick Lemaître. Daumier made use of the figure of Robert Macaire in some of his drawings. Robert Macaire often stands for Louis Napoleon in the *Châtiments*.

Macbeth. The murderer of Duncan in Shakespeare's play.

Machiavel (Niccolò, 1469–1527). The author of *The Prince*, a treatise on statecraft, which examines means from the point of view of efficacy rather than of morality.

Madrid. The French occupied Madrid on 26 March 1808.

Magnan (Bernard-Pierre, 1791–1865). The general who held the Paris command at the time of the coup d'état; he was heavily in debt. He was made a member of the Senate and promoted marshal in 1852.

Magne (Pierre, 1806–79). Minister of Public Works from January to October 1851, and from 3 December 1851 onwards. In 1852, he became Minister of Agriculture and Commerce as well.

Mahmoud. Name of two sultans of Turkey. Mahmoud II, who reigned from 1809 to 1839, massacred the janissaries.

Mahomet (1). The founder of Mohammedanism (*c.* 570–632).

(2) Mohammed II, who captured Constantinople in 1453.

Maistre (Joseph, comte de, 1753–1821). Upholder of absolute monarchy and the authority of the Pope.

Malesherbes (Chrétien-Guillaume de Lamoignon de, 1721–94). An upright and enlightened magistrate and minister of Louis XVI, guillotined in 1794.

Mandrin (Louis, 1724–55). A ruthless smuggler and bandit, who murdered the tax officials that fell into his hands. He was broken on the wheel in 1755. Mandrin often = Louis Napoleon.

Manuel (Jacques-Antoine, 1775–1827). A liberal deputy. In 1823, his speech against the Spanish War and Ferdinand VII annoyed the Right, and his expulsion from the Chamber was voted (3 March). The following day, Manuel appeared in the Chamber and refused to leave. The national guard refused to expel him, and he was taken out by the gendarmes. The colonel of the gendarmerie was the vicomte de Foucault, who gave the order: 'Empoignez-moi M. Manuel'.

Marat (Jean-Paul, 1743–93). Journalist, Jacobin, and member of the Convention; murdered by Charlotte Corday.

Marceau (François-Séverin Marceau-Desgraviers, known as, 1769–96). General in the Revolutionary wars, who fought on the Rhine and in Austria. 'Marceau, le désintéressement' (*Napoléon-le-Petit*, Conclusion, Première Partie, III).

Marengo. Napoleon inflicted a crushing defeat on the Austrians at Marengo, near Alexandria in Piedmont, on 14 June 1800.

Maret (Hugues-Bernard, 1763–1839). Secretary of State under Napoleon; appointed Minister of Foreign Affairs in 1811. His son (Napoléon-Joseph-Hugues, 1803–98) was made a member of the Senate and *grand chambellan du palais* in 1852.

Mascarille. The roguish servant in Molière's *Etourdi*, *Dépit amoureux*, and *Précieuses ridicules*.

Mascarillus. In Act II, scene 8 of Molière's *Etourdi*, Mascarille says: 'Après ce rare exploit, je veux que l'on s'apprête / A me peindre en héros un laurier sur la tête, / Et qu'au bras du portrait on mette en lettres d'or: / *Vivat Mascarillus, fourbum imperator!*'

Massique. Massicus or Massica was a mountain ridge in Campania, famous for the wine made from its vines. Falernian wine came from the eastern side.

Mastaï, i.e. Giovanni Maria Mastai-Ferretti, who became Pope in 1846 and took the title of Pius IX. His early liberalism did not survive the murder of his minister, Rossi, in 1848; and when he recovered the Papal States, he refused to restore constitutional government.

Maupas (Charlemagne-Emile de, 1818–88). Appointed prefect of police in place of Carlier in October 1851 for the purpose of taking part in the coup d'état. In January 1852 a new ministry, the Ministère de la police générale, was created for him. It was suppressed in 1853. In 1853 he was appointed a member of the Senate and plenipotentiary at Naples.

Maury (Jean Siffrein, 1746–1817). Cardinal; appointed Archbishop of Paris by Napoleon in 1810. 'Gourmand et avare' (Hugo, *Journal*, p. 74. See also pp. 74–6).

Mazarin (Jules, 1602–61). Governed France, during the first part of the reign of Louis XIV, from 1643 until his death.

Mazas. A prison completed in 1850. 'Mazas, qui a remplacé La Force aujourd'hui démolie, est une immense bâtisse rougeâtre, élevée, tout à côté de l'embarcadère du chemin de fer de Lyon, sur les terrains vagues du faubourg Saint-Antoine' (*Histoire d'un crime*, Première Journée, ch. xv). Many of the deputies arrested on 2 December were imprisoned there.

Menjaud. Bishop of Nancy and *grand aumônier*.

Messaline (Valeria Messalina, *c*. 25–48). The third wife of the Emperor Claudius, notorious for her licentiousness.

Meuse (*la*) see *Sambre* (*la*).

Michel (saint). The archangel who led the hosts of heaven to victory over Satan (often represented as a dragon).

Milton (John, 1608–74). The poet of *Paradise Lost*.

Mingrat (Antoine). A curé, condemned to death in 1822 for murder.

Minos. One of the judges of the shades in Hades.

Mirabeau (Honoré-Gabriel-Victor Riqueti, comte de, 1749–91). A powerful orator and leading figure of the first two years of the French Revolution. 'On devrait l'appeler la Révolution, on l'appelle Mirabeau' (*Napoléon-le-Petit*, Livre V, ch. II).

Mithra. Persian god whose worship spread throughout the Roman Empire.

Mocquart [*Mocquard*] (Jean-François-Constant, 1791–1864). Long in the service of Hortense and Louis Napoleon, he became the latter's private secretary and *chef du cabinet*.

Moïse. Moses, the lawgiver and prophet, who led the Israelites from Egypt to the promised land.

Molé (Mathieu, 1584–1656). *Premier président* of the parlement of Paris.

Molière. The stage name of Jean-Baptiste Poquelin (1622–73).

Mondovi. Napoleon defeated the Sardinian army at Mondovi in Piedmont on 22 April 1796.

302 Glossary of Proper Names

Mongis. Avocat général who had appeared against Auguste Vacquerie on 24 September 1851 (see *Introduction*, p. 17).

Monk (George, 1608–70). Commonwealth General, who brought about the Restoration of Charles II after the abdication of Richard Cromwell.

Montalembert (Charles Forbes, comte de, 1810–70). A leading Catholic writer and politician. 'Montalembert est l'orateur naïf d'un parti fourbe' (Hugo, *Souvenirs personnels*, p. 250). He had attacked Victor Hugo in the debate on the *loi du 31 mai*. Although at first he supported the coup d'état, he resigned from the Commission consultative in January and refused to accept nomination to the Senate.

Montès (Lola). Stage name of the dancer, Marie Dolores Eliza Rosanna Gilbert (1818–61). She became the mistress of Ludwig I of Bavaria in 1846. Under her influence, he dismissed his clerical ministry. 'The rule of the Jesuits in Bavaria is over', he exclaimed.

Montfaucon. The site of the ancient gibbet of Paris, capable of holding fifty bodies. It is described in the last chapter of *Notre-Dame de Paris*. In the nineteenth century, there was a knacker's yard there (hence 'équarisseur de Montfaucon').

Montlaville-Chappuis (Benoist-Marie-Louis-Alceste, 1800–68). Prefect of Haute-Garonne, who proposed that the votes cast in favour of the Empire should be recorded in marble.

Montmartre. For the boulevard Montmartre and the cimetière Montmartre, see *Introduction* p. 9–10 and note to 'Nox', l. 190.

Montrouge. A Jesuit noviciate, founded at Montrouge, near Paris in 1814. It was believed to be the centre of nefarious Jesuit influence, and was closed in 1830. It was reopened in consequence of the *loi Falloux*.

Moreau de la Meurthe see *Moreau de la Seine*.

Moreau de la Seine. Member of the Haute Cour (see note to 'Nox', l. 21). 'M. Moreau (de la Seine) était remarquable en cela qu'on l'avait surnommé *de la Seine* pour le distinguer de M. Moreau (de la Meurthe), lequel de son côté était remarquable en ceci qu'on l'avait surnommé *de la Meurthe* pour le distinguer de M. Moreau (de la Seine).' (*Histoire d'un crime*, Première Journée, ch. XI).

Morny (Charles-Auguste-Louis-Joseph, comte—later duc—de, 1811–65). Half-brother of Louis Napoleon, being the natural son of Queen Hortense by her lover, General de Flahaut. In 1842, he was elected deputy for Puy-de-Dôme. He was one of those who planned the coup d'état, and became Minister of the Interior on 2 December 1851. He resigned in January 1852, but became president of the Corps législatif in 1854. He appears as Mora in Daudet's novel, *Le Nabab*. For a character sketch, see *Histoire d'un crime*, Première Journée, ch. III.

Morus, i.e. Sir Thomas More (1478–1535), Chancellor of England, executed for his opposition to Henry VIII's marriage with Anne Boleyn and separation from the Church of Rome.

Moscou. Napoleon entered Moscow on 14 September 1812.

Mourad. Name of several Turkish sultans.

Murat (Joachim, 1767–1815). A general in the service of Napoleon, who rose to be marshal and King of Naples.

Murat (Napoléon-Lucien-Charles, 1803–78). Son of the above. A supporter of Louis Napoleon, he was appointed a member of the Commission consultative and of the Senate after the coup d'état. 'Lucien Murat: un ventre' (Hugo, *Souvenirs personnels*, p. 167).

Myrmidon. Mythical ancestor of the Myrmidones of Thessaly, believed to be ants changed into men. In French, *myrmidon* = pigmy.

Napoléon I (Napoléon Bonaparte, 1769–1821). First Consul in 1799; Emperor in 1804.

Napoléon III (Charles-Louis-Napoléon Bonaparte, 1808–73). Nephew of the above. He was elected president of the second republic in 1848, prolonged his term of office by the coup d'état of 2 December 1851, and was proclaimed Emperor in December 1852. After surrendering to the German army at Sedan in September 1870, he took refuge in England.

Narcisse. A favourite freedman and secretary of the emperor Claudius; he was arrested after the murder of Claudius by Agrippina in the year 54, and committed suicide. He appears as the evil counsellor of Néron in Racine's *Britannicus*.

Némésis. Greek goddess personifying retribution.

Nemrod. Nimrod, the first monarch, according to the Old Testament (Genesis, x, 8–10).

Néron (Nero Claudius Caesar). Son of Domitius Aenobarbus and Agrippina, and Roman Emperor from 54 to 68. Notorious for his cruelty, his debauchery, and his crimes, he figures in Racine's *Britannicus*.

Ney (Michel, 1769–1815). Marshal of Napoleon. He commanded the rearguard on the retreat from Moscow.

Nicolas (Czar). Nicholas I (1825–55) refused to address Napoleon III by the customary formula 'Monsieur mon frère'.

Nil (*le*). Napoleon commanded an expeditionary force in Egypt in 1798 and 1799.

Nisard (Jean-Marie-Napoléon-Désiré, 1806–88). A literary critic unfavourable to the Romantics. His articles on Hugo's *Feuilles d'automne* in the *Journal des Débats* had contained some unfavourable comments; and he claims that Hugo used his influence to have him dismissed from the paper. In 1852, he was appointed *inspecteur général de l'enseignement supérieur* and secretary of the *conseil impérial de l'instruction publique*, and succeeded Villemain in the chair of French eloquence at the Sorbonne. 'Nisard est une grenouille quelconque du marais littéraire' (Hugo, *Journal*, p. 348).

Non[n]otte (Claude-François, 1711–93). Jesuit who attacked the *philosophes*, particularly Voltaire.

Paillasse. A character in farce; a clown.

Palerme. A rising in Palermo (12 January 1848) led to the expulsion of the troops of the King of Naples from the whole of Sicily.

Paméla. Possibly the virtuous heroine of Richardson's novel, *Pamela*, 1740; but, more probably, the less virtuous Pamela (1776?–1831), the adopted daughter of Mme de Genlis and the wife of Lord Edward Fitzgerald. (Hugo refers to her simply as Paméla in other works, e.g. *Choses vues* and *Quatre-vingt-treize*.)

Pança (Sancho). Don Quixote's squire, characterized by common-sense and simplicity.

Papavoine. Executed in 1825 for the murder of two children.

Papin (Denys, 1647–1714). Inventor of the pressure-cooker, the steam-engine, and the steamboat,

Parieu (Marie-Louis-Pierre-Félix Esquirou de, 1815–93). Lawyer. Minister of education from October 1849 to January 1851. After the coup d'état, he became a member of the Conseil d'Etat. He was born at Aurillac in Auvergne, and represented Cantal in the Assembly. He had a squint.

Parisis (Pierre-Louis, 1795–1866). Bishop of Langres (1834–51), then of Arras (1851–66).

Partarieu-Lafosse. President of the cour d'assises of the department of Seine, which condemned Charles Hugo on 11 June 1851. See *Introduction*, p. 17.

Pascal (Blaise, 1623–62). The author of the *Provinciales* and the *Pensées*.

Pasquin. Name of a servant in the commedia dell'arte.

Pathmos see *Jean* (saint).

Patouillet (Louis, 1699–1779). A Jesuit writer.

Paul-Emile. Lucius Aemilius Paullus, consul with Varro in 216 B.C. He was killed at the battle of Cannae in that year.

Pélion. Mountain in Thessaly.

Pépin le Bref. King of the Franks from 751 to 768, and the founder of the Carolingian dynasty.

Périclès (*c.* 495–29 B.C.). Athenian statesman.

Persigny (Jean-Gilbert-Victor Fialin, comte de, 1808–72). In the service of Louis Napoleon since 1835, he was one of those who planned the coup d'état. He replaced Morny as Minister of the Interior in January 1852, and was also appointed a member of the Senate.

Persil (Jean-Charles, 1785–1870). Lawyer. Minister of Justice under the July Monarchy. In 1852 he was appointed a member of the Conseil d'État. He was nicknamed Persil-Guillotine on account of his long, sharp nose.

Pesth. Capital of Hungary, reoccupied by the Austrian army in January 1849.

Phalaris (*c.* 570/65–554/49 B.C.). Ruler of Agrigentum in Sicily. He used to roast his victims alive in a brazen bull.

Phryné. Greek courtezan of the fourth century B.C.

Pibrac (Guy du Faur de, 1529–84). A French poet, remembered above all for his *Quatrains contenant préceptes et enseignements utiles pour la vie de l'homme* (1574).

Piétri (Pierre-Marie, 1809–64). A Corsican, who became prefect of Ariège in 1849, prefect of Haute-Garonne in 1851, and prefect of police (in succession to Maupas) in 1852.

Piron (Alexis, 1689–1773). Poet and dramatist. Author of an indecent *Ode à Priape*; hence, 'strophes de Piron'.

Platon (*c.* 429–347 B.C.). Greek Philosopher.

Poerio (Carlo, 1803–67). Minister of Education in the constitutional Neapolitan government of 1848, and condemned to 19 years in irons.

Poissy. A prison in Seine-et-Oise.

Pompée (Gnaeus Pompeius, known as, 106–48 B.C.). Roman general, defeated by Julius Caesar at Pharsalus. He sought refuge in Egypt, but Ptolomy, the King of that country, had him murdered on his arrival and sent his head to Caesar. His death is the subject of Corneille's *Mort de Pompée.*

Pont d'Arcole see *Arcole.*

Poquelin see *Molière.*

Porcia. The daughter of Cato Uticensis and the wife of Brutus. In order to be admitted into her husband's plot against Caesar, she is said to have wounded herself to prove her courage. She is also said to have committed suicide after the battle of Philippi by filling her mouth with burning coals.

Poucet (*le petit*). The French equivalent of Tom Thumb in Perrault's *Contes de ma mère l'Oie.*

Poulailler (Jean Chevalier, known as). Thief, hanged in 1785.

Poulmann. Murdered an innkeeper, Genthon, at Nangis on 30 May 1843. Hugo saw his condemned cell in the prison of La Roquette in 1847.

Pythagore. Pythagoras, Greek philosopher and mathematician of the fifth century B.C.

Rabelais (François, 1494?–1553). The author of *Gargantua et Pantagruel.*

Radetzky (Josef, 1766–1858). Commander of the Austrian troops in Italy from 1831 onwards. In 1849, he became governor general and military commander of Lombardy and Venetia.

Ravaillac (François, 1578–1610). The assassin of Henri IV. Hugo saw his cell in the Conciergerie in 1846.

Ravignan (Gustave-François-Xavier Delacroix de, 1795–1858). Jesuit preacher who, in 1837, succeeded Lacordaire at Notre-Dame in Paris.

Réal (Pierre-François, comte, 1757–1834). A Jacobin, who was imprisoned after the death of Danton. Later, he supported Napoleon, and was a member of his Conseil d'État. During the Hundred Days, he was prefect of police.

Reibell (Eugène-Louis-Joseph, 1796–1865). Commanded a brigade of cavalry in Carrelet's division on 4 December 1851.

Reichenbach see *Duroc*.

Rémus. Brother of Romulus (q.v.)

Rhin (*le*). There were several campaigns in Germany during the Revolutionary and Napoleonic Wars.

Riancey (Henri-Léon Camusat, comte de, 1816–70). Monarchist and one of the originators of the *loi Falloux*. He edited the legitimist *Union monarchique*.

Ribeyrolles (Charles, 1812–60). A fellow-exile of Hugo's in Jersey, and author of *Les Bagnes d'Afrique, histoire de la transportation de décembre*, London, 1853. Before his exile, he edited *La Réforme*.

Richard III. The bloodthirsty tyrant of Shakespeare's play.

Richelieu (Armand-Jean du Plessis, cardinal de, 1582–1642). The chief minister of Louis XIII.

Rivoli. Napoleon defeated the Austrians at Rivoli in Piedmont, near Turin, on 14 January 1797.

Robert see *Macaire* (Robert).

Robespierre (Maximilien-François-Isidore de, 1758–94). Influential member of the Convention and Committee of Public Safety.

Roemer (*le*). The old town-hall of Frankfurt-am-Main, where the Holy Roman Emperors were elected.

Roland (Mme, 1754–93). Wife of the Girondin minister, Roland; guillotined in 1793.

Roland (Pauline, 1805–52). A socialist, arrested after the coup d'état. She died on the way back from Algeria (she was never, in fact, in Lambessa).

Rome. Ancient Rome, the Catholic Church, or the Roman Republic of 1849.

Romieu (Auguste, 1800–55). The author of *Le Spectre rouge de 1852*. In 1850, Hugo describes him (*Souvenirs personnels*, p. 260) as 'commissaire extraordinaire dans les départements, et confident du président'. In 1852, he was appointed *Directeur des Beaux-Arts*.

Romulus. The first King of Rome, according to the Roman legend. He and his twin-brother, Remus, were suckled by a she-wolf.

Roothaan (Johann Philipp, 1785–1853). Superior general of the Jesuits from 1829 to 1853. He was not general of the Jesuits at the time of the conference of Chieri (1824), and did not pronounce the words quoted by Hugo. They are taken from abbé Leone's *Conjuration des Jésuites* (1848), where they are said to have been spoken by an Irish monk: Roothaan was a Dutchman. The secret conference of Chieri may well be an invention of the author of this work.

Rosas (Juan Manuel Ortiz de, 1793–1877). Dictator of Buenos Aires; driven out in 1852.

Rostopschine (Count Feodor Vasilievitch, 1763–1826). Governor of Moscow in 1812, and responsible for setting fire to the city before the arrival of the French.

Rouher (Eugène, 1814–84). Minister of Justice from October 1849 to January 1851, from April to October 1851, and from December 1851 to January 1852. He became vice-president of the Conseil d'Etat in January 1852, He was a native of Riom in Auvergne.

Rousseau (Jean-Jacques, 1712–78). The author of the *Discours sur l'Inégalité, Du Contrat social, Emile*, etc.

Royer (Paul-Henri-Ernest de, 1808–70). In 1851, *procureur général* of the Cour d'Appel of Paris; he refused to act for the Haute Cour (see *Histoire d'un crime*, Première Journée, ch. XI). After the coup d'état, became a member of the Conseil d'État (1852) and *procureur général* of the Cour de Cassation.

Rozel-Tower. In Rozel Bay, Jersey.

Rufin (*c.* 335–95). Rufinus, the cruel and rapacious minister of the emperors Theodosius and Arcadius.

Saint-Acheul. A Jesuit college at Amiens during the Restoration. Reopened after the *loi Falloux*.

Saint-Arnaud (Arnaud-Jacques Leroy de, 1801–54). General who had fought in Algeria. He was made Minister of War in 1851 in preparation for the coup d'état, and was promoted marshal as a reward for his services in December 1852. According to Hugo, 'il avait été garde du corps. Un jour, à la messe, derrière le roi Louis XVIII, étant de garde, il coupa un gland d'or du trône et le mit dans sa poche. On le chassa des gardes. Il entra au théâtre. Ce Leroy s'appela Florival quand il fut comédien'. . . (Reliquat de l'*Histoire d'un crime*).

Saint-Cloud. The château of Saint-Cloud was one of Napoleon III's residences.

Sainte-Hélène. Napoleon I was relegated to the island of St Helena in 1815 after his defeat at Waterloo. He died there in 1821.

Saint-Jean d'Acre. In Syria; besieged unsuccessfully by Napoleon for two months in 1799.

Saint-Jean-de-Latran. San Giovanni in Laterano, one of the Roman basilicas. Until 1905, its first canon was the head of the French state.

Saint-Just (Louis-Antoine-Léon de, 1767–94). President of the Convention and supporter of Robespierre.

Saint-Lazare. A women's prison during the nineteenth century.

Saint-Leu (Hortense de). Louis Napoleon's mother, created duchesse de Saint-Leu in 1815.

Saintraille see *Xaintraille*.

Sambre (*la*). In 1793, 1794, and 1795, a French army commanded by Jourdan, operating along the Sambre and the Meuse, drove the allies back over the Rhine.

Samson see *Sanson*.

Sancho Pança see *Pança* (Sancho).

Sandor (Nagy). Hungarian general, hanged at Arad on 6 October 1849.

Sanson. The executioner of Paris. The office was hereditary and passed from father to son until 1847.

Saragosse. The French captured Saragossa on 27 January 1809.

Satory. The plain of Satory (near Versailles) was used for military reviews. At one of these, in October 1850, although many regiments shouted 'Vive Napoléon' as they marched past, others remained silent on the orders of Changarnier. This was one of the incidents that led to the dismissal of Changarnier in January 1851.

Saturne, Roman god. In the saturnalia (festival of Saturn), masters and slaves exchanged places.

Sauboul. In command of the first brigade of Renault's division on 4 December 1851.

Sauzet (Jean-Pierre-Paul, 1800–76). President of the Chambre des Députés at the time of the February Revolution, when it was invaded by the mob.

Sbogar (Jean). The hero of Charles Nodier's story of the same name, a brigand.

Scapin. The resourceful servant in Molière's *Fourberies de Scapin*.

Scaramouche. The stage name of Tiberio Fiorello, who played the part of the comic valet in the Italian company in Paris in the seventeenth century.

Scarron (Paul, 1601–60). The author of *Le Roman comique* (about an itinerant company of actors).

Scévola. Probably Q. Mucius Scaevola (?–82 B.C.), pontifex maximus, whose virtues are recorded by Cicero.

Schinderhannes. Nickname of Johann Bückler (1777–1803), chief of a band of German brigands executed at Mainz in 1803. The name means 'flayer' or 'skinner'.

Schœlcher (Victor, 1804–93). A left-wing deputy, who fought on the barricades in December 1851, and was expelled from France. His works include two books on the coup d'état (1853).

Scipion, The name of a patrician family of Rome which produced many distinguished men. The best known is Publius Cornelius Scipio Africanus Major, 236–184/3, who conquered Carthage.

Séjan. Lucius Aelius Sejanus (?–31), the favourite of Tiberius, executed for plotting to supplant his master as emperor.

Sélim. Name of three Turkish sultans.

Sénèque. Lucius Annaeus Seneca (*c.* 1–65). Roman philosopher and dramatist, tutor (with Burrhus) to Nero.

Shylock. The Jewish merchant in Shakespeare's *Merchant of Venice.*

Sibour (Dominique-Auguste-Marie, 1792–1857). Archbishop of Paris. On 1 January 1852, 'dans l'église Notre-Dame, quelqu'un chantait le *Te Deum* en l'honneur de la trahison de Décembre, mettant ainsi Dieu de moitié dans un crime.

'C'était l'archevêque Sibour.' (*Histoire d'un crime*, Deuxième Journée, ch. vii).

Silène. The fat, drunken satyr who was the constant companion of Bacchus.

Simoncelli (Girolamo). Condemned to death and shot at Senigallia on 2 October 1852.

Sina (*le*). Another form of *Sinaï*; an allusion to Moses.

Socrate (469–399 B.C.). Greek philosopher, condemned to death on a charge of corrupting youth. His punishment consisted of drinking a cup of hemlock.

Sodome. One of the cities of the plain, destroyed for their wickedness (Genesis, xviii and xix).

Soufflard. A murderer condemned to death in 1839. He and his accomplice, Lesage, had become acquainted in the convict prison of Toulon.

Soulouque (Faustin, 1782–1867). A negro who became president of the Republic of Haiti in 1847, and was proclaimed Emperor as Faustin I, in imitation of Napoleon I, in 1849. He created the order of Saint-Faustin, the members of which bore titles like Trou-Bonbon, duc de la Limonade, comte de Numéro-Deux, etc. According to Victor Hugo, shouts of 'A bas, Soulouque' were heard after the coup d'état. (*Histoire d'un crime*, Deuxième Journée, ix).

Spartacus. Thracian gladiator who led a revolt at Capua in 73 B.C.

Sparte. Greek city, famous for its austerity.

Spielberg. Austrian prison. The Italian patriot, Silvio Pellico, described his imprisonment there in a famous book, *Le mie Prigioni* (1832).

Suin (Victor, 1797–1877). *Avocat général* of the department of Seine, where Charles Hugo was condemned on 11 June 1850. 'Homme de bon conseil pour les mauvaises actions' (*Histoire d'un crime*, Troisième Journée, ch. iv, where Hugo names him as one of Louis Napoleon's intimates).

Sylla (Lucius Cornelius, *c.* 138–78 B.C.). Roman dictator who, after defeating Marius, massacred his opponents. Hugo uses his name as a synonym for Louis Napoleon.

Tacite. C. Cornelius Tacitus (*c.* 56–*c.* 113), the Roman historian, who critically records the history of the early Roman emperors, especially Nero.

Talleyrand [*–Périgord*] (Charles-Maurice de, 1754–1838). Minister of

Foreign Affairs and *grand chambellan* under Napoleon I. He was lame in the right foot.

Tamisier (Rose). Claimed that when she prayed alone in the church of Saint-Séverin-les-Apt, the wounds of the Christ on the cross bled and the sacred wafers flew into her mouth. In November 1851, she was convicted of fraud, and condemned to six months' imprisonment and a fine of 500 francs.

Tartuf[f]e. The hypocrite of Molière's play.

Taygète (le). Range of mountains in the Peloponnese; an allusion to Lycurgus.

Tell (Guillaume). The legendary Swiss hero who slew Gessler, the tyrannical Austrian bailiff of Uri.

Thémis. Greek goddess of justice.

Thémistocle (c. 528–462 B.C.). Athenian statesman; commander of the Athenian fleet when Greece was invaded by Xerxes. He was subsequently ostracised.

Thersite. A misshapen, insolent, cowardly Greek in Homer's *Iliad.*

Thraséas. Publius Clodius Thrasea Paetus, who was condemned to death by the senate, at the command of Nero, in 66 A.D., for his independence.

Tibère. The Roman emperor, Tiberius, who reigned from 14 to 37. He retired to the island of Capreae (Capri) in the year 26.

Tibre (le). A French army occupied Rome on 2 February 1808.

Tiquetonne (carrefour). See *Introduction* pp. 9–10 and notes to 'Nox', ll. 36–7 and to 'Souvenir de la nuit du 4'.

*Tom-pouce.*Tom-thumb: the name of a dwarf in fairy-stories, and the nickname of Charles Sherwood Stratton, known as General Tom Thumb, an American midget (1837–83), who had appeared in Paris.

Torquemada (Tomàs de, 1420–98). Inquisitor-general of Castille and Aragon, notorious for his severity. He is the subject of a play by Victor Hugo.

Tortoni. A well-known coffee house in the boulevard des Italiens. There was shooting there on the afternoon of 4 December.

Tortue (île de la). Off the North coast of Haiti.

Toulon. There was a convict-prison at Toulon; Hugo had visited it in 1839. See also note to 'Toulon'.

Trajan. Roman emperor from 98—117; a good ruler and a successful general.

Tranche-montagne. A common noun (= braggart) used as proper name.

Trestaillon (Jacques Dupont, known as), Chief of a royalist and Catholic band which terrorised the district around Nîmes and Uzès during the White Terror (1815).

Triboulet (Fevrial or Le Feurial, known as). Court jester of Louis XII and Francis I. He appears in Hugo's play, *Le Roi s'amuse.*

Trimalcion. Trimalchio, the host, whose feast is described in Petronius' *Satyricon*.

Troplong (Raymond-Théodore, 1795–1869). Lawyer. In December 1851, made a member of the Commission consultative and *premier président* of the Cour de Paris. In 1852, he became president of the Cour de Cassation and president of the Senate. He drafted the report recommending the restoration of the Empire. Hugo names him as one of Louis Napoleon's intimates (*Histoire d'un crime*, Troisième Journée, ch. IV).

Turenne (Henri de la Tour d'Auvergne, vicomte de, 1611–75). Marshal of Louis XIV.

Turgot (Louis-Félix-Etienne, marquis de, 1796–1866). Minister of Foreign Affairs from October 1851 until July 1852. He was appointed a member of the Senate after the coup d'état, and ambassador to Spain in 1853.

Ulm. The Austrian general, Mack, was compelled to capitulate to Napoleon I at Ulm on 17 October 1805.

Varron. Gaius Terentius Varro, consul with L. Aemilius Paullus in 216 B.C.

Vautrin. Criminal in Balzac's *Comédie humaine* (notably in *Le Père Goriot* and *Splendeurs et Misères des Courtisanes*). He was modelled on Vidocq.

Vendée. A royalist revolt broke out south of the Loire (in an area that included the department of Vendée) in 1793.

Venise. Drove out the Austrians in March 1848; reoccupied in August 1849.

Vergniaud (Pierre-Victurnien, 1753–93). President of the Legislative and the National Assemblies. Executed after the fall of the Girondins.

Verhuell (Carel-Henrick, 1764–1845). Dutch admiral and minister of the Navy, rumoured (mistakenly) to be the father of Louis Napoleon.

Verrès (Gaius). A supporter of Sylla, whose rapacity and oppression while he was consul of Sicily (73–1 B.C.) were denounced by Cicero.

Veuillot (Louis, 1813–83). Intransigent ultramontane Catholic, who edited the newspaper, *L'Univers*, from 1848 onwards. He had attacked Hugo on several occasions.

Vidocq (François-Eugène, 1775–1857). A thief who became chief of the *brigade de sûreté* of the Paris police. Hugo records a visit in 1846 from Vidocq 'qui venait me remercier d'avoir aidé à son élargissement dans l'affaire Valençay' (*Souvenirs personnels*, p. 223).

Vienne. Napoleon occupied Vienna on 13 November 1805 after Ulm, and again on 10 May 1809.

Voisin (la) (Mme Monvoisin, née Catherine Deshayes, known as, 1640?–1680). Celebrated soothsayer in Paris, who supplied her clients with poisons as well as charms and spells. Burnt in 1680.

Volta (Alessandro, 1745–1827). Pioneer of electrical science.

Voltaire. Pen name of François-Marie Arouet (1694–1778), writer and *philosophe*, who campaigned on behalf of victims of legal injustice (e.g. Calas). For Victor Hugo, he symbolises enlightenment and progress.

Wagram. On 6 July 1809, Napoleon defeated the Austrians at Wagram.

Washington (George, 1732–99). The First President of the U.S.A.

Waterloo. The Duke of Wellington defeated Napoleon at Waterloo on 18 June 1815.

Watt (James, 1736–1819). Perfected the steam-engine.

Wellington (Arthur Wellesley, Duke of, 1769–1852). The victor of the Peninsular War and Waterloo.

Xaintraille[s] (Jean Poton, seigneur de, *c.* 1400–61). Fought with Joan of Arc and La Hire. Became a marshal in 1454.

Xercès [Xerxès]. King of Persia from 485 to 465 B.C. He led an expedition against Greece. When a storm broke his bridge of boats across the Hellespont, he had the sea whipped.

Zoïle. Zoïlus, a cynic philosopher of the fourth century B.C., notorious for the bitterness of his attacks on Isocrates, Plato, and Homer. His name designates in French 'un mauvais critique, et surtout un critique envieux et méchant' (Larousse).